浙大财税中心、中科天翔研究系列

# Fuzziness and Clarity in TAX GOVERNANCE

# 税收治理中的
# 模糊性与明确性

朱柏铭 / 著

ZHEJIANG UNIVERSITY PRESS
浙江大学出版社

**图书在版编目（CIP）数据**

税收治理中的模糊性与明确性 / 朱柏铭著. — 杭州：
浙江大学出版社，2022.4
ISBN 978-7-308-21801-6

Ⅰ．①税… Ⅱ．①朱… Ⅲ．①税收管理—研究—中国
Ⅳ．①F812.423

中国版本图书馆CIP数据核字(2021)第200132号

**税收治理中的模糊性与明确性**

朱柏铭　著

| | | |
|---|---|---|
| 责任编辑 | 朱　玲 | |
| 责任校对 | 王元新 | |
| 封面设计 | 春天书装 | |
| 出版发行 | 浙江大学出版社 | |
| | （杭州市天目山路148号　　邮政编码　310007） | |
| | （网址：http://www.zjupress.com） | |
| 排　　版 | 杭州林智广告有限公司 | |
| 印　　刷 | 杭州高腾印务有限公司 | |
| 开　　本 | 710mm×1000mm　1/16 | |
| 印　　张 | 19 | |
| 字　　数 | 310千 | |
| 版 印 次 | 2022年4月第1版　2022年4月第1次印刷 | |
| 书　　号 | ISBN 978-7-308-21801-6 | |
| 定　　价 | 65.00元 | |

# 前　言

PREFACE

　　近年来，本人为财政学专业的本科生开设了一门"税收实务与案例"课程，又为税务硕士专业学位（MT）的研究生开设了一门"税收案例分析"课程。在教学讨论过程中，经常遇到来自学生的提问。我通过查找资料或者请教税务机关的行家里手，发现一些涉税问题的相关法律法规本身就呈现一定的模糊性。

　　模糊性的形式多种多样。有的表现为税收原则的适用范围边界不清，如税收法定原则与实质重于形式原则；有的表现为不同主体对涉税法规的行政解释互相冲突，如从小额贷款公司借款的利息如何在税前扣除，涉及小额贷款公司是否属于金融企业的争议；有的表现为税法与其他法律之间的不协调，如税收强制执行的权限与适用对象；有的表现为税收执法措施的混用，如税收保全措施与税收强制执行措施混用；有的表现为税收立法滞后于经济社会的发展，如在股权转让领域，分期支付、对赌协议、代持股权转让等方式不断出现，而税务处理缺乏有针对性的法律依据。

　　类属边界呈现模棱两可的状态，会影响税收执法过程的公平、正义，阻碍多部门的协同和集成，也有损税务机关干部的权威和形象，而且容易被不法分子钻税法的"空子"，导致国家税收的流失。尽快使税收法律规范走向明晰和确定，是税收治理的当务之急，也是税收治理的核心所在。

　　尽管由于法律文本的滞后性、语言表达的局限性及信息程度的不对称性等原因，模糊性不可能完全消除，明确性只不过是一种相对的"应然"状态，但在税收治理中仍应将明确性视为必须追求的目标和恪守的原则，不应有"模糊性既然无可避免，何必追求明确性"的错误理念。税收法律规范的明确性，一直为立法者所追求、为社会各界所期待。

基于这样的认识，我渐渐产生了一个大胆的念头：不妨专门对税收法律法规中的模糊性与明确性问题进行探讨，而且将它放在税收治理的框架中进行透视和分析。经过一番梳理，我罗列了当前我国税收法律法规中带有模糊性的 15 个论题，即：①实质重于形式原则与税收法定原则、穿透原则；②以转让股权方式转让房地产的涉税问题；③对赌协议型股权转让的税务处理；④过失性未缴或者少缴税款现象的定性；⑤税款滞纳金不应超过税务机关所追缴的税款；⑥以"三流一致"为前提的进项税额抵扣；⑦企业所得税税前扣除的"合法有效凭证"；⑧按金融企业同期同类贷款利率计算的利息在税前扣除；⑨税法行政解释主体多元化导致的法条冲突；⑩因价格明显偏低且无正当理由的税收核定；⑪"暴力虚开"增值税专用发票的行为定性与税款补缴；⑫企业取得虚开的增值税专用发票的责任认定；⑬企业破产后的税收债权与税收优先权；⑭税务行政救济中的纳税前置和复议前置；⑮税收强制执行的权限与适用对象。

本书的研究思路是，以界定模糊性与明确性的概念作为切入点，探讨两者的嬗变过程、辩证关系及动态趋势。站在税收学和法学的视角，结合实际案例进行剖析。我将上述 15 个论题归属为三大类，即税收立法类、税收执法类和税收司法类。每一个论题都从模糊的边界、引起的纠纷、学理的探析、明确的界定等四个层面进行阐述。最后还从税收立法、税收执法及多主体协同等角度，就模糊性与明确性的整合提出意见和建议。

由于知识结构的局限性、研究对象的复杂性和研究方法的交叉性，在研究过程中遇到了不少困难。我请教了一些专家学者和实务工作者，也参考、借鉴了税收学界、法学界的不少研究成果，自己的见解正是受他们的启发慢慢形成的。尽管书中的观点未必都正确，但是，相信对于理论界同行作进一步的研究、涉税实务工作者从事业务操作、相关专业学生学习税法都会有一定的参考价值。当然，对于可能存在的不足，欢迎读者批评、指正。

在本书出版之际，对各位同仁提供的帮助表示衷心的感谢！也感谢浙江大学出版社朱玲老师付出的辛勤努力！本书的出版，受浙江大学文科教师教学科研发展专项项目和研究生素养与能力培养型课程建设项目的资助，感谢单位的有关领导和评审专家！

朱柏铭

2021 年 11 月 5 日

# 目 录
CONTENTS

# 导　论

## 1.1　问题的提出

　　税收治理是在国家治理体系和治理能力现代化的大背景下提出来的。党的十八届三中全会提出，"全面深化改革的总目标是完善和发展中国特色社会主义制度，推进国家治理体系和治理能力现代化"。党的十九届四中全会开辟了"中国之治"的新境界，习近平总书记强调，"坚持和完善中国特色社会主义制度、推进国家治理体系和治理能力现代化，是关系党和国家事业兴旺发达、国家长治久安、人民幸福安康的重大问题。"① 党的十九届五中全会通过的《中共中央关于制定国民经济和社会发展第十四个五年规划和二○三五年远景目标的建议》强调，"国家治理效能得到新提升"，到二○三五年"基本实现国家治理体系和治理能力现代化"。

　　税收治理是国家治理的重要组成部分，是对税收权力进行配置和运用的过程，通过国家在立法、行政与司法机关之间，中央与地方之间，以及政府、社会组织与公民之间在税收领域的合作与互动，达到引导、控制、管理、协调和服务的目的。

　　税收治理的主体包括税务机关、政府各部门、社会团体、国际组织等官方团体以及法人、自然人、行业协会、非营利组织等，尤其强调纳税人、财务税收专业人士、财务税收专业协会等参与其中。

　　税收治理的客体为所有涉税事务，包括税法体系的建立、各类税收制度的

---

① 习近平：坚持和完善中国特色社会主义制度推进国家治理体系和治理能力现代化 [EB/OL].（2020-01-01）[2022-03-28]. https://www.gov.cn/xinwen/2020-01/01/content_5465721.htm.

制定，税收的征收、管理、检查与服务、公民税法意识的提升、国际税收接轨等内容。

税收治理的手段和方式是多元治理主体在自愿、平等、协商基础上建立起的税收协同关系，互联网、大数据、云计算、移动终端等新技术是税收治理的重要工具。

因此，税收治理不同于传统意义上的税收管理，两者之间的区别主要体现在以下方面：一是主体不同。税收管理的主体主要是税务部门，虽有财政、海关、市场监督等部门的配合，但是主体相对单一；税收治理的主体是税务部门、业务主管部门、国际组织等官方机构以及纳税人、第三部门等主体共同合作、共管共治的活动，其主体是多元的。二是权力来源不同。税收管理的权力来自人大和政府的授权；税收治理的权力在一定程度由各治理主体共同行使和自行行使，体现协调共治。三是责任不同。税收管理的责任主要是承担组织税收收入、调节经济社会的义务；税收治理的责任是按照主体之间的分工，自觉定位、主动参与，充分发挥能动作用。四是运作方式不同。税收管理往往单向运作，强调运用行政决策，依靠强制力量，通过命令、政策完成相应工作；税收治理强调集成化、系统化，共同处理涉税事务。五是运作模式不同。税收管理主要运用单向、强制、刚性的运作方式，包容性、合作性相对薄弱；税收治理强调包容和合作，有效性得到进一步的提升。

税收治理是一个系统工程，面对以下重大任务：税收法律体系更加完备规范、税收共治格局更趋集成协同、税收征管队伍更加专业优化、涉税服务市场更加开放繁荣（见图 1-1）。

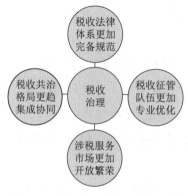

图 1-1　税收治理面临的重大任务

第一，税收法律体系更加完备规范。截至 2021 年 6 月，我国已制定成单行税法的税种为 12 个，即个人所得税、企业所得税、车船税、环境保护税、烟叶税、船舶吨税、车辆购置税、耕地占用税、资源税、城市维护建设税、契税、印花税。下一步需将增值税、消费税、关税、土地增值税、城镇土地使用税、房产税法等 6 个税种由暂行条例（或条例）提升到单行法，同时，进一步厘清税收法律规范的边界，更好地体现税收法定原则，体现税收的公平、正义。

第二，税收共治格局更趋集成协同。税收征管过多地强调税务机关的权责，税收治理着眼于协同和集成，强调以系统的方法解决问题，而不是单兵独进。税收与经济、法律、会计、财务、金融、社会等范畴紧密相连，实现税收共治，一方面，要提升税务机关在执法过程中的统一性和规范性；另一方面，要加强与市场监督、海关、公安、人民银行等部门的协作。从税务系统的信息化程度看，云计算、云服务、大数据等新一代信息技术还没有完全被广泛而深入地运用到税收治理中。

第三，税收征管队伍更加专业优化。一方面，要优化税务人员队伍。截至 2018 年年底，全国税务系统共有 74 万从业人员。[①] 总体上"专才"多、"通才"少。税务机关内部的职责分工较好地体现出专业性，却容易形成"铁路警察各管一段"的状况。例如，货物和劳务税处（科）的人员对所得税不闻不问，所得税处（科）的人员对财产和行为税无心关注，涉税法律问题则依赖于政策法规处（科）和稽查局。税收治理需要有更多的一专多能的税务干部。另一方面，税收案件的特殊性，决定了税案审理的复杂性。目前主要由人民法院行政庭负责税案的审理，案件之多使法官力不从心。需要设立税务法庭，完善税务法律顾问和税务公职律师制度。

第四，涉税服务市场更加开放繁荣。税收治理强调前瞻性，而不是事后收拾残局。近几年各地相继建立第三方（税务机关以外的政府各部门、企事业单位、金融机构等涉税部门）信息保障机制，成立协税护税机构，也培育了不少第三方组织，包括会计师事务所、税务师事务所、资产评估机构等。但是，涉

---

① 引自《中国税务统计年鉴 2019》，全国税务系统从业人员总计 740196 人，其中：公务员 675953 人，参公管理人员 2833 人，事业干部 18411 人，工人 42999 人。

税专业服务的规模仍然过小。截至 2018 年，我国税务服务行业的从业人员为121296 人，其中注册税务师达 49880 人。美国企业委托税务服务机构提供税务服务的企业数量占企业总数量的比例为 61%，日本为 84%，韩国高达 95%，我国仅为 30%。[①]

上述四个重大任务的完成，迫切需要有一整套具有明确性的税收法律规范。税收法定原则的落实是实现税收法治的关键和标志，明确的税收法律规范是多部门协同共治的基础，确定、明晰的法律条文为税务人员的规范执法和第三部门的涉税服务提供法律依据。

目前税收法律立法滞后于经济社会的发展、税法与其他法律的不协调、税收法律条文之间互相冲突等现象时有所见。类属边界呈现模棱两可的状态，从而影响税收执法过程的公平、正义，阻碍多主体的协同和集成，也影响涉税服务市场的健康发展。

例如，《中华人民共和国税收征收管理法》（简称《税收征收管理法》）第三十二条规定，纳税人未按照规定期限缴纳税款的，扣缴义务人未按照规定期限解缴税款的，税务机关除责令限期缴纳外，从滞纳税款之日起，按日加收滞纳税款万分之五的滞纳金。假如一些地方的税务机关为了掌控税收入库的进度，主动要求企业延期缴纳税款，这种情况是否属于"纳税人未按照规定期限缴纳税款"，要不要加收滞纳金？再如，《中华人民共和国增值税暂行条例实施细则》（简称《增值税暂行条例实施细则》）第三十八条第一款规定，采取直接收款方式销售货物，不论货物是否发出，均为收到销售款或者取得索取销售款凭证的当天。那么，商场销售购物卡（券），纳税义务发生时间是在商场取得销售收入的当天还是消费者持卡（券）实际消费时商场发出货物的当天？也就是说，对"直接收款方式销售货物"的理解，重心是放在"直接收款"上还是放在"销售货物"上？[②]

① 引自北京德恒律师事务所 .2019 年中国税务行政诉讼大数据报告 [EB/OL]（2020-04-16）[2022-01-26]. http://www.acla.org.cn/article/page/detailById/28530.
② 以往，大连市国税局与北京市国税局和浙江省国税局的具体解释完全相反。2016 年，国家税务总局予以明确。《国家税务总局关于营改增试点若干征管问题的公告》（国家税务总局公告 2016 年第 53 号）规定，售卡方销售单用途卡或者接受持卡人充值取得的预收资金，不缴纳增值税；持卡人使用单用途卡购买货物或服务时，货物或者服务的销售方应按照现行规定缴纳增值税。

　　类似的模糊或疏漏之处，在现行税收法律体系中还有不少（见表1-1）。虽说税收法律、法规的模糊现象在各国不同程度地普遍存在，而且很难完全消除，但是，缺乏明确的税收法律规范，人们对有关问题的理解不一，税务机关在执法过程中也有不同的处理方法。长此以往，不仅会影响税收执法的公平正义，有损税务干部的权威和形象，而且容易被不法分子钻税法的"空子"，导致国家税收的流失。当务之急是尽快使税收法律规范走向明晰和确定，这也是税收治理的灵魂所在。笔者把这一论题归结为"税收治理中的模糊性与明确性"。

表1-1　税收法律规范中15个不够明确的问题

| 序号 | 问题 | 表现 |
|------|------|------|
| 1 | 实质重于形式原则与法定原则、穿透原则 | 税务机关在遇见对交易形式和目的有明显背离的业务安排时，往往遵循实质重于形式原则对交易性质进行推定。实质重于形式原则作为附带有具体限制性条件的适用原则，与税收法定原则、穿透原则是否相冲突 |
| 2 | 以转让股权方式转让房地产的涉税问题 | 对以转让股权方式转让房地产即"明股实地"的行为，是否要征收土地增值税？相关法规没有规定对转让股权行为征收土地增值税，但是有个案批复表明应当征收 |
| 3 | 对赌协议型股权转让的税务处理 | 分期付款的对赌协议，后续支付的股权转让款是否要在即期申报纳税？对赌协议后续所产生的对价支付，应当作怎样的税务处理？是将它视为价格调整还是视为捐赠 |
| 4 | 过失性未缴或者少缴税款现象的定性 | 税收法规、规章及规范性文件中不再有"漏税"的概念，但在实践中过失性未缴或者少缴税款的现象时有发生。是按照欠税行为处理还是按照偷税行为处理 |
| 5 | 税款滞纳金不应超过税务机关所追缴的税款 | 税收滞纳金究竟属于什么性质？税收滞纳金与行政强制执行滞纳金有区别吗？加收滞纳金应当适用税收征收管理法的规定还是适用行政强制法的规定 |
| 6 | 以"三流一致"为前提的进项税额抵扣 | "三流一致"与否往往成为判定当事人是否虚开增值税专用发票的主要依据。"三流一致"是不是进项税抵扣销项税的必备条件？若"三流不一致"，能否按照实质重于形式原则进行税务处理 |
| 7 | 企业所得税税前扣除的"合法有效凭证" | 未取得发票却有真实发生的业务，相关支出可否在税前扣除？发票是不是"合法有效凭证"的唯一形式？其他凭据可否作为税前扣除的依据 |

续表

| 序号 | 问题 | 表现 |
|---|---|---|
| 8 | 按金融企业同期同类贷款利率计算的利息在税前扣除 | "非金融企业向非金融企业借款的利息支出，不超过按照金融企业同期同类贷款利率计算的数额的部分，准予税前扣除。"此处的"金融企业"是否包含小额贷款公司？各地对"同期同类贷款利率"的界定不完全一致，是否要统一 |
| 9 | 税法行政解释主体多元化导致的法条冲突 | 税法行政解释存在主体多元化现象，且名称繁多。有些税务行政解释在内容上超越授权限度，如何予以规范？税法行政解释是否具有法律效力 |
| 10 | 因价格明显偏低且无正当理由的税收核定 | "价格明显偏低且无正当理由，主管税务机关有权核定其计税价格或应纳税额。"这是在税收法律、法规或规范性文件中经常出现的条款。"价格明显偏低"的量化标准是什么？判断"正当理由"或"不正当理由"的依据又是什么 |
| 11 | "暴力虚开"增值税专用发票的行为定性与税款补缴 | 对"暴力虚开"增值税专用发票的行为如何进行刑事定性？是否构成虚开增值税专用发票罪？"暴力虚开"增值税专用发票的企业是否需要补缴税款 |
| 12 | 企业取得虚开的增值税专用发票的责任认定 | 对于纳税人善意取得虚开的增值税专用发票行为是否予以罚款？对于纳税人善意取得虚开的增值税专用发票行为，是否不以偷税或骗取出口退税论处 |
| 13 | 企业破产后的税收债权与税收优先权 | 税收征收管理法与企业破产法是否存在条款的冲突？滞纳金、罚款与欠税一样都构成税收债权吗？税收债权与其他债权之间的清偿顺序怎样排列 |
| 14 | 税务行政救济中的纳税前置和复议前置 | 实践中，对于"纳税人如果未按期缴纳税款，是否有权提起税务行政复议或者税务行政诉讼"等问题经常产生意见分歧。"纳税前置"和"复议前置"是否有继续存在的必要 |
| 15 | 税收强制执行的权限与适用对象 | 税收保全和税收强制执行都是保证税款实现的行政强制手段。如何区分税收强制执行措施中的扣押、查封行为与税收保全措施中的扣押、查封行为？税务稽查工作规程与税收征收管理法和行政强制法之间是否有冲突 |

## 1.2　理论价值与现实意义

### 1.2.1　理论价值

#### 1.2.1.1　有助于提高税收法定原则在中国税收理论中的地位

税收法定原则起源于中世纪的英国。国王为了支付军费实行横征暴敛，引起了封建贵族和新兴资产阶级的反抗，双方争夺课税权的斗争异常激烈。1215年，国王被迫签署的《大宪章》规定，国王课征超过惯例的赋税必须召集大议会，征求"全国公意"，"无议会同意就不课税"。1688 年"光荣革命"之后的第二年，英国议会通过《权利法案》，规定未经国会批准，王室政府不得擅自课税。至此，税收法定原则在英国得到了最终的确立。

税收法定原则是指征纳主体的权利义务必须由法律加以规定，税种的构成要素都必须且只能由法律予以明确，包括税种法定、税收要素法定、程序法定。税收主体必须且仅依法律的规定征税，纳税主体必须且仅依法律的规定纳税。换言之，如果没有相应的法律作前提，政府则不能征税，公民也没有纳税的义务。

税收法定原则贯穿税收立法和执法的全领域，其核心是合法性。合法性是指必须在既有法律、法规的框架下进行税收立法和执法活动。

在立法权限方面，税种的设立、各税种的构成要素一般都由国家立法机关通过税法典或单行税法的形式颁行，税收事务的行政主管部门（如财政部、国家税务总局等）根据被授予的权限制定部门规章及税务规范性文件。[①]在效力地位上，上位法优于下位法，特别法优于一般法，程序法优于实体法，等等。人民法院审理税务行政诉讼案件时，须附带审查税务规范性文件的合法性。因为，现实中很多税务规范性文件已经构成了实质意义上的税收立法。

在执法程序方面，当执法主体违反程序法且影响结果公正时，税收复议机关或者人民法院必须予以矫正。例如，应该听证却未听证或者未被告知听证，就侵犯了纳税人的陈述申辩权，这样就有足够的理由和证据推翻处理处罚

---

① 长期以来，我国一直采用"税收规范性文件"的提法。2019 年 11 月 26 日发布的《国家税务总局关于修改〈税收规范性文件制定管理办法〉的决定》（国家税务总局令第 50 号），将"税收规范性文件"修改为"税务规范性文件"。为统一起见，本书在行文时基本上采用"税务规范性文件"的提法。

决定。再如，行政诉讼中的举证责任由被告即行政机关一方承担，而且被告及其诉讼代理人不得自行向原告、第三人和证人收集证据。执法主体在执法活动中，特别是在行使自由裁量权时，必须客观、适度、合乎理性。

任何一个国家，"税"都是以"法"的面目出现的。所有税务人员在税收立法和执法中，都必须在一个税收法律许可的范围和尺度内进行自由裁量。如果税收法律规范模糊不清，那么，合法性就无从谈起，税收法定原则也难以得到真正的落实。

税收法定原则有可能遭到"税收国库主义"的干扰。"税收国库主义"是指税务机关在税收执法过程中，当面临税收收入与纳税人权益发生矛盾时，会优先保证税收征收任务的完成，由此损害纳税人的权益，甚至违背法律的规定。举例来说，如果房地产开发企业竞得土地后不愿意开发打算转让，由于法律规定未经开发的土地不能直接转让，于是，就通过转让项目公司股权的形式将项目转让出去。对于这种行为，税务机关是否要征收土地增值税？从《中华人民共和国土地增值税暂行条例》（简称《土地增值税暂行条例》）所规定的征税范围看，股权转让行为不在其列。然而，税务机关认为，转让股权是形式，转让房地产是实质，根据实质重于形式原则，应当征收土地增值税。实际上，税法整体上坚持税收法定原则，实质重于形式原则仅仅是一项补充、修正和限制性原则，仅适用于国际反避税领域和企业所得税的四个领域，即减免税优惠、财产损失认定、收入确认（如售后回购、回租）及融资租赁租入的固定资产。除此以外，税收规章或税务规范性文件均没有规定实质重于形式原则。照理，对于股权转让方不征收土地增值税，股权受让方开发房地产之后再销售，到时候再征收就名正言顺、水到渠成。问题在于，转让方与受让方的主管税务机关可能不是同一个，在土地增值税的纳税地点是企业核算地还是房地产所在地不明确的前提下，若本地税务机关不征收，税收收入可能流入到异地。这就是"税收国库主义"对税收法定原则的干扰。

当然，换个角度说，在"明股实地"的税务处理上，相关税收法规也是模糊不清的。《土地增值税暂行条例》没有明文规定，对于"明股实地"的情形是否应当征收土地增值税，在征税范围中没有列入"明股实地"的前提下，可否遵循实质重于形式原则征收土地增值税。这些都不够明确，至少人们在认识上存在模糊性。因此，结合中国实际研究模糊性与明确性，有助于提升税收法定原则在中国税收理论中的地位。

### 1.2.1.2 有助于厘清税收行政责任与刑事责任的关系，完善税收法律责任竞合理论

行政责任与刑事责任的聚合，是指行为人的同一违法行为具有行政与刑事双重的违法性，且同时具备两种不同性质法律责任的构成要件，而由行为人同时承担行政与刑事两种不同性质法律责任的情形。责任聚合发生的原因主要在于违法行为主体具有双重身份，其行为具有双重违法性。

责任竞合是指由于某一法律事实的出现，导致产生两种以上的责任形态，并且数个责任之间存在相互冲突的现象。责任竞合主要存在于民事责任中，是指当事人的统一行为可能依照不同的民事法律规范而承担数个不同的法律责任。通常情况下，行政责任与刑事责任不会发生竞合，大多呈现聚合的状态，但也有例外。由于我国税收立法和修订滞后、执法主体重叠等原因，行政责任与刑事责任也会发生竞合的状况。例如，某企业的涉税行为，既有行政上的补缴税款责任，又有刑事上的没收非法所得责任，两种责任均指向国家税款损失的填补，那就会发生冲突关系。有关部门应当代表国家行使税款损失的"追偿"，如税务机关和人民法院均要求该企业承担上述两个责任，则一份损失的填补存在两个执法主体以及两种法律责任，这时需要建立明确的衔接机制。

税收法律责任竞合的特点：一是数个税收法律责任的主体为同一法律主体。不同法律主体的不同税收法律责任可以分别追究，不存在相互冲突的问题。二是责任主体实施了一个行为。如果是数个行为分别触犯不同的法律规定，并且符合不同的税收法律责任构成要件，则应针对各行为追究不同的税收法律责任，而不能按责任竞合处理。三是该行为符合两个或两个以上税收法律责任的构成要件。行为人虽然仅实施了一个行为，但该行为同时触犯了数个税收法律规范，符合数个税收法律责任的构成要件，因而导致了数个税收法律责任的产生。四是数个税收法律责任之间相互冲突。如果数个税收法律责任可以被其中之一所吸收，如某犯罪行为的刑事责任吸收了其行政责任；或可以并存，如某犯罪行为的刑事责任与附带民事赔偿责任被同时追究，则不存在责任竞合的问题。

在涉及犯罪的税务争议案件中，行政责任与刑事责任的关系错综复杂。税法与其他法律之间缺乏有效衔接的情况仍然存在，由此给人法条与法条之间模棱两可、含混不清的印象。

以虚开增值税专用发票罪为例，假如某公司虚开增值税专用发票，一方面违反了《中华人民共和国发票管理办法》（简称《发票管理办法》），具备违法行为的构成要件；另一方面又可能违反了《中华人民共和国刑法》（简称《刑法》），符合虚开增值税专用发票罪的犯罪构成要件。因此，该公司既要承担行政违法责任，又要承担刑事责任。

《发票管理办法》和《刑法》都认定，虚开增值税专用发票行为有四种情况，即行为人为他人虚开、为自己虚开、让他人为自己虚开和介绍他人虚开。但是，在责任认定上存在差异。一是构成条件上，税务机关在认定行政责任时强调"与实际经营业务情况不符"，即使行政相对人的目的不是通过虚开以非法获得税收利益或协助他人非法获得税收利益，或没有造成损害结果，也不影响行政定性；司法机关在认定刑事责任时倾向于将行为人不具有骗税目的、客观上不造成国家税款流失的虚开增值税专用发票行为不认定为犯罪，也就是说，满足犯罪客体的构成条件是"国家税款的损失"。二是处罚标准上，《发票管理办法》第三十七条规定，虚开发票的，由税务机关没收违法所得；虚开金额在一万元以下的，可以并处五万元以下的罚款；虚开金额超过一万元的，并处五万元以上五十万元以下的罚款；构成犯罪的，依法追究刑事责任。而《刑法》第二百零五条规定，虚开增值税专用发票或者虚开用于骗取出口退税、抵扣税款的其他发票的，处三年以下有期徒刑或者拘役，并处二万元以上二十万元以下罚金；虚开的税款数额较大或者有其他严重情节的，处三年以上十年以下有期徒刑，并处五万元以上五十万元以下罚金；虚开的税款数额巨大或者有其他特别严重情节的，处十年以上有期徒刑或者无期徒刑，并处五万元以上五十万元以下罚金或者没收财产。

其实，虚开增值税专用发票用于抵扣税款或骗取出口退税都会给国家税款造成损失，入罪无可厚非。但是，如果虚开增值税专用发票没有直接给国家税款造成损失，仅仅是违反《发票管理办法》的行为，不应当以罪论处。

显然，厘清虚开增值税专用发票行为的行政责任与刑事责任，对于推进中国税收学中责任竞合理论的研究，具有至关重要的意义。

## 1.2.2 现实意义

### 1.2.2.1 有助于防范税收执法风险

税收执法风险是指税务人员在执法过程中，有不严格遵循税收法律规范的行为，从而存在损害国家税收和纳税人利益的潜在可能性。如税务机关在解释或执行法律法规时应作为而未作为，从而可能损害纳税人利益；或者因实施税务行政执法行为，可能引起税务行政诉讼败诉、税务行政赔偿等后果；或者因主观过失、未履行或未完全履行职责，可能造成国家税款损失。

如果税收实体法立法粗疏，就要有税法行政解释。常见的情形是：本条例由财政部负责解释，国家税务总局通过规范性文件作出具体的应用解释。基层税务人员在税务稽查工作中，会倾向于从税法行政解释尤其是规范性文件中去寻找执法依据。所以，当税法行政解释含义不清，法条与法条之间互相冲突时，税务人员就无所适从，盲目行事可能造成执法依据的错误，而且在面对行政诉讼时难以抗辩。

近年来，税收执法风险有所提高，从税务行政诉讼裁判文书的数量上可见一斑（见表 1-2）。

表 1-2 2012—2019 年税务行政诉讼裁判文书数量

| | 2012 年 | 2013 年 | 2014 年 | 2015 年 | 2016 年 | 2017 年 | 2018 年 | 2019 年 |
|---|---|---|---|---|---|---|---|---|
| 份数 / 份 | 2 | 3 | 42 | 84 | 485 | 870 | 1066 | 1022 |

资料来源：北京德恒律师事务所. 2019 年中国税务行政诉讼大数据报告 [EB/OL].（2020-04-16）[2022-01-26]. http://www.acla.org.cn/article/page/detailById/28530.

注：2006 年至 2018 年数据来自中国裁判文书网，2019 年数据为中国裁判文书网、威科先行案例库和北大法宝案例库合计数。

2014 年我国将裁判文书上网后，税务行政诉讼裁判文书开始增加。自2015 年 5 月 1 日起，行政诉讼立案由审查制改为立案登记制，2016—2018 年，税务行政诉讼文书数量连续三年大幅度增长，年均增长率为 50.95%。2019 年税务行政诉讼裁判文书数量比 2018 年略有减少。虽然以原告胜诉、税务机关败诉的案例仅占全部案例的 8.27%，但税务机关败诉的原因值得关注（见表 1-3）。

表 1-3　税务机关败诉原因

| 原因 | 占比 /% | 原因 | 占比 /% |
|---|---|---|---|
| 事实认定不清、证据不足 | 41 | 适用法律法规错误 | 11 |
| 违反法定程序 | 32 | 明显不当 | 1 |
| 不作为 | 14 | 复议机关无复议主体资格 | 1 |

资料来源：北京德恒律师事务所. 2019 年中国税务行政诉讼大数据报告 [EB/OL]. （2020-04-16）[2022-01-26]. http://www.acla.org.cn/article/page/detailById/28530.

另外，笔者还通过税务人员了解到一些其他原因，如税务机关制作法律文书不严谨、不规范；个别税务机关执法中不注意搜集证据；部分税务机关护短，未纠正应在复议阶段应当纠正的执法错误。

税收执法风险与执法队伍有关。税务人员对涉税法律知识的掌握很有限，平时在工作中遇到税收法律问题，习惯于依赖政策法规处（科），或者把涉税案件归于稽查局，涉税行政诉讼案则由人民法院审理。也就是说，税务人员中懂税收的人多，懂法律的人少，善于从法律视角去透视、分析税收问题的人才比较紧缺。在这种背景下，如果税收法律规范本身有太多的模糊性，产生税收执法风险的可能性就更大了。

### 1.2.2.2　有助于降低税收对经济的负面影响

当今世界，税收确定性问题已经成为国际社会普遍关注的重要议题。2016年召开的二十国集团（G20）杭州峰会明确将税收不确定性作为评估税制改革的一个因素，并且讨论了税收不确定性及其对贸易和投资造成的负面影响，强调在全球适用一致性的国际税收规则以增进确定性。会议提出了"推动税收确定性"的倡议，各国纷纷响应并达成共识，主张推动税收确定性以建立公平高效的国际税收新秩序，从而推动世界经济健康、可持续地向前发展（廖体忠，2016）。2017 年 3 月 17 日至 18 日，二十国集团财长和央行行长会议在德国城市巴登巴登举行，我国时任财政部长肖捷在会上明确指出，二十国集团应鼓励更多国家签署多边税收协议，互换涉税信息，提高信息透明度，采取措施防止税收恶性竞争，增强税收确定性。[①]2018 年 5 月 14 日至 16 日，由哈萨克斯坦

---

① 肖捷. G20 应防止税收恶性竞争，增强税收确定性. （2017-03-20）[2021-12-08]. http://www.thepaper.cn/newsDetail.forward_1643699.

国家收入委员会、我国国家税务总局、OECD 税收政策与管理中心、OECD 税收征管论坛联合主办的"一带一路"税收合作会议在阿斯塔纳举行。会上倡议在税收征管能力建设方面，加强合作、聚合资源、相互支持，建立和完善现代化税收征管体系，促进"一带一路"建设参与国家（地区）经济的稳定、可持续性和包容性发展。①

鉴于"推动税收确定性"已成为全球性趋势，国际上普遍采用税务事先裁定的办法。税务事先裁定是指税务机关根据纳税人的申请，对纳税人预期进行的税务事项如何准确适用税法所作出确定性的税法解释（朱大旗，姜姿含，2016）。事先裁定制度可以帮助纳税人在进行税务事项之前清楚地了解相应的税法适用后果，形成稳定的政策预期，进而合理安排自己的经济活动，有效降低政策不确定带来的风险。

目前，我国引入税务事先裁定制度的呼声很高。但是，如果税收法律规范及税法解释等零碎不全、相互矛盾、意思模糊，纳税人就无法理性预期经济事项所产生的税法适用后果。

可见，在引入税务事先裁定制度之前，有必要尽快减少税收法律规范的模糊性，尽最大努力增强明确性。无疑，通过对这一问题的研究，在一定程度上有助于厘清税收法律规范模糊的边界，为决策者提供有益的参考意见和政策建议。

## 1.3　研究思路与研究方法

### 1.3.1　研究思路

首先，把模糊性和明确性的论题放在税收治理的大背景下。这是考虑到税收治理不同于税收管理，税收治理是事先的谋划，而不是事后收拾残局；同时，税收治理需要多主体集成和协调，而不是税务机关"单兵突进、单打独斗"。

其次，从界定模糊性与明确性的概念及分析两者的辩证关系入手。语言学和法学对于语言模糊性的研究已有不少成果，有必要作一个简要的梳理。采用

---

① 阿斯塔纳"一带一路"税收合作倡议 [EB/OL].（2018-05-16）[2022-03-28]. http://www.gov.cn/xinwen/2018-05/16/content_5291415.htm.

"明确性"而非"准确性""确定性"的提法，是有充分的理由的，有必要作一个交代。

再次，对于带有模糊性的 15 个具体税收问题的研究，分为三个大类：即税收立法类、税收执法类、税收司法类。当然，这种分类只是大体的、近似的，不像数学和统计学那样有精确的划分。每一个具体问题又从四个层面去分析：模糊的边界、引起的纠纷、学理的探析、明确的界定。

最后，就模糊性与明确性的整合提出一些政策建议，包括税收立法层面的完善、税收执法层面的改进和相关治理主体的协同（见图 1-2）。

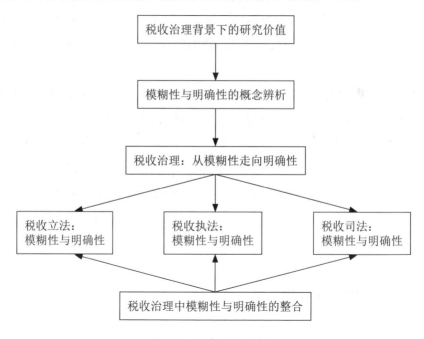

图 1-2　研究思路的脉络

## 1.3.2　研究对象

本书对模糊性和明确性的研究，指向对象主要是税收法律规范。此处顺便对税收法律规范、税收法律规则、税收法律条文等概念作一个简要的辨析。

税收法律规范是由国家制定的，反映统治阶级意志并以国家强制力保证实施的比较定型的、反复适用的、抽象的税收行为规则。税收法律规范一般具有特定的形式，由国家机关以正式文件（如法律、命令等）的方式规定下来，它所针对的不是个别的、特定的事或人，而是适用于大量同类的事或人；不是适用一次就完结，而是多次适用的一般规则。那些针对具体税收案件所作的法律文件，如税务机关的处理决定书、法院的判决书，只适用于个案，并不为以后发生的案件所适用，因而这些法律文件不属于法律规范。

关于税收法律规范与税收法律规则的关系，一种说法是，两者基本上可以等同；另一种说法是两者有区别，税收法律规范包括税收法律原则和税收法律规则。笔者认同后一种观点。

税收法律原则是指在税收法律体系中指导税收法律规则的思想及具有本原性、综合性、稳定性的准则。

税收法律规则是指采取一定的结构形式具体规定人们在税收领域的法律权利、法律义务以及法律后果的行为规范。税收法律规则具有严密的逻辑结构，包括假定条件、行为模式、法律后果。假定条件是税收法律规则中有关适用该规则的条件，包括适用条件和主体行为条件；行为模式是税收法律规则中规定人们如何具体行为的方式，如可为、应为和勿为等；法律后果是税收法律规则中人们作为或不作为时应承担相应的结果，包括肯定的后果和否定的后果。

税收法律原则与税收法律规则同为税收法律规范，但它们在明确程度、适用范围、适用方式和地位作用上存在明显的区别（见表1-4）。

表1-4　税收法律原则与税收法律规则的区别

| | 税收法律原则 | 税收法律规则 |
|---|---|---|
| 明确程度 | 比较笼统、模糊，只对行为或裁判设定一些概括性的要求，在适用时具有较大的余地和灵活性 | 明确具体，着眼于税收行为及各种条件的共性。因其明确具体，自由裁量的余地较小 |
| 适用范围 | 对税收行为及其条件有更大的覆盖面和抽象性，其适用范围较为宽广 | 因其内容具体明确，故只适用于某一类型的税收行为 |
| 适用方式 | 不同的税收法律原则具有不同的"强度"，而且不同甚至冲突的原则都可以共存于一部税收法律之中 | 以"全有或全无的方式"应用于个案：如果规则有效，必须接受该规则所提供的解决办法；如果该规则无效，该规则对裁决不起任何作用 |
| 定位作用 | 是税收法律规则的本源和基础，可以直接作为裁判的法律依据，使税收法律制度具有一定的弹性张力 | 是税收法律制度中的硬核，没有税收法律规则，税收法律制度就缺乏硬度 |

税收法律规则与税收法律条文 ① 之间也有联系和区别。税收规范性法律文件大都以税收法律条文为基本构成单位。税收法律条文可以分为规范性条文和非规范性条文。规范性条文是指直接表述税收法律规范的条文，非规范性条文是指不直接规定税收法律规范，而规定某些税收法律技术内容的条文。这些非规范性条文不可能独立存在，它们总是附属于规范性法律条文。可见，税收法律规则是税收法律条文的内容，税收法律条文是税收法律规则的表现形式，并不是所有的税收法律条文都是直接规定税收法律规则的，也不是每一个税收法律条文都能完整地表述一个税收法律规则。

广义的说，税法是各种税收法律规范的总和，即由税收实体法、税收程序法、税收争讼法 ② 等构成的法律体系。从立法层次上划分包括税收法律、税收法规、税收规章、税务规范性文件等（见表 1-5）。严格地说，税务规范性文件不属于法律法规体系，或者说不一定具有法律效力。然而，在我国，税务规范性文件数量多，影响力大，往往模糊性较强，因而一并把它作为研究对象。

表 1-5　按立法层次划分的我国税法

| 类别 | 制定主体 |
| --- | --- |
| 税收法律 | 全国人民代表大会及其常务委员会行使国家立法权所制定的 |
| 税收法规 | 行政法规：国务院根据宪法和法律所制定的 |
| | 地方性法规：省、自治区、直辖市人大及其常务委员会根据本行政区域的具体情况和实际需要，在不与宪法、法律、行政法规相抵触的前提下所制定的 |
| 税收规章 | 部门规章：国务院各部、委、人民银行、审计署和具有行政管理职能的直属机构，根据法律和国务院的行政法规、决定、命令，在本部门的权限范围内所制定的 |
| | 地方政府规章：省、自治区、直辖市和设区的市、自治州人民政府，根据法律、行政法规和本省、自治区、直辖市的地方性法规所制定的 |
| 税务规范性文件 | 县以上（含本级）税务机关依照法定职权和规定程序制定并公布的，规定纳税人、扣缴义务人及其他税务行政相对人权利、义务，在本辖区内具有普遍约束力并反复适用的文件 |

① 法律条款与法律条文的含义基本相同。但是，法律条款一般指某部法律的某条规定；法律条文可以泛指某部法律的全文，也可以指其中的某一条款。
② 从理论上说，税收争讼法包括税收争议法和税收诉讼法两类，后者包括税收行政诉讼法和税收刑事诉讼法。

### 1.3.3 研究方法

#### 1.3.3.1 辩证统一的方法

唯物辩证法认为,相对与绝对是反映事物性质的两个方面,都是同一事物既相互联系又相互区别的两重属性。相对,是指有条件的、暂时的、有限的;绝对,是指无条件的、永恒的、无限的。绝对和相对的关系,是辩证统一的关系。相对和绝对既互相区别又互相联结。没有绝对,就没有相对;没有相对,也就无所谓绝对。绝对存在于相对之中,并通过无数相对体现出来;在相对中有绝对,离开绝对的相对也是没有的。换言之,相对必须建立在绝对的基础上。相对是依赖于绝对而存在的,不可能离开绝对而独立存在。

恩格斯曾经指出,"一切差异都在中间阶段融合,一切对立都经过中间环节互相过渡""辩证法不知道什么绝对分明的和固定不变的界限,不知道什么无条件的普遍有效的'非此即彼',它使固定的形而上学的差异互相过渡,除了'非此即彼',又在适当的地方承认'亦此亦彼',并且使对立互为中介"[①]。

即便在自然科学中,精确和模糊的现象也是常见的。比如,在一个大气压下,纯液体的沸点是一个固定值,它是精确的。再如,电磁波包括无线电波(分为长波、中波、短波、微波)、红外线、可见光、紫外线、X 射线、γ 射线等,但是很难精确地描述它们的波长界限。如果把每个波段的频率由低至高依次排列的话,它们是无线电波、红外线、可见光、紫外线、X 射线及 γ 射线。所以,面对一个科学问题时,既要把握它的确定性、必然性,又要了解它的模糊性、偶然性。

精确寓于模糊之中,模糊以精确为前提,两者是一个问题的两个方面,它们是互相贯通而不是互相对立的。王德胜等(1997)认为,精确性与模糊性在一定的条件下可以互相转化。精确性达到一定的限度或在某一关节点上,就会转化成模糊,适当的有条件的模糊反而能做到精确。

如今人们在从事科学研究时,往往把数学作为研究工具,对所研究的对象进行量的分析、描述、推导和计算,建构数学模型,以便从数量关系上认识和把握事物发展的规律性。也就是说,从事科学研究往往追求明确性甚至准确

---

性，但是不难发现，许多数学模型在建立过程中存在着一些假设和忽略，把这些因素作为外生变量暂且不论；只抽出一些因素，作为内生变量。这就意味着建模的过程中融入了模糊性，但这种模糊性并不影响它的明确性和精确性。

税法的模糊性与明确性同样是绝对与相对的辩证关系。税收法律关系是税法所确认和调整的，国家与纳税人之间在税收分配过程中形成的权利义务关系。在这个过程中，模糊性是绝对的、无条件的、永恒的，而明确性是有条件的、暂存的、相对的。无条件的、绝对的模糊性存在于有条件的、相对的明确性之中。模糊性是绝对的、明确性是相对的，绝对的模糊性通过它的反面——相对明确性表现出来，相对明确性是绝对模糊性的一种表现形态。绝对的模糊性在一定条件下表现为相对的明确性。许多在制定时看似明确的法规正是在其适用过程中才被人们发现尚不够明确，而这些法规本身也会随着其适用而被赋予明确的意涵。

### 1.3.3.2 "税"与"法"相结合的方法

税收问题既是一个经济管理问题，更是一个法律问题。然而，从法学视角去研究税收问题，这样的成果大多出自法学学科的教师，或者出自税务师事务所、会计师事务所和律师事务所的专家之手。

从学科布局看，目前各院校通常把税收学科放在经济学院或财税学院，尽管可能该院校也有法学院，但是，由于经济学与法学各有自己的研究范式与话语体系，经济学院（或财税学院）与法学院之间的教师互聘或学术交流并不多。学科之间的藩篱导致了经济学视角的税收研究与法学视角的税收研究存在一定程度上的脱节。再从科研机制看，经济学领域对税收问题的研究强调计量实证分析，对税收案例分析有所忽视。为了做好计量分析，师生们往往从上市公司的财务年度报告中获取具有公开性、延续性的数据。因此，撰写的论文在选题上大多侧重于微观税收问题的分析，站在法学视角去探究税收问题的则相对较少。

税收治理问题的研究，不仅要求研究者对法律基础理论有一定程度的了解和掌握，更要高度关注那些与税收紧密相关的法律条文。包括迄今为止的12个税种单行法及实施条例、6个税种的暂行条例及实施细则、1部税收征收管理法及实施细则，大量的税收规章和税务规范性文件。除此之外，还需掌握行政复议法、行政诉讼法、行政强制法等涉税法律的相关条文。

无论是税收征纳业务还是涉税中介业务，都是一个从一般到个别的具体的法律法规实施过程，具有一定的挑战性。以征税业务为例，必须对一定的违法事实按照法定程序进行调查取证和分析判断，把握违法行为的性质和情节，确定适用哪一部法律法规，具体又是哪一条、哪一款，等等。

涉税工作所涉及的专业知识非常广泛，除了税收本身之外，还包括宏观经济、工商管理、会计、财务管理、金融、国际贸易、法律等。而从法学视角去审视和判断一项行为的合法性尤为重要，程序是否规范、主体是否适格、是否符合法律解释、有没有溯及力、怎样判定行为责任等，这些问题的回答，很难从其他专业获得相应的理论支持，唯独需要有较高的法律素养。

一个只懂会计、财务管理、税收的人，在阅读税收法律文件时，往往关注的是税种构成要素、税负轻重及具体计算方式。一个有较高法律素养的人，往往会先关注该文件适用的前提，如主体适用性。通常，一个税收法律文件的第一条就规定了适用主体的范围，如果某当事人并不属于该文件的主体适用范围，那么，后面的条文就不必再去关注。尽管如今税收法律文件都是公开的，但是，一些企业的财会人员总是要咨询"12366"或者税务人员，原因之一就是缺少税务法律思维，心中感到不托底。

在实际工作中，税务系统的工作人员比较重视实体法，相对忽视程序法。程序法的作用在于保证法律的公正性，防止执法的随意性和主观性。如果税收执法行为在实体法的运用上发生了偏差，相对容易纠正；如果在程序法上有违法行为，就构成了对纳税人合法权益的侵犯。

### 1.3.3.3　税收案例分析的方法

一个典型的税收案例有事件背景、来龙去脉、人物情节、因果关系、裁判依据、分析与启示，而且税收案例来源于现实，即便顾及保密或隐私因素作了某些技术处理，但仍然保留着基本的要件。随着经济社会的发展变化，新的税收案例不断出现，及时折射出经济活动和法律法规的最新动态。

税收案例是"税"与"法"有机结合的载体。每一个税收案例，一方面体现出具体的经济活动及其会计、税收处理；另一方面又是相关法律条文的应用，行政复议法、行政诉讼法、行政强制法等法律的精神都得到展示。

在搜集、遴选案例时，就能发现案例所对应的税种及相关的法律知识（如复议前置、应诉、抗诉等）；在解剖案例时，要去寻找、对照法律条文或规范性文件，从而增进对法律法规的了解和熟识，发现现行税制与法律体系存在的不足与缺陷；在总结案例分析时，可以从法学视角去看待，把案例放在完善经济机制体制、加强社会主义法治的大背景下去审视。

如果离开税收案例去探讨模糊性和明确性，那会显得过于抽象；如果局限于税收案例本身，忽视案例背后的模糊性和明确性问题，又会显得缺乏高度。

税收法律的抽象性和一般性决定了税收法律规范在陈述要件事实的时候，表述得较为模糊，如"善意取得""数额较大""必要费用""情节严重""显失公平"等，当法律不以确定一定数量的方式来划定界限时，……法律就欠缺精确的界限而留在中间地带，于此间作此种或彼种裁判均无不可（卡尔·拉伦茨，2003）。所以，经验的判定和逻辑的推理成为案件裁判的关键。通过对实际税收案例的分析，可以透视税收法律规范中存在的模糊性，从而为增强明确性提供可靠的事实依据。

# 模糊性与明确性的含义及关系

## 2.1 法律语言的模糊性

在日常生活中，人们经常可以看到具有模糊性的表达。例如，杜牧的诗："清明时节雨纷纷，路上行人欲断魂。借问酒家何处有，牧童遥指杏花村。"标点符号的位置不同，意境虽相同，体裁却变了。[①] 再如，在诊疗过程中，医生问："你睡眠好不好？"患者回答："还可以，不是很好。"还有，一份烹饪说明书上写道：清水适量，加盐和味精少许。可见，模糊现象无时不在、无处不存。

### 2.1.1 有关模糊性的文献综述

#### 2.1.1.1 模糊性的含义

在语言学界和法学界，有不少文献分别讨论模糊语言和法律语言的模糊性问题。

《辞海》对"模糊"一词的解释为，"是指事物所具有的归属不完全的属性，表示事物属性量的不确定性"。《现代汉语词典》对"模糊"一词的解释为，"轮廓模糊不清""难以辨认"，如模糊的人影或字迹。

早在 1902 年，美国哲学家查尔斯·皮尔斯（Charles Peirce）给模糊下定义时说（转引自伍铁平，1999）："当事物出现几种可能状态时，尽管说话者对这些状态进行了仔细思考，实际上仍不能确定，是把这些状态排除出这个命题，

---

① 有人将这首诗变为一首词：清明时节，雨纷纷，路上行，人欲断魂。借问：酒家何处有？牧童，遥指杏花村。也有人将这首诗改编成了一出短剧：(清明时节。雨纷纷。路上)，行人（欲断魂）：借问酒家何处有？牧童（遥指）：杏花村。

还是归属于这个命题。这时候，这个命题就是模糊的。上面说的实际上不能确定，我指的并不是由于解释者的无知而不能确定，而是因为说话者的语言特点就是模糊的。"

关于模糊语言的科学研究，可追溯到美国自动控制专家扎德（L. A. Zadeh）于 1965 年发表的一篇题为《模糊集》的论文。在文中，扎德提出用 fuzziness 表达科学概念的模糊，以区别于 vagueness ① 这个非科学的生活用语。1979 年，伍铁平首次将模糊理论引入我国，并很快引起学者们的关注和重视，由此开创了我国模糊语言问题的研究。

李晓明（1985）认为，语言的模糊性是指语言所表达的对象在类属边界和性态方面的不确定性。

苗东升（1987）认为，"对于一些事物，我们无法找到精确的分类标准，关于是否属于某一类很难作出明确的断言，事物这种类属的不清晰性称为模糊性。简言之，模糊性是事物类属的不清晰性，是对象资格程度的渐变性。"

在英国法学家哈特（H. L. A. Hart）看来，任何一种语言包括法律语言都不是精密的表意工具，都存在着一种"空缺结构"（open texture）：一个字、词组或命题在其"核心范围"内所表达的意思是明白无疑的，但随着由核心（core）向边缘（penumbra）的扩展，语言会变得越来越不确定，在一些边缘地带语言则根本是无法确定的。

### 2.1.1.2 法律语言模糊性的表现形式

伍铁平（1999）认为，模糊语言有多种表现形式。一是本体模糊与认识模糊。本体模糊（ontological fuzziness）是客观存在的模糊性，如红色是指深红还是浅红？认识模糊（epistemological fuzziness）是认识上或是观念中的模糊性在语言中的反映，如不同地方和族群的人称呼父亲的哥哥存在"伯伯""伯父"等差异。二是语义模糊、句义模糊与语用模糊。语义模糊多涉及法律概念分析；句义模糊是指构成句子意义的逻辑意义、语法意义和语用意义模糊；语用模糊指的是与语用活动所包括的语境、指称、会话、预设和言语行为等相关的模糊。三是实词模糊与虚词模糊。实词模糊又分为名词模糊（如"车辆""隐患"）、

---

① 其含义为"不明确""含混""含糊"等。

动词模糊（如"故意""恶意"）、形容词模糊（如"积极""恶毒"）、副词模糊（如"极大""严重"）等；虚词模糊主要体现在"和""或""并且""之上""之下"等用词上。四是主动模糊与被动模糊。主动模糊主要是模糊语言主体主动地有意识地运用法律模糊语言以归纳涵盖未尽事宜，比如"……等其他情形""三年以上七年以下"等。主动模糊是为了保证法律的稳定性和普遍适用性发挥法律语言模糊性的积极作用，或者是在合同等法律文件中缔结双方为了各自的利益，在条文制定过程中有意使用有利于自己的模糊用语。被动模糊是指模糊用语的使用出自模糊语言主体的"无以言表"或"意想不到"。比如某市规定"公园禁止车辆入内"，"车辆"一词具有模糊性，是否包括自行车、滑板车？等等。

卢秋帆（2010）按照立法者意图的不同，将法律语言的模糊分为故意模糊、疏忽模糊和无意模糊。故意模糊是指立法者为了节约立法资源而形成的具有正当性的模糊，如法律条文中经常出现的"数额较大""情节严重""酌情处理"等；或者是某些"立法者"在立法时故意将条文抽象化、原则化，留下较大的解释空间，等到适用时再利用保留的解释权实现其不当利益。疏忽模糊是指立法者在立法时由于疏忽而导致的模糊。无意模糊是指立法者在立法时由于预见不能而导致的模糊。

丁建峰（2016）认为，语言的模糊性不仅仅来自语言本身，还来自语言使用者的策略行为，来自语言背后的各种力量的博弈。他把立法语言中的模糊分为技术性模糊和策略性模糊。前者是基于立法者有限理性的模糊，是因为立法者的信息不足、语言手段有限、界定成本过高而"不得不选择"的模糊表达；后者是基于立法者的策略性逐利行为的、有意识的模糊，是因为立法者的某些政策或自身利益的考虑而"主动选择"的模糊表达。

### 2.1.1.3　法律语言的本质特征

法律语言的本质特征是模糊性还是准确性，这是一个由来已久又众说纷纭的问题。

一种观点认为，模糊性是法律语言的本质特征（转引自陈云良，2002）。

英国法学家蒂莫西·恩迪科特（Timothy Endicott）说："模糊性以及因模糊性产生的不确定性，是立法的基本特征。"

美国学者博登海默（Edgar Bodenheimer）说："法永远是模糊的，法的模糊性是其绝对属性，法的确定性只在相对意义上存在，法的模糊性是指法律所具有的归属不完全的属性，它是与法的普遍性相伴而生的基本技术特征。"

姜廷惠（2013）、张玉洁（2014）认为，法律语言的模糊性表现为语义的概括性、歧义性、含混性或不确定性等。模糊语词是一种独特的法律规范，也是一种立法技术。

和万传和姜彩虹（2019）认为，法律本身具有不合目的性、不周延性和滞后性。法律规定不可能面面俱到，法律规定要适用于每一个人，法律语言必须是概括性的。语言概括性本身会产生一定程度的模糊。法的概念和对象是模糊的，法的原则也是模糊的。法律规范具有普遍适用性，立法对象是抽象的人，具有模糊性。

另一种观点认为，准确性是法律语言的本质特征。

陆宏哲（1989）认为，法律语言的准确性是指每个词句都必须确切严密，都要符合法律内容的科学性和思维的逻辑性，包括内容本身的明确和表达方式的明确。

谭绍木和黄慧（2004）认为，法律语言的本质特征是准确性（或精确性）。准确性可谓是法律语言的生命线。法律语言要求高度精确，立法语言所表达的内容是全体公民的行为规范，是人们的行为准则，同时也是司法人员的执法依据。立法者要通过精确无歧义的文字来表达国家的立法思想和具体的法律内容。法律条文只有做到具体、明确、可操作性强，才能真正达到依法治国的目的。因此，法律语言在词语的选用上充分显示了法律的庄严和权威，它力求语言精确严密，无懈可击，否则就有可能产生概念上的模糊和词义上的歧义，从而影响法律的实施。

田力男（2016）认为，法律需要通过规范的语言文字准确地表述出国家意志、法治主张和法学精神，这就要求法律语言务必清晰明确，不能模棱两可，以保证各方权利义务得以实现。法律语言的模糊性源于思维的模糊性，而思维的模糊性源自其所认识对象的复杂性及由此而产生的概念不确定。法律概念的确定性只是相对或有条件的，对比之下，在一定程度上，法律概念的不确定性和模糊性却是绝对的。

还有一种观点认为，法律语言的本质特征是准确性和模糊性的辩证统一。

贾蕴菁（2002）认为，在法律语言中，精确词语的使用无疑保证了法律语言的准确性，但在特定情况下，使用模糊词语不仅可以起到精确词语不可替代的作用，还会使法律语言更加准确。反之，模糊词语用之失当，则会影响法律语言准确的铁定原则。

徐凤（2013）认为，精确性和模糊性是人类自然语言的两个重要特征。法律语言是精确性语言和模糊性语言的集合，法律语言正是在准确性和模糊性之间求得平衡的。

罗士俐（2011）认为，准确性（精确性）或模糊性都不应当是法律语言的本质特征。如果说法律语言的属性是准确性和模糊性的辩证统一，那么它们应当统一和服务于法律语言最典型最本质的特征——严谨性。因为法律语言在准确性上显然逊色于数学、工程技术类语言，而在模糊性上又明显不如文学语言那样突出，所以把这两者视为法律语言的本质特征恐怕难以服人。不管是公法还是私法，法条上使用了"应当""但""可以""或者""和""及""除外""等"这类词语和严格的标点符号，以及严谨的语言结构，使得法律语言展现出严谨的语言特征。因此，严谨性应当是法律语言的本质特征。

### 2.1.1.4　法律语言模糊性的积极功能

杨德祥（2006）认为，法律所调整的社会关系涉及社会生活的各个方面，并处于不断发展变化之中，各种社会关系的内容都会反映到法律语言中来。为了使法律能够得到更好的贯彻和实施，在不违背法律原则的前提下，在法律规范中设立一定的模糊条文，供法官根据事实情况灵活运用，有利于弥补法律的空白。

张玉洁（2014）认为，模糊语言的法律意义在于它提供"人为自身立法"的空间，弥补立法的语用缺陷，能够有效降低立法成本。

和万传和姜彩虹（2019）认为，立法语言的模糊性是语言开放性和灵活性的表现，自然语言本身模糊使得立法语言不可能清晰，也有悖于人们对立法语言准确性的期待，但是立法语言的模糊绝不是缺陷，反而可能是优点。一些模糊语言的使用，可以使法律语言达到实质上的精确。如"数额巨大"等使法律保持了相对的稳定，保证了法律的生机和活力。

### 2.1.1.5　法律语言模糊性的消极功能

焦悦勤（2005）认为，模糊语言的使用可能导致不公正司法，法律条文之间不协调，不易操作，增加法官处理案件的难度，不利于公民理解法律，遵守法律。

卢秋帆（2010）认为，法律语言适当的模糊具有正当性，但不加区分的、不加克制的模糊则有损法律的尊严和权威，从而也有损于法治建设。法律语言尽管是精确性语言和模糊性语言的集合，但精确性语言还是应占绝对优势地位的。人们之所以强调和追求法律的精确性，是因为法律语言的模糊会导致法律的模糊和不确定性，而法律的模糊和不确定性的局限和危害甚多。

肖云枢和倪千淼（2012）认为，法律语言的模糊性存在着一定的负面影响。法律语言的模糊性使法律规则在现实中难以操作，而不能操作的法律法规如同一纸空文。同时，模糊法律语言在法律不健全、司法人员素质不高的国家中，给那些司法人员留下了"权力寻租"的可能：模糊性的法律规则通过事后选择这种或那种可能的解释，给了司法者变相制定法律的权力，有时会侵犯正当程序的法律理念和政治理念。模糊性的法律规则最终将损害公民的合法权利，从而影响整个社会的稳定。

## 2.1.2 本书对"模糊性"的界定

### 2.1.2.1 关于"模糊性"的界定

模糊性（fuzziness）是指语言所表达的指向对象界限不清晰、类属不分明。也就是无法用一个边界清晰的集合来加以概括，在客观事物的差异之间存在"亦此亦彼"的中间状态，如果要讨论某个元素是否属于某个集合，就不能简单地用"是"或"不是"来回答。

法律语言的模糊性是指某些法律条文或表述在语义上不能明确指向，在涉及法律事实的性质、范围、程度、数量等方面，具有模棱两可、朦胧不清的特征。如"情节恶劣""后果严重""在紧急情况下""在特殊情况下""数额特别巨大""罪行特别严重"等。这些表述语义不够清楚，具有一定的伸缩弹性，需要有更为具体的界定和解释。

### 2.1.2.2 关于法律语言的本质特征

模糊性不应是法律语言的本质特征。立法中的确存在模糊性，如丁建峰（2016）所说的"技术性模糊"，因为立法者掌握的信息不充分、能用的语言手段有限、厘清边界的成本过高，"不得不选择"模糊表达；再如卢秋帆（2010）

所说的"疏忽模糊"和"无意模糊",即立法者在立法时由于疏忽或者预见不能而导致的模糊。

但是,模糊性的存在只是客观现状的描述,不应该成为立法者主观上所坚持的态度。作为法律语言,每个词句都必须明确、严密,符合法律内容的科学性和思维的逻辑性,这样,才能充分有效地表达立法者的观念和要求,使所制定的法律为人们正确理解和认识,并保证法律的有效实施。

因此,明确性才是法律语言的本质特征。由于种种原因,有些环节暂时难以消除模糊性,这是事实。但是,立法者不能以此为借口,认为反正模糊性是永恒存在的,既然无法实现明确性,那就干脆无视模糊性的存在,甚至认为模糊性反而可能是优点。法律语言的模糊性使法律的现实可操作性大为降低,给部分素质不高的司法人员留下"寻租"的空间。虽然可以有具体的法律解释,但是,法律解释尤其是行政解释,有时会违背立法的初衷或者曲解法条的原意,如发生"税收国库主义"与税收法定原则的冲突。

只有明确性的法律法规,才能维护公民的合法权利,促进社会的稳定,从而实现依法治国的宏大目标。当然,明确性不是一蹴而就的,从模糊性到明确性,是一个需要不断追求、逐步实现的漫长的过程。

## 2.2 税收的不确定性与明确性

在日常生活中,人们同样可以看到具有明确性的表达。例如,邀请外宾时事先就把细节安排告知对方,包括酒店的名称及星级、发言或点评的时间与地点、相关费用的分摊比例等。再如,在诊疗过程中,医生先让患者去测体温、血压、白血球、血小板等指标,根据所获得的数据诊断病情。还有,一份烹饪说明书上写道:加盐三克、花椒四粒。可见,明确现象也是无时不在、无处不存的。

### 2.2.1 有关税收不确定性的文献综述

在语言学界和法学界,专门讨论明确性问题的文献并不多见。"百度百科"对"明确"一词的解释为"清晰明白而确定不移"。《现代汉语词典》对"准确"一词的解释为,"严格符合事实、标准或真实情况",如"准确的时间""这些词语用得很准确"。但是在税收学界，有一些文献讨论税收的确定或不确定问题，这与本书的主题有一定的关联。

### 2.2.1.1 税收不确定性的含义及原因

财政学创始人亚当·斯密（Adam Smith）早在 1776 年就指出："各国民应当完纳的赋税，必须是确定的，不得随意变更。完纳的日期，完纳的方法，完纳的数额，都应当让一切纳税者及其他的人了解得十分清楚明白。"[①] 这就是著名的"租税四原则"中的确定性原则。

Knight（1921）以事件结果是否可预见作为判断标准，对风险与不确定性进行了区分，将不确定性定义为"人们无法预测未来事件发生的可能性"，即未来可能的结果及出现的概率都是未知的，无法预先计算和评估。从经济学角度看，经济的不确定性是指经济主体无法准确预知自己某种决策的结果，也无法确定未来决策结果的分布范围和状态。

税收不确定性是经济不确定性在税收领域的具体表现。

Niemann（2011）认为，税法的变化以及纳税人、财政部门和税务机关对税法和经济事实作出不同解释带来的不确定性，可以称为财政的税收不确定性。

Brown 等（2017）将税收政策的不确定性定义为关于税收政策是否会改变以及政策变化性质的不确定性，包括政治选举、行政和司法机关制定和执行税收规则的不确定性。

Devereux（2016）和 IMF-OECD 的报告（2017）认为，服务于经济发展的税法条文自身也具有不断修订和完善的必要，从而处于不确定性之中。现行税法表述的复杂性和模糊性无疑会增加征纳双方理解和掌握的难度。由于税收制度的专业性和复杂性，不同纳税人和执法人员的知识结构、工作经验不同，对同一涉税行为的理解和处理自然也不同。由于现行税收政策赋予执法人员较大的裁量权和解释权，每个人的理解和处理结果可能会出现差异，因此极易产生执法尺度不一所带来的执法随意性问题。

---

① 原话是："Tax which each individual is bound to pay ought to be certain, and not arbitrary. The time of payment, the manner of payment, the quantity to be paid, ought to be clear and plain to the contributor, and to every other person." 参见亚当·斯密. 国民财富的性质和原因的研究（下卷）[M]. 郭大力，王亚南，译. 北京：商务印书馆，2014：394.

杨洪（2019）认为，税收的不确定性难以彻底消除。其原因主要包括：语言的不确定性、某些不可避免的非税因素、各国政府的非税收政策目标等。导致税收不确定性的立法原因包括：税收政策的不确定性、税法中溯及既往现象的存在、税法立法质量的欠缺、税法条文表述得过于复杂、税法中的某些规则制定得比较抽象、税法的一般反避税规则同对应的具体反避税规则存在冲突、临时性条文等。

贾先川和朱甜甜（2019）认为，税收政策确定性是指税收政策的规定清楚具体，没有漏洞和歧义，能够为税务机关提供明确的适用依据，为纳税人提供稳定的政策预期。影响法律文件规范性和确定性的共性因素主要有：部分规范性法律文件的语言表达具有模糊性；规范性法律文件制定者的认识存在局限性；规范性法律文件具有滞后性，难以适应发展过程中不断涌现的新情况、新问题。此外，税收政策自身的特殊性对其确定性的影响因素表现在以下方面：税收政策文件数量庞大，体系混乱；税制要素复杂，税收政策专业性强；税收政策调整频繁，容易引发由于新旧政策衔接不畅而出现的政策空白。

甘行琼和靳毓（2020）认为，税收不确定性是广义的，主要指税收具有一定的不稳定性和不可预测性以及给经济主体的经济决策带来额外风险的可能性，从而导致经济主体面临税收负担和税收环境等方面的不确定性。税收不确定性主要来自税收政策和税收制度的调整，税法的复杂性、模糊性以及税收执法的灵活性等。

### 2.2.1.2　降低税收不确定性的措施

IMF-OECD 的报告（2017）和 Zangari 等（2017）认为，在税收立法方面，第一，优化税收立法程序，提高税收立法过程的透明度。通过简化税制设计，制定一个健全的税法框架和一套可预测的立法程序。所有的税收规定都应经过立法机关的讨论和审批后以税法的形式出现，参与税法讨论的代表须包括财政部、税务机关、企业和民间社会组织等相关利益各方，同时吸收相关行业领域的专家的意见并进行公众咨询。第二，降低税法条文的复杂程度，在简单性与确定性之间进行更好的权衡。税法太简单可能会导致税法不够完整，增加不确定性；为了落实税法的确定性往往又会增加税法的复杂性，而税法太过复杂又会降低遵从度。同时，为了避免税法的复杂性和对经济造成的扭曲效应，需要谨慎使用税收优惠措施。第三，税收立法的变动频率应该控制在最低限度，确有必要的税收立法改革一定要保持前瞻性。系统透明的税收监管也可以限制税法过于频繁的变动。在税收执法方面，一是强化税收管理的可预测性和前后一致性。及时发布税收裁决和技术解释可以增强税务机关进行税务处理的可预测性和一致性，进而保障税收的确定性。纳税人可以向税务机关提出申请，就某些特定交易所得的征税问题与税务机关达成事先协议，明确特定投资的税收待遇，这将有助于降低税收不确定性，改善企业的税收环境。二是改善征纳关系。在自愿的基础上建立征纳双方的合作遵从制度、加强征纳双方合作，这将有助于提高税收确定性。

杨洪（2019）认为，税收立法视角下税收不确定性的法律应对办法有：提高税法的立法质量、降低税法条文的复杂程度、设置"祖父条款"[①]或过渡条款、兼顾协调一般反避税规则和具体反避税规则。

## 2.2.2 本书对"明确性"的界定

### 2.2.2.1 关于"明确性"的界定

明确性（definiteness），是指有具体明确的边界，清楚明了、无歧义。

从法律语言的角度看，明确性是指法律语言所表达的意思严格符合法律事实、标准或真实情况，包括明晰化和确定化两层意思。明晰化是指立法者对违法犯罪行为的事实和相关法律责任的规定要明白清晰，强调的是"规定要清楚"；确定化是指执法者应严格根据法律所规定的违法或犯罪构成要件及处罚或定罪标准加以裁定，强调的是"依照规定处理"。

### 2.2.2.2 关于"明确性"与"准确性"的辨析

目前，关于法律语言强调的是"准确性"还是"明确性"或者"确定性"，并没有一致的认识。

与"模糊"相对应的词，通常有"精确（或准确）""清晰"和"明确"。

"精确（或准确）"有精密、精准的意思，侧重于通过量的分析和计算，精

---

① "祖父条款"是指某些人或者某些实体已经按照过去的规定从事一些活动，新的法规可以免除这些人或者这些实体的义务，不受新法律法规的约束，继续依照原有的规定办事，也即"老人老办法、新人新办法"。

准地把握事物和现象。"准确"与"精确"更多地用在数理化、工程技术、生物医药等领域，如配方要精确。因此，"精确（或准确）"更侧重于定量上，如量刑准确。法律语言会使用"准确"一词，但是通常在三种情况下使用：一是"定性准确"，即所认定的案件性质应具备该种性质案件的构成要件；二是在处罚、刑罚的认定上强调要准确，如处罚准确；三是翻译法律文本时要求译文有较高程度的准确性，即在传递原文所包含的基本信息方面较少失真。

"清晰"有清楚、明朗的意思，语言表达很明了，或者音像作品的效果很好。因此，"清晰"一词更多地用在文学上，如思路清晰、画面清晰等。当然，也可以用在计算机领域，如影像清晰等。法律语言的表达需要清晰，但是，首先需要"明确"。比如，何种行为属于违法，何种行为属于犯罪，在违法或犯罪的构成要件及处或定罪标准"确定"的基础上，再用清晰的语言予以表达。

"明确"强调意思清楚明了、不会产生歧义。法律语言使用"明确"这个词更合适，因为法律是否明确，标志着立法技术的高低和法律制度的完善程度。法律条文必须清楚明了，使人们能够了解违法行为的内容，把握犯罪行为与非犯罪行为的边界。打个比方，红灯停，绿灯行，边界非常清晰。有罪就是有罪，无罪就是无罪，泾渭分明，不可含混。如果法律不明确，模棱两可，意思含糊不清，人们就会无所适从。"明确"既有"确定"的含义，又有"清晰"的意思。

### 2.2.2.3 "税收法律规范的明确性"与"税收的确定性"之间的关系

"推动税收确定性"的倡议已经为越来越多的国家所响应。导致税收不确定的原因是多种多样的，包括税法中的某些规则制定得太过抽象、临时性条款过多、税法条款表述不清晰等，也包括税收政策变化多、变化快。所以，"税收的确定性"是一个外延非常宽泛的术语。

本书所说的"明确性"，指向对象主要是税收法律规范，包括税收法律、税收法规、税收规章、税务规范性文件等。与"税收的确定性"相比较，范围较为狭小。也就是说，"税收法律规范的明确性"只是"税收的确定性"命题中的一个组成部分。例如，一些地方政府所期望的招商引资等非税收政策目标与税收法律规范引起冲突，由此导致税收制度的不确定性，这种情形就不是"税收法律规范的明确性"所覆盖的内容。

## 2.3 模糊性与模糊性的螺旋式上升

### 2.3.1 从模糊性到明确性的变化

人类社会的发展，是一个从模糊性到暂时的明确性，然后产生新的模糊性，再到新的明确性的螺旋式发展过程。古人对自然社会缺乏精细的认识，因而其思维具有朦胧猜测的特点。随着自然科学的发展和逻辑理论体系的建立，人们的认识水平逐渐提高，明确思维逐渐形成。然而，人们又发现复杂的世界在程度、真值、关系等方面，很多情况下无法有明确的结论，反映在思维中就产生了新的模糊性。

这就意味着，对事物的不断反思与钻研，使人类在不断追索中获得暂时的明确，旋即又陷入新的模糊境地。举例来说，以前，"呼吸停止和心跳停止"是临床上判定"死亡"的明确标志；如今，那些脑和脑干已经死亡，却能依靠人工方法呼吸并维持心跳的人，正使"死亡"的概念变得模糊不清。模糊数学、模糊逻辑、模糊语言等学科就是在这样的背景下诞生的。新的模糊思维不同于传统的模糊思维，在一定程度上体现出分析的客观性和科学性。总之，模糊性与明确性是并存的，模糊后有明确，明确后又有新的模糊，两者在漫漫求索中呈螺旋式上升的态势。

从模糊性到明确性的变化，至少有以下三个原因。

#### 2.3.1.1 近代自然科学的发展

古代人把宇宙看作是混沌的整体，思维对象是模糊的，思维主体也是模糊的，以模糊的思维去认识世界，用模糊的方法和工具（如模糊的概念、范畴、语言和粗制的器具）去把握世界，缺乏对事物本质的准确认识，讲究"设象喻理""刻意神似"，重视直觉体悟，带有朦胧、粗略、笼统甚至是猜测的成分。

15世纪以后，随着自然科学的发展，尤其是数学、力学、化学、天文学、生物学等学科的发展，导致明确性思维的产生。近现代实验科学注重对事物分门别类、分析解剖，重视定量分析和精确计算，促使明确性思维的形成。虽然思维对象是模糊的，但认识事物的方法和工具（如概念、范畴、原理、定律、公式及显微镜、望远镜、计算机等）越来越多，这就导致了对事物边界的认识越来越清晰。

### 2.3.1.2 逻辑思维对直觉思维的替代

直觉思维是人通过知觉对事物进行瞬时的、直接的选择和判断，从而认识事物的性质和联系。"大化流行""万物化生"，天地万物浑然一体，反映的是意会体悟的直觉性、笼统朴素的整体性和朦胧猜测的模糊性。

古希腊哲学家亚里士多德（Aristotle）作为传统形式逻辑的奠基人，提出了完整的逻辑理论体系。英国哲学家培根（F. Bacon）、穆勒（J. Mill）等创立和发展了归纳逻辑。逻辑思维是否发达的重要标志在于是否达到了公理化、形式化水平。早在17世纪末，德国哲学家莱布尼茨（G. W. Leibniz）试图建立形式的演绎逻辑，并在逻辑的符号化方面做了努力，成为数理逻辑的先驱。19世纪末和20世纪初，德国逻辑学家弗雷格（F. L. G. Frege）第一次表述了具有现代化形式的数理逻辑命题演算体系，构成了最早的命题逻辑的公理系统。

现代逻辑向公理化、形式化的迅速发展，充分说明明确性思维逐渐代替模糊性思维。因为明确性思维建立在二值逻辑基础之上，要求对任何概念和命题都作出"非此即彼""非真即假"的判断，不允许有第三个值或更多的值。

### 2.3.1.3 契约社会的形成

在一些地区，人际关系以亲缘、血缘和地缘为纽带，牢固的熟人关系使人们彼此间保持频繁的交往和密切的合作，从而相互产生较强的情感依附。往往认为，"规矩是人定的""活人不能被死规则困死"，如果有人严格照章办事，不懂得变通，会被嘲笑做事太死板。不少人遇到规矩，总是千方百计去破坏规矩。越是破坏规矩，制度的边界越是模糊，破坏者就越能从中获得好处。所以，变通是受模糊思维支配的行为特征。

近现代国家，社会契约思想得到社会成员的普遍认可。契约关系规定人与人之间的权利和义务，笼统模糊的语言无法把利益划分清楚，必须用明确的条文把利益关系作清晰的梳理和划分。契约社会信奉"丑话说在前头"，免得留下"粗略、笼统"的死角。德国哲学家黑格尔（G. W. F. Hegel）在《法哲学原理》中说："法律规定得愈明确，其条文就愈容易切实地施行。"所以，明确性能为社会的公平、公正以及人际关系的和谐奠定基础。

## 2.3.2 模糊性与明确性的辩证关系

恩格斯指出，不同类属的区别标志都是相对的、不确定的。所以，类与类之间界限有模糊性和可变性之分。恩格斯还把类别标志的不确定性（模糊性）和界限的不分明性作为自然过程的辩证性质的重要体现来考察，从哲学上断言："辩证法不知道什么绝对分明的和固定不变的界限。"[①]

模糊性与明确性既相互对立，又相互统一，必须辩证地看待二者的关系。在一定范围内，明确性是必须的；而在另一范围内，模糊性是必要的。模糊性—明确性—新的模糊性—新的明确性……这并不是倒退，而是螺旋式的攀升，正是事物发展的否定之否定，它标志着人类认识世界的能力又提高到了一个崭新的水平。法国法学家达维德（Rene David）说（达维德，1984）："当我们着手使某一术语更加精确时，结果发现，用以消除所论及的模糊性的那个术语本身又是模糊的，因此，消除一个给定术语的模糊性，这是一个不切实际的目标。我们所希望做到的，更多是逐渐地接近于消除模糊性。"这一观点恰好说明，模糊性是绝对的，明确性是相对的。

模糊性与明确性相对立，是客观事物的状态性质的不确定性的反映。在思维过程中，明确性思维是在对模糊性思维的结果加以抽象和扬弃的基础上进行的。模糊性具有经济、灵活、简捷、整体性强的优点，能够帮助人们对事物或现象形成一种整体的理解。比如"漂亮""聪明""老""少"等。具有这些很难说清楚的特征的客观事物，分类时它们的边界就不会清晰，比如"老人""聪明人"的界限就很难划定。人们推崇模糊科学，是因为模糊科学善于从多角度考虑问题，善于在事物之间建立联系，特别注重对事物的整体特征进行概括，估测事件的进程，作出近似的、灵活的结论。世界本身是模糊的，人脑的思维机制本身也是模糊的，思维的极致不是明确而是模糊，不明确处蕴含着极大的活力和创造性。[②]正如哲学家康德（I. Kant）所说（库恩，2008）："模糊观念要比清晰观念更有表现力，在现实生活中，常常是根本无法用准确语言表达所想的东西。"

在一定条件下，依靠模糊性处理问题的效率非常高。修剪树枝就是一个例

---

① 马克思恩格斯选集（第三卷）[M]. 北京：人民出版社，1972：535.

② 西方学者曾就"abortion（堕胎）"是否构成"杀人罪"这一问题进行研究和讨论，结果是不了了之。根本原因就在于胎儿与受精卵之间没有明确的边界。

子。居民小区内树木修剪的要求是：树冠完整美观，分枝点合适，枝条粗壮，无枯枝死杈；主侧枝条分布均匀、数量适宜、通风透光。高大灌木、阔叶乔木的修剪标准是：轻截——剪去一年主枝条长度的 1/5 ～ 1/4；中截——剪去一年主枝条长度的 1/3 ～ 1/2；重截——剪去一年主枝条长度的 3/4 ～ 2/3。但是，谁都知道，在操作过程中，不会有人拿尺子去量，作记号，再修剪。所以，要求和标准是明确的，操作处理是模糊的，这样才能提高工作效率。

在某些场合，模糊性还有助于摆脱思维的困境。一个经典的例子是，莎士比亚在《威尼斯商人》中塑造了一个机敏聪慧的女子鲍西娅，她明白明确性与模糊性之间可以相互转换。当安东尼奥无法偿还高利贷时，高利贷发放者夏洛克要求行使契约规定的权利——从债务人身上割下一磅肉。鲍西娅巧妙地对契约作出了解释："契约规定的是一磅肉，但是不能多也不能少，更不能使债务人流一滴血；如果流血就必须由债权人偿命。"契约中规定的"肉"指的到底是什么？仅仅是肌肉纤维组织还是包括肌肉和血液等在内的生物体？当初在订立契约时没有考虑得那么细致。鲍西娅的模糊性思维使得夏洛克语塞、尴尬。

法律的制定同样会采用模糊处理的办法。"口袋罪"是对刑法中一些因内容概括、外延模糊而容易混淆罪与非罪、此罪与彼罪界限之罪名的形象称呼。在刑事立法上，口袋罪的生成主要有几种情形：一是某些罪名规范不足而采用兜底条款；二是对某种罪名之犯罪构成要件不明晰；三是对某种罪名之罪状描述不明确。如我国《刑法》第二百二十五条之非法经营罪和第一百一十四条之危害公共安全罪即属于第一种情形；第三百九十七条之玩忽职守罪属于第二种情形；第二百九十三条之寻衅滋事罪则属于第三种情形。

具有模糊特征的概括性术语在税收领域也有表现。企业在进入破产程序后、办理注销登记前，纳税主体并未消亡，仍有可能产生纳税义务。《国家税务总局关于税收征管若干事项的公告》（国家税务总局公告 2019 年第 48号）第四条第二款规定，破产程序中如发生应税情形，应按规定申报纳税。此处"应税情形"这一术语包括"应税行为""应税销售""应税收入""应税资源""应税土地""应税车辆""应税消费品"等。也就是说，破产程序中发生的各类纳税义务，破产企业均应当依法申报纳税。

既然模糊性思维有实用价值，为什么还要实现明确性呢？因为模糊性容易导致决策失误和低效率，毕竟没有经过细致的分析和精确的边界划分；同时，模糊的规定容易引起寻租设租活动。如纳税人为了减轻或逃避税收行政责任或刑事责任，对税务稽查工作人员进行金钱贿赂等。一个崇尚模糊性的社会，往往特别注重"话语权"。话语权，其实是对模糊状态的解释权。谁拥有了对模糊术语的解释权，谁就拥有了一切。

人类社会是订有契约的：物质利益的来往，有法律的契约；行为生活的交往，有精神的契约。契约代表着商业关系双方的承诺，契约精神保证了商业文明的发展，商业文明又强化了契约精神。哈耶克说，"法律的完全确定性，是我们应该努力接近却又永远无法完全达到的理想。"但是，并不意味着法律的确定性不必去追求了，在看到模糊性有其一定优势的同时，绝不能忽视明确性对于制度建设的重要性，否则会产生不良的后果。

模糊的文化，容易导致是非不清、善恶不明、公正匮乏。《中华人民共和国道路交通安全法》（简称《道路交通安全法》），非机动车应当在非机动车道内行驶。可是，一些快餐企业的送餐骑手，所骑的电动自行车却在机动车道内行驶，更有甚者根本无视红绿灯的存在，横冲直撞，至于逆向骑行的就更多了。[①]一旦出了事故，骑手会跟交警说，他骑的是非机动车，不能按驾驶机动车处罚。这个例子的尴尬在于，电动自行车的性质与归类是模糊不清的，根据《道路交通安全法》第一百一十九条第四项的规定，"非机动车"，是指以人力或者畜力驱动，上道路行驶的交通工具，以及虽有动力装置驱动但设计最高时速、空车质量、外形尺寸符合有关国家标准的残疾人机动轮椅车、电动自行车等交通工具。实际上，不少电动自行车都经过了改装，骑行时的速度与机动车一样快。那么，《道路交通安全法》是否存在缺陷？送餐骑手的行为肯定是违法的，但是，《道路交通安全法》有关条款的模糊性也使得骑手有机可乘，最终导致电动自行车交通事故发生比率较高。

一个法治的社会，法律必须具有最大限度上的明确性。虽说不可避免地会出现意义模糊的情形，但是，明确性始终是立法和执法活动所要追求的境界，尽管这个过程是漫长的、永无止境的。

---

① 据公安部交通管理局统计，2013年至2017年间，全国共发生电动自行车肇事致人伤亡的道路交通事故5.62万起，造成死亡8431人、受伤6.35万人、直接财产损失1.11亿元。

# 3 税收治理：从模糊性到明确性的态势

## 3.1 税收治理中模糊性与明确性的嬗变

### 3.1.1 税收法律规范由模糊性变为明确性的情形

改革开放 40 多年来，我国税收制度得到前所未有的完善，一部《税收征收管理法》及其实施细则，与 18 个税种直接对应的税法（或暂行条例），及与之对应的实施条例（或实施细则），还有无数的税收规章、税务规范性文件，总体上税收法律规范由模糊性走向明确性，这一发展趋势非常明显。此处试举二例。

◎ 例 3-1　福利企业的企业所得税税收优惠政策

1994 年起施行的福利企业税收优惠政策，所依据的规范性文件是：《财政部 国家税务总局关于企业所得税若干优惠政策的通知》（财税字〔1994〕1 号）、《财政部 国家税务总局关于对福利企业、学校办企业征税问题的通知》（财税字〔1994〕3 号）、《国家税务总局关于民政福利企业征收流转税问题的通知》（国税发〔1994〕155 号）。这一税收优惠政策的价值目标是为了促进残疾人就业。残疾人属于弱势群体，在同等情况下，企业会雇用正常人而不是残疾人。

然而，上述政策运行了一段时间后，税务机关发现有的企业总人数较少，仅雇用几个残疾人，就可以达到享受福利企业税收优惠待遇的比例要求。这些企业享受了数百万元税收优惠，但支付给残疾人的工资不过几万元。站在逻辑法学的角度去解释，合法性要求是交易或事项的税务处理只须符合税法条文的字面含义，也即这些企业享受税收优惠完全符合财政部、国家税务机关发布的规范性文件。但如果从价值法学的角度看，交易或事项的税务处理是否合法，不仅要符合税法条文的字面含义，而且要求符合税法的价值目标、立法意图。这就是说，这一政策的执行结果是糟糕的，因为残疾人真正享受的税收优惠很少，绝大部分被企业主享受了。福利企业税收优惠政策的预期目标没有实现。

2006年福利企业税收优惠政策发生了变化，所依据的规范性文件是：《财政部 国家税务总局关于调整完善现行福利企业税收优惠政策试点工作的通知》（财税〔2006〕111号）、《国家税务总局 财政部 民政部 中国残疾人联合会关于调整完善现行福利企业税收优惠政策试点实施办法的通知》（国税发〔2006〕112号）、《财政部 国家税务总局关于进一步做好调整现行福利企业税收优惠政策试点工作的通知》（财税〔2006〕135号）。调整后的政策按企业吸纳残疾人数量享受定额的免税待遇，将企业享受的免税数额与其支持残疾人就业的贡献程度结合起来（见表3-1）。

表3-1 福利企业的企业所得税优惠政策变化

|  | 原政策 | 新政策 |
|---|---|---|
| 优惠方式 | 凡安置"四残"人员占生产人员总数35%以上，暂免征收所得税；凡安置"四残"人员占生产人员总数的比例超过10%未达到35%的，减半征收所得税 | 按企业实际支付给残疾职工的工资加计100%在企业所得税税前扣除，但最高不得超过每人每年3.5万元 |
| 企业范围 | 民政部门举办的福利工厂和街道办的非中途转办的社会福利生产单位 | 所有由社会各种投资主体设立的各类所有制内资企业 |
| 残疾人范围 | "四残"：盲、聋、哑和肢体残疾 | "五残"：盲、聋、哑、肢体残疾和智力残疾 |
| 安置比例 | 安置"四残"人员应占生产人员35%以上 | 月平均实际安置就业的残疾人占在职职工人数的比例达到25%（含）以上，且残疾人职工不少于10人 |
| 安置绝对数 | 没有考虑安置人员的绝对数 | 安置的残疾人人数不少于10人（含），其中盲人按摩机构安置的残疾人人数不少于5人（含） |

模糊性的税收优惠政策被人钻了"空子"，一旦政策变得明确了，预期的价值目标也就实现了。

◎ 例 3-2　企业为员工统一制作着装所发生的服饰费用在税前扣除

　　某酒店为员工统一定制工作服一批，共支出费用 11.6 万元。这笔费用可否在企业所得税税前扣除？目前，这个问题的答案是在企业所得税税前扣除。但是，曾经因税法条文意思不明确而发生过争议。

　　2007 年 12 月 6 日发布的《中华人民共和国企业所得税法实施条例》（简称《企业所得税法实施条例》）第二十七条第一款规定，企业所得税法第八条所称有关的支出，是指与取得收入直接相关的支出。那么究竟哪些支出与"取得收入直接相关"？哪些不直接相关？没有明确的界定。

　　同年，由法律出版社出版的《中华人民共和国企业所得税法释义及适用指南》对"与取得收入直接相关的支出"作出解释："是指企业所实际发生的能直接带来经济利益的流入或者可预期经济利益的流入的支出。"这个解释仍然具有模糊性。

　　直到 2011 年，国家税务总局发布《国家税务总局关于企业所得税若干问题的公告》（国家税务总局公告 2011 年第 34 号），明确规定，企业根据其工作性质和特点，由企业统一制作并要求员工工作时统一着装所发生的工作服饰费用，根据《企业所得税法实施条例》第二十七条的规定，可以作为企业合理的支出给予税前扣除。

　　如果企业员工的服饰费用，属于劳保用品的，准予直接在税前扣除；不属于劳保用品范围的服饰费用，如一些服务性行业的职业装，在"34 号公告"下发之前，通常认同为福利费用支出，在限额比例内扣除。"34 号公告"下发后，服饰与工作装备、用具一样，可以直接作为经营管理费用在税前扣除，但要符合如下条件。

　　第一，符合合理性原则，必须是符合企业的工作性质和特点。对工作中不需要的服装相关费用不能扣除，如某金融企业发放给员工工作时穿的西服、领带、羽绒背心等费用可以扣除，如果发放登山服，不能直接在税前扣除；另外，合理性原则还有金额上的要求。

　　第二，要符合统一制作的要求。这里的统一制作并不要求企业购买材料自己制作，统一定制也符合要求。统一的标准应该是同类型人员标准统一，服装形式统一，而个性化明显的服饰就不符合上述要求。对于不是统一制作，而是发放现金给员工自己购买的，应计入工资、薪金所得，扣缴个人所得税。

第三，员工在工作时应统一着装。对员工工作时没有必要统一着装，仅是为提高福利待遇而发放的服饰，不能直接在税前扣除。

### 3.1.2 税法条文或者税收执法过程中仍然存在一定程度上的模糊性

◎ 例3-3 税法规定不明确时，可否按企业财务、会计规定处理

自2008年1月1日起《中华人民共和国企业所得税法》（简称《企业所得税法》）施行。之后颁发了一系列配套的规范性文件，但是，相较于形形色色的经济事项，仍有不少情况没有被这些规范性文件所覆盖。当交易或事项已经发生，税务规范性文件尚不明确时，是否可以按财务会计的规定进行处理呢？《企业所得税法》第二十一条规定，在计算应纳税所得额时，企业财务、会计处理办法与税收法律、行政法规的规定不一致的，应当依照税收法律、行政法规的规定计算。上述规定体现了税收法律优于会计规定的原则。

然而，《国家税务总局关于做好2009年度企业所得税汇算清缴工作的通知》（国税函〔2010〕148号）第三条规定，根据企业所得税法精神，在计算应纳税所得额和应纳所得税额时，企业财务、会计处理办法与税法规定不一致的，应按照企业所得税法规定计算。企业所得税法规定不明确的，在没有明确规定之前，暂按企业财务、会计规定计算。显然，该文件给出的答案是：企业财务、会计规定暂时优于税法。这样的规定，可能产生的后果是，对同一经济事项，适用不同会计制度或选择不同财会处理方法的纳税人，会有不同的税务处理方法。因为，在《企业会计准则》《企业会计制度》和分行业会计制度并行的前提下，不同的财务人员由于职业判断能力不一，可能对同一经济事项作出不同的处理。

实际上，当经济事项面临企业所得税法的规定不明确时，可以按照企业财务、会计的规定进行处理，但是，必须有一个前提，即该企业财务、会计的规定不能违反税收法律的基本原则。

◎ 例3-4  执法人员因对法律条文的认识模糊导致了纠纷

2018年9月20日，乙公司收到甲市税务局稽查局下达的"税务行政处理决定书"，要求其自收到决定书之日起3日内，补缴2017年企业所得税250万元及相应的滞纳金。

9月26日，乙公司又收到甲市税务局稽查局下达的"税收保全措施决定书"。该决定书称，自2018年9月26日起，冻结乙公司在中国建设银行某分行营业部的存款200万元，责令乙公司于2018年9月28日前补缴应纳税款。若逾期未缴，稽查局将依照《税收征收管理法》第四十条的规定对乙公司采取税收强制执行措施。

乙公司对"税收保全措施决定书"表示不服，在规定期限内向上一级税务机关申请税务行政复议。行政复议机关经审理认为，本案中，甲市税务局稽查局本应当直接采取"划拨企业银行存款"的税收强制执行措施，却采取了"冻结企业存款"的税收保全措施，适用法律错误，遂作出撤销"税收保全措施决定书"的复议决定。

这个例子说明，稽查局工作人员对税收保全措施和税收强制执行措施的认识存在模糊性，盲目行事，导致了征纳双方本可避免的纠纷。

由此可见，税收法律规范中模糊性与明确性是同生共存的，从模糊性到明确性，是一次质的飞跃；明确之后又会出现新的模糊，从新模糊性到新明确性又是一次质的飞跃。两者的变化不是此消彼长，更不是简单的循环，而是呈一个螺旋式上升的过程。

## 3.2  税收治理中模糊性与明确性同生共存的原因

### 3.2.1  税收法律规范制定者的主观性

与其他法律一样，税法是由人制定的，因而不可避免地带有人为的色彩；同时，经济事项各种各样，违法犯罪现象纷繁复杂，立法者即使穷尽所有智慧也不可能避免疏漏。况且，税法文本总是基于特定的时代背景而形成的，立法者不可能对所有问题都达成共识，存在形式上的含混不清或者逻辑上的不一致在所难免。另外，对于成文法的检讨，除了专家学者从研究的角度加以批评论证以外，全国人民代表大会常务委员会、法制工作委员会，财政部、国家税务总局等多个部门都从不同角度提出意见、建议，有时对于一些问题的争论还非常激烈。

令人欣喜的是，经过几十年的努力，我国建立了一整套统一、完整、配套的税法体系，大大增强了税收法律规范的明确性。至今已有 12 个税种从原国务院发布的"暂行条例"上升为全国人民代表大会常务委员会发布的单行法（见表 3-2）。

表 3-2    由"暂行条例"上升到单行法的税种

| 税法名称 | 施行日 | 原暂行条例名称 |
| --- | --- | --- |
| 中华人民共和国个人所得税法 | 1994-01-01 | 中华人民共和国个人所得税法 中华人民共和国个人收入调节税暂行条例 |
| 中华人民共和国企业所得税法 | 2008-01-01 | 中华人民共和国企业所得税暂行条例 |
| 中华人民共和国车船税法 | 2012-01-01 | 中华人民共和国车船税暂行条例 |
| 中华人民共和国环境保护税法 | 2018-01-01 | —— |
| 中华人民共和国烟叶税法 | 2018-07-01 | 中华人民共和国烟叶税暂行条例 |
| 中华人民共和国船舶吨税法 | 2018-07-01 | 中华人民共和国船舶吨税暂行条例 |
| 中华人民共和国车辆购置税法 | 2019-07-01 | 中华人民共和国车辆购置税暂行条例 |
| 中华人民共和国耕地占用税法 | 2019-09-01 | 中华人民共和国耕地占用税暂行条例 |
| 中华人民共和国资源税法 | 2020-09-01 | 中华人民共和国资源税暂行条例 |
| 中华人民共和国城市维护建设税法 | 2021-09-01 | 中华人民共和国城市维护建设税暂行条例 |
| 中华人民共和国契税法 | 2021-09-01 | 中华人民共和国契税暂行条例 |
| 中华人民共和国印花税法 | 2022-07-01 | 中华人民共和国印花税暂行条例 |

注：①中华人民共和国环境保护税是 2018 年 1 月 1 日起新开征的税种。② 1980 年 9 月 10 日发布《中华人民共和国个人所得税法》（简称《个人所得税法》），1993 年 10 月 31 日发布修订后的《个人所得税法》，修订后的个人所得税将原个人所得税与原个人收入调节税合并征收。

尚未完成立法的税种，有些已经由财政部和国家税务总局向全社会征求意见。在将"暂行条例"改为单行法的过程中，虽然广泛地征求社会各界的意见，但是，要把各种意见整理、归纳和吸收，不是一件轻而易举的事。

2011 年，《个人所得税法修正案》（草案）公开征求意见，时间自 4 月 25

日至 5 月 31 日，中国人大网法律草案征求意见系统收到意见 23 万多条，创当时全国人民代表大会立法史上单项立法意见数之最。2018 年，《个人所得税法修正案》（草案）再次公开征求意见，时间自 6 月 29 日至 7 月 28 日，中国人大网法律草案征求意见系统收到意见逾 13 万条。有人希望设立专项附加扣除，有人主张提高基本减除费用标准，有人建议扩大较低档税率的级距，有人呼吁降低最高边际税率，等等。

经济学中的阿罗不可能性定理（Arrow's impossibility theorem）告诉人们，不可能从个人偏好顺序推导出群体偏好顺序。也即，如果众多的社会成员具有不同的偏好，而社会又有多种备选方案，那么在民主制度下不可能得到令所有人都满意的结果。

不同的社会成员站在各自的立场上，对于《个人所得税法修正案》（草案）提出不同的意见和建议，都有一定的理论或事实根据。但是，人的能力是有限的，立法时考虑得再充分，难免有所遗漏。立法者要从几十万条意见中，归纳出一个让大家都满意的法律条文，那是非常困难或者说是完全不可能的。平衡和妥协的结果是，有所吸收、有所放弃，或者采取笼统、含糊的词汇来表达。这样，难免使税法留有一定的模糊性。

## 3.2.2 法律解释的多样性

法国学者达维德（1984）曾说过："法律规则的用语越概括，就越不明确，在法律规范的实施过程中，给予法官的自由就越大。"税法的不明确性，使得税法的司法解释具备了一定意义上的合理性。根据作出解释的正式主体，法律解释分为立法解释、司法解释（含审判解释和检察解释）和行政解释。由于税收法律规范总是对纷繁复杂的经济事项进行抽象性的概括和总结，因此，从不同角度对税法作出不同的解释难以避免。

由于立法的滞后性及"宜粗不宜细"的立法思路，导致税收法律规范本身存在"先天不足"的含混性，同时，税收法律规范在实施过程中会遇到新情况、新问题，在立法时可能还未出现，出现后又必须予以解决，但是税收法律规范的修改尚需时机，立法解释与司法解释往往应运而生。

例如，鉴于 1994 年 1 月 1 日起我国开征增值税后，虚开增值税专用发票大案屡屡发生，全国人民代表大会常务委员会于 1995 年 10 月 30 日颁布了《全国人民代表大会常务委员会关于惩治虚开、伪造和非法出售增值税专用发票犯罪的决定》（主席令第 57 号）。1996 年 10 月 17 日，最高人民法院发布《最高人民法院关于适用〈全国人民代表大会常务委员会关于惩治虚开、伪造和非法出售增值税专用发票犯罪的决定〉的若干问题的解释》（法发〔1996〕30 号）。该"解释"的第一条将"进行了实际经营活动，但让他人为自己代开增值税专用发票"，即代开增值税专用发票的行为，界定为虚开增值税专用发票的犯罪行为，这在司法实践中引起了较大的争议。

司法解释具有法律效力。1981 年 6 月颁布的《全国人民代表大会常务委员会关于加强法律解释工作的决议》第二条规定，凡属于法院审判工作中具体应用法律、法令的问题，由最高人民法院进行解释。凡属于检察院检察工作中具体应用法律、法令的问题，由最高人民检察院进行解释。《最高人民法院关于司法解释工作的规定》（法发〔2007〕12 号）第五条规定，最高人民法院发布的司法解释，具有法律效力。除此之外，最高人民检察院也会通过批复、规则等形式出台司法解释。这种解释不同于审判司法解释，习惯上称之为检察司法解释。从效力位阶看，司法解释低于立法解释（立法解释具有最高权力性），对同一问题的审判解释和检察解释，其效力位阶一致。

虽然要肯定法律解释对于增强税法明确性有积极的作用，但同时又要高度关注法律解释的合理性与科学性。必须引起重视的是，会议纪要、个案批复等不具有法律效力或者不具有普适性。实践中，司法解释与税法、司法解释与行政解释以及行政解释相互之间发生冲突的例子时有所见。多样性的法律解释，自然降低了税收法律规范的明确性。

## 3.2.3　法律文本的静态性

法律一旦制定完毕，就要保持相对的稳定性。税法既关系到国家税收利益，也关系到纳税人的负担与感受，更应保持其相对的稳定性。

社会的需要和公众的意见（包括网民的意见）常常或多或少地走在税法的前面，所以，税法的修订与完善是必要的。但是，税法不可能朝令夕改，在一定时期内总是相对稳定的，这就是说，成文法的滞后性在所难免。当日新月异的经济事项不断出现时，税法的模糊性就暴露出来了。

以《税收征收管理法》为例，从 1986 年的《税收征收管理暂行条例》到 1992 年的《税收征收管理法》，后来又经过 1995 年、2001 年、2013 年和 2015 年四次修订，变化频繁。23 年时间里有四个修正案问世，稳定性与完善性兼而有之，但与人们的期望还是有一定的差距。加上近年来其他相关法律（如《中华人民共和国民法典》）的颁行，前后更迭难免产生一定的模糊性。

举例来说，税收征收管理法有"先缴税后复议"的规定，即就税收行政复议程序而言，未在申请复议前"清税"的，复议机关一律不予受理。对于部分纳税人，尤其是那些被税务机关认定造成巨额税款损失的纳税人而言，他们不仅无力缴税，也没有办法通过行政复议或者行政诉讼等途径来维护自己的正当合法权益。行政相对人（纳税人）对上级税务机关出具的"不予受理行政复议申请决定书"表示不服，便会诉至人民法院，此时诉讼的对象并不是税务机关作出的"税务处理决定书"或者其他涉及纳税争议的税务文书，而是"不予受理行政复议申请决定书"。人民法院受理案件后坚决支持税务机关不予受理行政复议的申请，因为纳税人未"清税"。一方面，鼓励纳税人通过行政救济维护权益；另一方面，纳税前置又成为维护权益的障碍。

再如，偷税与逃税之间的关系。2009 年全国人民代表大会常务委员会通过的《中华人民共和国刑法修正案（七）》，对偷税罪作了修改：一是不再使用"偷税"一词，将罪名由"偷税罪"改为国际通用的"逃税罪"（tax evasion）；二是对逃税的手段不再作具体列举，而采用概括性的表述。《刑法》第二百零一条修改为：纳税人采取欺骗、隐瞒手段进行虚假纳税申报或者不申报，逃避缴纳税款数额较大并且占应纳税额百分之十以上的，处三年以下有期徒刑或者拘役，并处罚金；数额巨大并且占应纳税额百分之三十以上的，处三年以上七年以下有期徒刑，并处罚金。

但是，2015 年修正的《税收征收管理法》第六十三条仍保留"偷税"的概念：纳税人伪造、变造、隐匿、擅自销毁账簿、记账凭证，或者在账簿上多列支出或者不列、少列收入，或者经税务机关通知申报而拒不申报或者进行虚假的纳税申报，不缴或者少缴应纳税款的，是偷税。且在第六十四条第二款规定，纳税人不进行纳税申报，不缴或者少缴应纳税款的，由税务机关追缴其不缴或者少缴的税款、滞纳金，并处不缴或者少缴的税款百分之五十以上五倍以下的罚款。

按照《中华人民共和国刑法修正案（七）》，逃税行为包括"纳税人采取欺骗、隐瞒手段进行虚假纳税申报"或"不申报"两类行为。那么，"不申报"的行为该怎么定性呢？《国家税务总局关于未申报税款追缴期限问题的批复》（国税函〔2009〕326号）规定，税收征管法第六十四条第二款规定的纳税人不进行纳税申报造成不缴或少缴应纳税款的情形不属于偷税、抗税、骗税，其追征期按照税收征管法第五十二条规定的精神，一般为三年，特殊情况可以延长至五年。

### 3.2.4　语言表达的局限性

成文税法以文字作为载体，其信息容量是有限的。文字并没有达到可以绝对明确地表达一切立法意图的境界。正如德国哲学家马丁·海德格尔（Martin Heidegger）（转引自刘放桐等，1981）所言："世界的存在是不可表达的，语言永远也不能表达世界的本来面目。"

认知神经心理学认为，人类的思维只有少部分可以用语言、绘画的形式表达出来；能用语言、绘画的形式表达出来的，只有少部分可以用文字的形式表达出来；能用文字的形式表达出来的，只有少部分可以用计算机算法和数码的形式表达出来。

成文税法一般使用两类用语，即普通用语或专业用语。对于普通用语，因为其大多具有多义性，在具体的语境中究竟是哪一种意思，是一个颇具争议的问题，不同的意思往往对行为的定性产生影响；对于专业用语，因为其特有的概念及逻辑结构而显示出较强的明确性，但因为其专业性较强，有可能成为一些人行使话语霸权的机会。无论是普通用语还是专业用语，其明确性都是相对有限的，其边缘仍是模糊的。

语言本身具有模糊性，无法准确地将所要反映的事物即"所指"再现出来，它所能表达出来的意义即"能指"，往往与"所指"是不一致的，甚至是完全脱节的。所以，法律语言无法完整地将法律调整的社会关系准确地表达出来。

据不完全统计，在现行18个税种的单行实体法及其实施条例（或实施细

则）中，共有 171 个"等"字。其中，《企业所得税法》及其实施条例有 63 个
"等"字。涉及"等"的税法条款应如何理解？不同的人站在不同的角度，可能
会对"等"字涵盖的范围作出不同的理解和判断。必须结合相应规定所列举的
事项及其他相关事项，审慎判断究竟是"等内"还是"等外"。

比如，《财政部 税务总局关于金融企业贷款损失准备金企业所得税税前扣
除有关政策的公告》（财政部 税务总局公告 2019 年第 86 号）对准予税前提取
贷款损失准备金的贷款资产范围进行了列举，其中包括：银行卡透支、贴现、
信用垫款（含银行承兑汇票垫款、信用证垫款、担保垫款等）、进出口押汇、
同业拆出、应收融资租赁款等具有贷款特征的风险资产。有观点认为，这应该
是一个"等内"列举，不在列举范围内的贷款资产即不能税前提取贷款损失准
备金；也有观点认为，文件对"等外"情形作了规定，即只要是"具有贷款特征
的风险资产"，应该就属于政策适用范围；还有一种观点，前一个"等"字表示
"等内不等外"，后一个"等"字表示"等外不等内"。

又据不完全统计，在现行 18 个税种的单行实体法及其实施条例（或实施
细则）中，共有 221 个"其他"。其中，《企业所得税法》及其实施条例有 64 个
"其他"。在不同语境下，"其他"的含义可能不同。如《企业所得税法实施条例》
第九十三条规定，企业所得税法第二十八条第二款所称国家需要重点扶持的高
新技术企业，是指拥有核心自主知识产权，并同时符合相应条件的企业。其中，
第五个条件即：高新技术企业认定管理办法规定的其他条件。对于此处所提的
"其他"，纳税人须援引《科技部 财政部 国家税务总局关于修订印发〈高新技术
企业认定管理办法〉的通知》（国科发火〔2016〕32 号）的具体规则去理解。

"其他"在税收法律条文中常用的词，是作为不完全列举的兜底条款。对
于哪些情形符合"其他"所规定的范围，存在一定的模糊性。

## 3.2.5　厘清产权边界的成本过高

著名经济学家科斯（R. H. Coase）通过交易费用论说明，在现实世界中，
初始产权的界定对资源优化配置有至关重要的影响，产权界定清晰是交易的前
提，产权界定清楚了，就让市场去运作（科斯，1990）。他呼吁法律界根据社
会理性来判定产权的归属。

巴泽尔（Y. Barzel）却看到，产权界定的清晰程度具有相对性。产权常常不可能完整地被界定，因为完全界定产权的成本太高。在产权界定过程中，法院起到了重要的作用，但是仍有大量的产权界定工作不是由法院直接完成的。私人之间订立的合约起着实际的作用。法院常常只是以普通法为依据，对谨慎拟定的私人合约起着保证、支持作用。只有当合约在执行中遇到纠纷、提出诉讼时，法院才会出面裁决。界定产权的力量与其说来自法律，不如说来自与企图争夺产权的他人作斗争的个人，而这些个人受到来自产权预期收益的充分激励。这说明，一项产权是否存在，并不完全取决于法律，而是取决于个人或所有者捍卫自己权利的努力。如果一项财产的预期收益不大，不足以激励个人为之努力，个人就会放弃这项产权。界定产权的困难在于界定产权过程中需要花费成本。他把与转让、获取和保护产权有关的成本看作交易成本（巴泽尔，1997）。交易成本制约着产权被界定的程度，交易成本越高，产权越不容易界定清楚。由于交易成本存在，产权从来就没有完整地界定过。所有经济活动都可以看作是一种合约安排，而合约不是完全的，在边界处会留下缝隙。

格罗斯曼（Grossman）、哈特（Hart）和莫尔（Moore）的不完全合约理论（即"GHM模型"）认为，由于人们的有限理性、信息的不完全性及交易事项的不确定性，使得明晰所有的特殊权力的成本过高，拟定完全契约是不可能的，不完全契约是必然和经常存在的。合约的不完全性是指合约不可能做到完备的程度。2016年，诺贝尔经济学奖获得者哈特从三个方面解释了合约的不完全性：第一，在一个复杂而不可预测的世界中，人们几乎不可能对可能发生的所有情况作出预测；第二，很难找到一种令缔约各方都满意的共同语言去穷尽可能发生的情况；第三，当出现契约纠纷时，诸如法院之类的外部权威机构也很难对缔约各方约定的条款加以证实。合约的不完全性意味着必须有人拥有剩余控制权（residual rights of control），以便在那些未被出事合约规定的或然事件出现时作出相应的决策。因为即便是缔约各方重新协商，仍然会产生对修正合约条款争论不休的成本。由于交易成本的存在，任何一项权利都不能被完全界定，那种没有界定的权利所对应的价值，就留在了公共领域。[①]

税收法律法规同样是不完全的合约。实践中征纳双方产生的争议与纠纷，往往源于税收法律规范所指向的对象边界不清，从而导致所反映的事物外延模糊。兜底条款往往会使税收法律规范具有一定的模糊性。而要将兜底条款具体化、明确化，又会产生大量的成本，包括搜索信息的成本、制定规则的成本、执行规则的成本，等等。兜底条款作为一项立法技术，它将所有其他条款没有包括的、或者难以包括的、或者立法时预测不到的，都包括在这个条款中。

例如，2011年修订的《个人所得税法》第四条规定，下列各项个人所得，免纳个人所得税："（十）经国务院财政部门批准免税的所得。"但是，这一条款不够明确，导致税法之外的减免税项目大量产生。在2018年《个人所得税法》修订之前，所有的个人所得税减免项目共有136小项，其中由《个人所得税法》规定的仅有17小项，其余项目分散在各个税务规范性文件中。因此，自2019年1月1日起施行的修订后的《中华人民共和国个人所得税法》第四条规定，下列各项个人所得，免征个人所得税："（十）国务院规定的其他免税所得。""前款第十项免税规定，由国务院报全国人民代表大会常务委员会备案。"虽然这一条款仍为免税所得的兜底条款，但是，权限由"经国务院财政部门批准"上升到了"国务院规定"，而且要求"由国务院报全国人民代表大会常务委员会备案"。可见，兜底条款的设置可以节省界定边界的成本，以便适应形形色色、变化多端的经济事项，但是，它的存在也显现了税收法律规范的模糊性。

## 3.3 从绝对的模糊性到相对的明确性是税收治理的灵魂

任何成文法规则都不可能达到绝对完善的程度。所以，税收的模糊性是永恒存在的，是绝对的。但是，从本质上而言，明确性是立法语言应当具有的基本属性，任何法律规范都应当足够地清晰和明白。不过，由于不同的法律法规

---

[①] 比如市场上有一堆鲜嫩程度不一的水果以同一价格出售。卖方让一拨顾客自行选购，剩余的减价销售，待另一拨顾客自行选购后，卖方再次减价销售。这样，一方面，卖方将一部分未被界定的权利留在了公共领域，顾客凭借挑选能力获得剩余索取权，但必须付出搜索信息的成本；另一方面，卖方在放弃一部分权利的同时，节省了亲自挑选、分级及差别定价的成本，让顾客去承担这些成本。

其内容和属性不同、制裁手段有别，对适用对象的影响程度存在差异，故不同的法律法规对明确性的要求有强有弱。一般而言，所处分的权利越重要，法律法规的明确性要求便越高。私法是任意法，往往有一些不确定概念和概括性条款存在其中。相对于私法，公法对明确性的要求很高。税法属于公法，税收法律规范必须是明确的，当然，职能是从绝对的模糊性中去追求相对的明确性。这是税收治理的灵魂所在。

如前所述，相对于法律规则，法律原则显得比较笼统和含糊。但是，在实际使用法律原则时，却有严格的条件限制。一般是先适用法律规则，当法律规则的使用不足以评价事实时，再用法律原则。如虚假交易原则、商业目的原则、实质重于形式原则、经济实质原则和分步交易原则等。这是因为：第一，穷尽法律规则方可适用法律原则。在评价某一事实（案件）时，发现没有具体规则可以适用，即缺乏具体的规范，那么只能用更为概括的规范——法律原则。第二，没有更充分的理由，不得径行适用法律原则。除非适用法律规则严重违背正义，且其效果远不如适用法律原则，一般情况下不得直接适用法律原则。第三，除非为了实现个案正义，否则不得舍弃法律规则而直接适用法律原则。如果某个法律规则适用于某个具体案件，未产生不可容忍的不正义裁判结果，法官就不得轻易舍弃法律规则而直接适用法律原则。

税收治理包括良法和善治两个方面。其中，良法的主要内容是税收法定和税权限制；善治的主要内容是程序正义、共同治理和税收效率（见图3-1）。

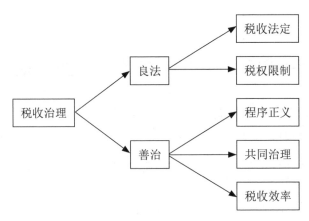

图 3-1 税收治理的内容

　　无论是良法还是善治，其中的每一个要件都与绝对模糊性与相对明确性相关联。

　　第一，税收法定。这是税收治理的核心价值所在。李刚和周俊琪（2006）认为，所谓税收法定主义，是指征税主体依且仅依法律的规定征税，纳税主体依且仅依法律的规定纳税；"有税必有法，无法不成税"是其经典表达。税收法定主义的核心是通过法律的形式限制课税权，从而维护纳税人的基本权利。

　　税收法律关系中，国家对什么征税、对谁征收、征收多少、在哪个环节征收、在什么时间和地点征收等，这些税种要素必须且只能由法律予以规定。税收主体包括征税主体和纳税主体，其权利与义务必须在法律的框架范围内予以界定。税收法律条文必须是明确无歧义的，所表达的内容很容易使纳税人明白，不存在明显的含糊其词。每一次税收制度的变革，都是一个由绝对的模糊性走向相对的明确性的过程。如不遵循明确性原则，则可能出现一项本不明确的法规规则为另一项亦不明确的法规规则所解释的尴尬现象。

　　第二，税权限制。这是防止政府拥有过大的征税权或者滥用征税权，以法律的形式划定政府行使征税权的边界，充分保障纳税人权利。税权限制注重透明、责任、效率，从而在国家和纳税人之间寻求利益的平衡。征税权作为一种国家权力，具有一切公权力所共同具有的扩张性、侵犯性等共同特征，理当受到严格的限制与约束。税务机关代表政府行使公共权力，很容易受税收国库主义的影响，侵犯纳税人的利益。当征税权被滥用的时候，往往会出现各种名目的税收筹划活动和避税活动，良好的税收秩序就会遭到破坏。法律对征税权的限制，也是由绝对的模糊性走向相对的明确性的体现。

　　第三，程序正义。任何行政程序都由法律明文规定，不得由行政机关任意创设。而明确的法定程序又可以使得当事人以及有权审查的机关清晰地判断行政行为的合法性。税务机关在实施税法的过程中必须遵守程序性义务，法律也应该对纳税人在执法过程中享有的听证、申辩、信息公开等程序性权利予以保障。为了实现经济增长、国际收支平衡等宏观经济政策目标，政府在制定和实施税收政策时会保持一定的灵活性，但是，必须做到程序合法，尤其是制定和实施使税收负担有所增加的政策。即便是为了配合招商引资、招才引智等政策需要提供税收优惠，同样要遵守程序的合法性，以保证税收政策的透明度和纳税人之间的公平性。程序正义是体现相对明确性的制度保障。

第四，共同治理。税收治理的主体不仅包括税务机关（征税主体）和纳税人、扣缴义务人（纳税主体），还有政府各主管部门、社会团体、行业协会、国际组织、非营利组织等（协税主体和护税主体）。要实现多元化主体共同参与的税收治理，必须事先明确各主体的权利与义务，否则难以产生集成和协同的效应。而这种权利与义务的界定，不能含含糊糊，必须是相对明确的。

第五，税收效率。税收效率包括税收经济效率和税务行政效率。税收经济效率是指政府征税要尽可能减少对经济运行的干扰，保持税收中性，避免产生税收的超额负担。这就要求税收立法必须具体、明了，比如对什么收入和财产可以征税，对什么收入和财产不可以征税；税收征收、检查过程也要严格遵守税收法律规范，不允许有法外的征收行为。税务行政效率是指在征收税款时，应当统筹考虑税务机关的征税成本、税收制度成本和纳税人的遵从成本，如果税法中的某些规则比较抽象、模糊，经常存在争议，纠纷不断，那么，大量的资源就耗费在税务行政复议和税务行政诉讼上。税务机关积极运用先进的技术手段，目的之一是降低征税行为的盲目性，提高精准度，从而提高征税效率。

# 4

# 税收立法的模糊性与明确性

## 4.1 实质重于形式原则与税收法定原则和穿透原则

税务机关在遇见对交易形式和目的安排有明显背离的业务安排时，往往遵循实质重于形式原则对交易性质进行推定。既然税收法定原则是一种普遍适用的原则，为什么又遵循实质重于形式原则？实质重于形式原则与穿透原则有区别吗？三者同时并存，是否导致了税收原则上的模糊性？

### 4.1.1 模糊的边界

进入 21 世纪以来，国家税务总局在部分税收规章和税务规范性文件里直接使用了"实质重于形式"的提法。如：

《国家税务总局关于印发〈减免税管理办法（试行）〉的通知》（国税发〔2005〕129 号）第二十五条规定，税务机关应按照实质重于形式原则对企业的实际经营情况进行事后监督检查。

《国家税务总局关于缴纳企业所得税的新办企业认定标准执行口径等问题的补充通知》（国税发〔2006〕103 号）第五项规定，主管税务机关可以根据实质重于形式的原则作如下处理：①符合条件的新办企业利用转让定价等方法从关联企业转移来利润的，转移过来的利润不得享受新办企业所得税优惠政策；②符合条件的新办企业，其业务和关键人员是从现有企业转移而来的，其全部所得不得享受新办企业所得税优惠政策。

《国家税务总局关于确认企业所得税收入若干问题的通知》（国税函〔2008〕875 号）规定，除企业所得税法及实施条例另有规定外，企业销售收入的确认，必须遵循权责发生制原则和实质重于形式原则。

《企业资产损失税前扣除管理办法》（国税发〔2009〕88号）第四十五条规定，税务机关对企业自行申报扣除和经审批扣除的资产损失进行纳税检查时，根据实质重于形式原则对有关证据的真实性、合法性和合理性进行审查，对有确凿证据证明由于不真实、不合法或不合理的证据或估计而造成的税前扣除，应依法进行纳税调整，并区分情况分清责任，按规定对纳税人和有关责任人依法进行处罚。

《一般反避税管理办法（试行）》（国家税务总局令2014年第32号）第五条明确，税务机关应当以具有合理商业目的和经济实质的类似安排为基准，按照实质重于形式的原则实施特别纳税调整。

有些税务规范性文件，虽然没有直接使用"实质重于形式"的提法，但是，在内容上明显坚持了这一原则。如《国家税务总局关于融资性售后回租业务中承租方出售资产行为有关税收问题的公告》（国家税务总局2010年第13号公告）规定，融资性售后回租业务是指承租方以融资为目的将资产出售给经批准从事融资租赁业务的企业后，又将该项资产从该融资租赁企业租回的行为，融资性售后回租业务中承租方出售资产的行为，不属于增值税和营业税征收范围，不征收增值税和营业税。该文件充分体现了实质重于形式原则。融资性售后回租业务中的出售资产行为，虽然在法律形式上是资产转让，但是其经济本质是融资行为的一个有机组成部分，资产所有权以及与此有关的全部报酬和风险并未完全转移，因此依据实质重于形式原则不征收增值税和营业税。反之，如果承租方以融资为目的将资产出售给未经批准从事融资租赁业务的企业，该项行为经济实质仍然是融资行为，但是"国家税务总局2010年第13号公告"并未将其纳入不征税范围，因此，应当征收增值税和营业税。

● 模糊地带1　实质重于形式原则与税收法定原则是否发生了冲突？

实质重于形式原则，就是要求税务机关按照业务的经济实质，而不是按照法律形式来处理经济事项。由于现有税收法律规范并没有对实质重于形式原则作明确的概念解释，导致税务机关对税法的认知和业务实质的判断，经常受"税收国库主义"的影响。也即，为了组织更多的税收收入，出色完成税收征收任务，动辄采用实质重于形式原则。

目前，对于实质重于形式原则在税务处理中的应用，无论是一些税务人员还是不少企业财务人员，都存在着模糊的认识和理解。一个典型的例子是，某省地税机关依据国家税务总局发布的三个个案批复<sup>①</sup>，断定"以股权转让名义转让房地产"，应当依法缴纳土地增值税。可是，从《土地增值税暂行条例》及实施细则来看，对于"名股实地"的转让行为，并不需要征收土地增值税。如果遵循实质重于形式原则，那么，对这种行为征收土地增值税又是理所应当的。既然信奉税收法定原则，那为何还要遵循实质重于形式原则？

● 模糊地带 2  实质重于形式原则与穿透原则有何区别？

在税务处理中，有时候会听说穿透原则。如对合伙企业及其合伙人的征税，遵循穿透原则，不把合伙企业本身作为一个纳税实体，而是以每一个合伙人为纳税人。合伙企业属于转嫁实体，不需要对合伙企业征收企业所得税，只需对合伙人个人征收个人所得税。

穿透原则更多地适用于反避税领域。税务机关遵循穿透原则，将纳税人意图规避的事实，转化为与其经济事实相当的法律事实，而后与纳税人所意图规避的事实进行对比，揭开交易的神秘面纱。为便于理解，设 A 为交易的经济实质，B 为纳税人意图规避的事实，税务机关在已经确定 A 不变的情况下，推导出 A 应当适用的法律事实，不妨把它设为 C。然后将 B 与 C 进行对比，依法作出反避税调整的决定。

由国家税务总局发布于 2008 年 1 月 1 日起施行的《特别纳税调整实施办法（试行）》第九十二条规定，税务机关可依据《企业所得税法》第四十七条及《企业所得税法实施条例》第一百二十条的规定对存在以下避税安排的企业，启动一般反避税调查：①滥用税收优惠；②滥用税收协定；③滥用公司组织形式；④利用避税港避税；⑤其他不具有合理商业目的的安排。穿透原则主要是针对"导管公司"，即通常以规避或减少税收、转移或累计利润等为目的而设立的公司。这类公司仅在所在国注册，而不从事制造、经销、管理等实质性经营活动。实践中，通常将"滥用公司组织形式"和"不具有合理商业目的"视为"导管公司"的两个构成要件。

---

① 即"国税函〔2000〕687 号""国税函〔2009〕387 号"和"国税函〔2011〕415 号"三个文件。

一些会计、财务人员认为，实质重于形式原则与穿透原则没有本质的区别；或者认为两者有区别，但是不知道怎么把握。也有人认为，实质重于形式原则与穿透原则的存在，与税收法定原则是互相矛盾的。

## 4.1.2　引起的纠纷

### 4.1.2.1　纠纷事件的描述

在税务实践中，由于对实质重于形式原则的认知不一，导致征纳双方发生争执。这样的案例时有所见。

一种情况是，税务机关按照实质重于形式原则进行税务处理，纳税人不能接受。

◎ **案例4-1　A公司以转让股权名义转让房地产被征收土地增值税案**

A公司持有A1公司100%的股权，A1公司90%以上的资产由不动产组成。A公司将其持有的A1公司100%的股权转让给B公司，作价1亿元。税务机关认定A公司名为转让A1公司的股权，实为转让A1公司的不动产，遂根据《国家税务总局关于以转让股权名义转让房地产行为征收土地增值税问题的批复》（国税函〔2000〕687号）的规定，按照实质重于形式原则，对A公司转让A1公司100%的股权的行为征收土地增值税。

A公司表示不能接受税务机关的做法。因为"国税函〔2000〕687号"只是国家税务总局对广西壮族自治区地方税务局的个案批复。该批复的主要内容是："鉴于深圳市能源集团有限公司和深圳能源投资股份有限公司一次性共同转让深圳能源（钦州）实业有限公司100%的股权，且这些以股权形式表现的资产主要是土地使用权、地上建筑物及附着物，经研究，对此应按土地增值税的规定征税。"

2010年4月21日，国家税务总局在纳税咨询平台上的答复是："税务总局对某个下级机关的请示进行批复时，如果批复仅对个别单位作出并且没有抄送其他单位的，该批复仅对其主送单位和批复中提及的个别问题具有约束力。如果该批复中涉及事项需要其他有关单位执行或周知的，可以抄送有关单位，该批复对主送单位及被抄送单位均具有约束力。"① 显然，"国税函〔2000〕687号"没有抄送到其他有关单位，只是个案批复，不可以作为执法依据推广到全国。

另一种情况刚好相反，纳税人希望税务机关按照实质重于形式的原则处理税务事项。

◎ 案例4-2　A公司购买煤炭的进项税额未被抵扣销项税额案

A公司向B公司购买煤炭，应支付货款1170万元。在取得了增值税专用发票之后，B公司示意A公司将该笔款项支付给C公司，以冲抵B公司欠C公司的货款。于是，A公司以银行汇票形式支付给了C公司。主管税务机关认为，《国家税务总局关于加强增值税征收管理若干问题的通知》（国税发〔1995〕192号）第一条规定，纳税人购进货物或应税劳务，支付运输费用，所支付款项的单位，必须与开具抵扣凭证的销货单位、提供劳务的单位一致，才能够申报抵扣进项税额，否则不予抵扣。可见，货物流、资金流、发票流"三流"必须一致才能以进项税额抵扣销项税额。税务机关认为，A公司的付款方向与货物流和发票流不一致，因此所发生的170万元进项税额不能抵扣销项税额，这是"有法必依"的体现。

A公司不能接受税务机关的处理，认为自己向B公司购买煤炭是真实的交易，只是付款方向不一致而已，根据实质重于形式原则，进项税额理应被允许抵扣销项税额。

◎ 案例4-3　某房地产开发公司售后回购商品房被认定为逃税案

某房地产开发公司面临房屋销售与资金紧张的双重困难，年底为了归还银行贷款，不得已将已开发的商品房以按揭方式销售给股东、员工及其亲属（下称"关系方"），以缓解归还银行贷款的燃眉之急。但私下与关系方或口头或书面约定，一旦公司资金缓解后，公司就按原价收回房屋，关系方为此所付的利息及相关费用由公司负担。第二年，税务稽查入户，发现公司没有就上述销售

---

① 《国家税务总局关于印发〈税收个案批复工作规程（试行）〉的通知》（国税发〔2012〕14号）第四条规定："税收个案拟明确的事项需要普遍适用的，应当按照《税收规范性文件制定管理办法》制定税收规范性文件。"

事项进行申报纳税。稽查人员认为，从法律形式看，该公司的行为完全符合销售行为，应认定为逃税。

公司对此持不同意见。理由是：从法律形式上看，公司确实与关系方签订了按揭售房合同，有关房屋已用于按揭抵押并在房产管理部门作了相关登记，银行也将按揭贷款打到了公司账户上，履行的法律形式与公司正常销售没有任何区别。但是，公司同时与关系方或书面或口头约定公司并不是真的将房屋售给关系方，而是为了缓解资金紧张，迫于还贷压力而与关系方进行的虚假销售，公司资金宽裕之后，有权收回所售房屋。所以，尽管从法律形式上看，公司的这种行为与真实发生的销售完全一样，但考虑到公司有权收回房屋的补充约定，应该按照实质重于形式的原则进行税务处理。

### 4.1.2.2 对纠纷事件的点评

上述三个案例的发生，缘于人们忽视了实质重于形式原则的特定适用条件，从而产生了模糊性。

案例4-1中税务机关要按照实质重于形式原则处理不动产交易事项，认为股权转让只是一个形式，不能按法律形式来处理问题。但是，税务机关忽略了一点，实质重于形式原则的应用是有特定的领域和场景的，也即实质重于形式原则主要是立法原则，而不是执法原则。如果普遍用于税收执法领域，就违背了税收法定原则。本案中，在没有明确法律依据的情况下，税务机关对纳税人征收土地增值税，违反了"法无明文不得征税"的执法规则，侵犯了纳税人的合法权益。

案例4-2属于在"三流不一致"的情况下，进项税额能否抵扣销项税额。如果完全按照"国税发〔1995〕192号"的规定，的确不允许被抵扣。但是，A公司向B公司购买煤炭是真实的交易。从这一点出发，似乎可以按照实质进行课税。那么，问题又转变为"国税发〔1995〕192号"的规定是否需要更新。[①]

案例4-3属于房地产开发公司错误地理解实质重于形式原则。税法整体上是遵循税收法定原则的，税务机关只能在有明确的法律授权情况下才可以运用实质重于形式原则。房地产开发公司不能因为与"关系方"有内部的约定，就可以要求税务机关按照实质重于形式原则进行处理。如果认为税务机关按照销

---

① 本书将在5.1中专门讨论这一问题。

售事项进行税务处理对自己很不利，那是低估或者忽视"假售房"行为的税务风险所致。因此，这种模糊属于认识上的模糊。

### 4.1.3 学理的探析

#### 4.1.3.1 实质重于形式原则与税收法定原则的关系

《企业会计准则》的基本准则中有实质重于形式的要求，即企业应当按照交易或者事项的经济实质进行会计的确认、计量和报告，不仅仅以交易或者事项的法律形式为依据。

税收上实质重于形式原则的基本含义是，一项交易或事项在法律形式与经济本质不相符的情况下，可以按该项交易或事项的经济目的和经济实质对该项交易或事项重新加以界定。这项原则意味着税务机关有权不理会交易或事项的法律形式，并重新界定交易或事项的性质，按照合适的税法条款进行处理。

如果纳税人为达成一项商业目的，可供选择的交易形式有两个或两个以上，其中一个是常见的达成该种商业目的所采取的交易形式，其他交易形式可能是纳税人自己设计的非常规交易形式。这两种交易形式的税收处理结果可能不同，常规交易形式的税负会重于非常规交易形式的税负，纳税人选择非常规交易形式，目的是降低税负。在这种情况下，如果严格按税收法律规范进行处理，即按逻辑法学去解释税法，税务机关应当允许纳税人按非常规交易形式进行税务处理，但这样做不符合税法的价值目标，可以依据实质重于形式原则，要求纳税人承受其实际上并没有采取的常规交易形式所对应的税负。

实质重于形式原则在会计核算上的适用与在税务处理上的适用，有相同之处，也有不同之处。在企业所得税收入确认、融资租赁租入的固定资产确认方面基本上是一致的；但是，在减免税优惠政策、财产损失认定方面的规定，实质是赋予税务机关的一种权力，一种对企业享受减免税优惠政策、财产损失税前扣除的事后审核更正及对虚假申报减免税优惠、财产损失的处理权。这是与会计核算的实质重于形式原则所不同的。

结合前述案例4-3，房地产开发公司为解决资金紧张问题，与"关系方"签订按揭贷款售房合同，同时还签订另外的协议，约定等企业资金宽裕时，对这些出售房屋再作销售退回处理。对于这类交易，企业希望按经济实质（假售房）进行税务处理，因为按揭贷款销售是虚假的。这种交易的法律形式是按揭贷款销售合同，交易的经济实质确实是虚假的，因为除了按揭贷款销售合同，双方还签订房屋销售退回协议。对于这种交易形式，税务机关通常不会同意纳税人采用实质重于形式原则进行税务处理，而是采取形式重于实质原则进行处理。"You have made your bed, so you must lie in it."[①] 也即，让纳税人自作自受。

迄今为止，实质重于形式原则主要适用于两大领域：一是企业所得税的减免税优惠政策、财产损失认定、收入确认、融资租入的固定资产；二是国际反避税领域。这是因为实质重于形式仅仅是一项补充、修正和限制性原则。

在一般情况下，交易或事项的经济实质与法律形式是一致的。《中华人民共和国民法典》（简称《民法典》）第一百四十四条、一百四十六条、一百五十三条、一百五十四条确定了合同无效的五种事由，即：无民事行为能力人签订的合同无效；合同双方以通谋虚伪意思表示签订的合同无效；违反法律、行政法规的强制性规定的合同无效；违背公序良俗的合同无效；恶意串通，损害他人合法权益的合同无效。因此，当合同约定的内容、发票载明的事项与实际发生的业务不一致时，税务机关可以不予认定，而不必借助于实质重于形式原则。

但确有交易或事项的经济实质与法律形式是不一致的例外情况。如融资租赁，由于租赁期限基本上等于资产寿命，虽然法律形式的所有权未转移，但经济实质的风险和报酬已转移，因此在会计上视为承租方的固定资产，列入承租方的资产负债表。从《企业会计准则》的表述看，是"不应仅以"交易或者事项的法律形式为依据，而非"不以"交易或者事项的法律形式为依据。从逻辑上看，还是应当以法律形式为基础，只有当与经济实质不一致时，才"不能仅以"法律形式为依据。只有在这种情况下，才遵循实质重于形式原则。

反避税领域的实质重于形式原则，主要运用在对实质性经营活动的性质和范围的判定上。《国家税务总局关于如何理解和认定税收协定中"受益所有人"的通知》（国税函〔2009〕601号）第二条规定，在判定"受益所有人"[②]身份时，不能仅从技术层面或国内法的角度理解，还应该从税收协定的目的（即

---

① 直译为"自己铺床自己睡"，意即自作自受。
② "受益所有人"是指对所得或所得据以产生的权利或财产具有所有权和支配权的人。

避免双重征税和防止偷漏税）出发，按照实质重于形式的原则，结合具体案例的实际情况进行分析和判定。《国家税务总局关于税收协定中"受益所有人"有关问题的公告》（国家税务总局公告2018年第9号）没有出现实质重于形式的提法，但是，该文件第二条强调，判定需要享受税收协定待遇的缔约对方居民"受益所有人"身份时，应根据本条所列因素，结合具体案例的实际情况进行综合分析。

另外，该文件所罗列的不利于对申请人"受益所有人"身份判定的因素中，对"实质性经营活动"作了具体、细致的规定。实质性经营活动包括具有实质性的制造、经销、管理等活动。申请人从事的经营活动是否具有实质性，应根据其实际履行的功能及承担的风险进行判定。申请人从事的具有实质性的投资控股管理活动，可以构成实质性经营活动；申请人从事不构成实质性经营活动的投资控股管理活动，同时从事其他经营活动的，如果其他经营活动不够显著，不构成实质性经营活动。不难看出，"国家税务总局公告2018年第9号"对实质性经营活动的性质和范围的界定，恰恰体现了实质重于形式的原则。

### 4.1.3.2　穿透原则是实质重于形式原则在操作层面的表现

穿透原则（pass-through principle）是指在税法上否认当前形式上的纳税主体，而穿越到其实际控制人进行征税。穿透原则与《中华人民共和国公司法》（简称《公司法》）上的"法人人格否定"有些类似。公司法人人格独立是指公司以其自己的名义享有民事权利和独立承担民事义务。公司的股东以其出资额对公司债务承担责任，这就是有限责任。法人独立原则与股东有限责任原则是法律赋予公司独立的法人身份，并给予股东享受有限责任的权利，目的是鼓励社会公众踊跃投资。但是，股东往往利用其优势地位，滥用公司独立人格及股东有限责任，损害债权人及社会利益。

例如，利用假破产行为甩掉债务包袱，将优良资产剥离给一个新公司，企业轻装上阵，令债权人叫苦不迭。按照《中华人民共和国企业破产法》（简称《企业破产法》）的规定，当企业资不抵债的时候，企业可以选择破产，以其债权冲抵债务后，余下债务企业不再偿还。

公司法人人格否认，在英美法中称为"揭开公司的面纱"（lifting the veil of the corporation），是一种法律措施，是指为阻止公司独立人格的滥用和保护公司债权人利益及社会利益，就具体法律关系中的特定事实，否认公司与其背后的股东各自独立的人格及股东的有限责任，责令公司的股东（包括自然人股东和法人股东）对公司债权人或公共利益直接负责，以实现公平和正义。

公司法人人格否认不是对公司法人人格的全盘否定，而是在具体个案中，出现公司独立人格滥用，有损害债权人利益和社会公共利益的情况，不具有普适性。它不影响该公司作为一个独立实体合法的继续存在，待公司消除股东的滥用行为后，公司独立法人人格依然为法律所承认。

税收上的穿透原则与实质重于形式原则之间有共同之处，但着重点并不相同。穿透原则虽然也体现实质重于形式原则，但实质重于形式原则中的"形式"是一种"安排的法律形式"（legal form of an arrangement），"实质"则是"真正的本质"（actual substance），实质重于形式的目的是为了防止真相被"虚假伪造的结构"（artificial structure）所迷惑。穿透原则本质上就是贯通式信息披露，执法者将所有的利益主体直接贯通，对内幕交易、操纵市场等行为进行有效监管。所以，实质重于形式原则已经覆盖了穿透原则。

穿透原则更多运用于涉外税收领域，尤其是针对非居民间接转让股权的行为。非居民间接转让股权是相对于直接转让股权而言的。在公司制条件下，投资者可以选择直接投资相关资产，也可以选择设立公司等法人实体，由法人实体投资相关资产，投资者再通过控制其设立的法人实体间接投资相关资产。非居民企业选择间接投资方式，通过不具有合理商业目的的安排，将直接转让中国财产的交易，人为地转化为间接转让中国财产的交易，以此规避直接转让中国财产应缴纳的企业所得税。

假如，国外 A 公司持有居民企业 M 公司 100% 的股份，持股计税基础为 1000 万元，2009 年将其作价 2000 万元转让给某居民企业 B 公司，那么应该缴纳预提所得税 $1000 \times 10\% = 100$（万元）。如果 A 公司在中国香港设立一个中间层公司，即把股权架构设计为 A 公司—中间层公司—M 公司，那么 A 公司只需要让中间层公司把 100% 的股权全部转让给 B 公司即可达到目的，而 A 公司转让股权给中间层公司，属于非居民企业转让非居民企业的股权，不需要缴纳企业所得税，这样就达到了避税的目的。

因为按照现行企业所得税相关规定，非居民直接投资拥有或转让中国境内财产与间接投资拥有或转让中国境内财产，存在较大的税收差异。例如，非居民企业直接投资拥有或转让中国境内机构、场所财产取得的所得，应归属于中国境内机构、场所所得，须按照《企业所得税法》第三条第二款的规定缴纳企业所得税。再如，非居民企业直接投资拥有或转让中国境内不动产或在中国居民企业的权益性投资资产取得的所得，按照《企业所得税法实施条例》第七条第三款的规定，应认定为来源于中国境内的所得，按照《企业所得税法》第三条第三款的规定缴纳企业所得税。但是，非居民企业间接投资拥有或转让上述中国境内财产取得的所得，一般情况下，不能认定为归属于中国境内机构、场所的所得或来源于中国境内的所得，就不需要缴纳企业所得税。

针对非居民企业间接转让股权的行为，税务机关可以运用穿透原则进行反避税，这方面有成功的案例。[①]江苏扬州某公司是由扬州江都区一家民营企业与香港一家公司合资成立的，香港公司占有股权 49%，美国某公司又持有这一香港公司 100% 的股权。2010 年 1 月 14 日，江都区国税局得到信息，扬州某公司外方股权的转让已经在境外交易完毕，股权转让采取的是间接转让形式。扬州某公司认为，该股权转让的购买方和交易地均在境外，并且转让的是香港公司的股权而非内地企业的股权，因此无须履行纳税义务。

江都区国税局通过对购买协议及相关资料的深入分析、相互印证，逐渐理清了香港公司"无雇员，无其他资产、负债，无其他投资，无其他经营业务"的经济实质。为进一步扩大信息来源，江都区国税局还从交易购买方公司的美国母公司网站上查悉，2010 年 1 月 14 日，该公司正式宣布收购扬州某公司 49% 的股份交易已经完成。新闻稿详细介绍了扬州某公司的相关情况，却未提及香港公司，间接证明美国公司购买中国香港公司仅仅是形式，而交易的实质是为了购买扬州某公司 49% 的股份。

经联合审核，税务机关一致认定，这次股权转让尽管形式上是转让香港公司的股权，实质是转让扬州某公司的外方股权，在中国境内负有纳税义务，应当予以征税。经过数次艰难的谈判、交涉，4 月 29 日，江都区国税局收到了扬州某公司的非居民企业所得税申报表。5 月 18 日，1.73 亿元税款顺利缴入国库。

---

① 转引自徐云翔、赵军、宋雁.最大单笔间接转让股权非居民税款入库[N].中国税务报，2010-05-18.

税务机关这样处理的法律依据是《国家税务总局关于加强非居民企业股权转让所得企业所得税管理的通知》（国税函〔2009〕698号）。该文件第五条规定，境外投资方（实际控制方）间接转让中国居民企业股权，如果被转让的境外控股公司所在国（地区）实际税负低于12.5%或者对其居民境外所得不征所得税的，应自股权转让合同签订之日起30日内，向被转让股权的中国居民企业所在地主管税务机关提供以下资料：①股权转让合同或协议；②境外投资方与其所转让的境外控股公司在资金、经营、购销等方面的关系；③境外投资方所转让的境外控股公司的生产经营、人员、账务、财产等情况；④境外投资方所转让的境外控股公司与中国居民企业在资金、经营、购销等方面的关系；⑤境外投资方设立被转让的境外控股公司具有合理商业目的的说明；⑥税务机关要求的其他相关资料。第六条规定，境外投资方（实际控制方）通过滥用组织形式等安排间接转让中国居民企业股权，且不具有合理的商业目的，规避企业所得税纳税义务的，主管税务机关逐级报请上级税务机关，最终经国家税务总局审核后可以按照经济实质对该股权转让交易重新定性，否定被用作税收安排的境外控股公司的存在。

## 4.1.4　明确的界定

### 4.1.4.1　实质重于形式原则的适用范围

我国税法坚持的是税收法定原则，也即按照税收法律形式处理相关事项，这是税收制度的基石。整体上税法并没有确认实质重于形式原则。比如，某自然人A出资设立了两个公司B和C，现在公司B亏损C盈利，为了降低整体的税负，A将抬头为B公司的发票拿到C公司去列支，理由是这笔支出实质上为C公司所发生的费用。在这种情况下，税务机关不可能认可，用所谓的业务实质去否定发票形式。

国家在制定税法过程中，已经充分考量了各种交易情形。在执法领域强调"法无明文不得征税"，不能以实质重于形式原则为由，在没有明确法律依据的情况下，侵犯纳税人合法权益。因此，实质重于形式原则的适用条件应受到严格的限制。这个边界是清楚的，税收法律规范必须继续予以明确，不能含糊。

在前述案例4-2中，税务机关可否依实质重于形式原则征收土地增值税？

答案是，除非《土地增值税暂行条例》中对税务机关有明确的授权，否则，不可以擅自启用实质重于形式原则。因为法律具有确定性，以便行政相对人预测自己行为的法律后果。实质重于形式原则恰恰是对于法律确定性的严重损害，动辄以实质重于形式原则进行执法，将使得纳税人对税收法律规范无法产生信赖，从而动摇税法的权威性。

在普通法系国家，除了制定法，判例也是重要的法律渊源，所以，即使成文法没有出现实质重于形式原则，税务机关也能以实质重于形式原则来否定纳税人的避税安排。但在大陆法系国家，税务机关只能在有明确的法律授权情况下才可以动用这个原则。比如我国《企业所得税法》涉及了实质重于形式原则，税务机关在执法时，对于企业所得税，可以把实质重于形式原则作为反避税的工具。

因此，为防止实质重于形式原则被滥用，有必要在有关的税收法律规范（如待制定的"税法典"或"税法总则"）中进一步明确和重申该原则的适用范围和适用条件，或者由立法机关对税务机关进行专门的授权。另外，要加强宣传，明确实质重于形式原则只是一项补充、修正和限制性原则，避免出现不必要的税收纠纷事件。

### 4.1.4.2 穿透原则应用范围的拓展

如前所述，穿透原则可以运用于非居民企业间接转让股权的行为。2008年实施的《企业所得税法》引入了一般反避税条款，对滥用公司组织形式的行为，遵循穿透原则进行反避税。国家税务总局发布的《特别纳税调整实施办法（试行）》第九十四条规定，税务机关应按照经济实质对企业的避税安排重新定性，取消企业从避税安排获得的税收利益。对于没有经济实质的企业，特别是设在避税港并导致其关联方或非关联方避税的企业，可在税收上否定该企业的存在。《国家税务总局关于非居民企业间接转让财产企业所得税若干问题的公告》（国家税务总局公告2015年第7号）规定，非居民企业因不具有合理商业目的，间接转让中国居民企业股权，需按照一般反避税规则（《企业所得税法》第四十七条），认定为直接转让中国居民企业股权，从而对其征税。在认定时，既需考虑直接认定为不具有"合理商业目的"的四项因素，也要综合考虑其他八项因素，还要考虑相关的安全港规定。

然而，这些税收法律规范都是针对非居民企业间接转让中国境内企业股权的避税行为，如果非居民个人在境外直接转让母公司股权，间接转让境内子公司股权，那么税务机关可否启用穿透原则？

深圳毗邻香港，非居民以个人身份在港注册公司获得法人企业身份转投内地企业的现象很多。这些在港公司本身并无经营业务，实质经营活动基本由境内公司承担，在港公司基本属于"壳公司"或"导管公司"。对于这种直接转让在港公司股权而间接转让境内公司股权的行为，如果在港公司股东是法人企业，税务机关可以依据国家税务总局相关文件，认定其滥用组织形式，不具有合理商业目的，穿透中间公司直接界定为转让境内公司股权进行征税。而如果是非法人企业，属于自然人股权转让，对其转让所得进行征税目前存在法律适用问题。

实践中有针对非居民个人间接转让股权的行为，税务机关运用穿透原则进行反避税的先例。[①]2011 年 6 月上旬，深圳市地方税务局对非居民个人间接转让中国境内企业股权追征个人所得税，从而成为非居民个人在境外直接转让母公司股权，间接转让境内子公司股权征税的个案突破。

香港某商人在港注册一家典型的"壳公司"，注册资本仅 1 万港元。2000年，该公司作为投资方在深圳注册一家法人企业，专门从事物流运输，同时置办大量仓储设施。经过近 10 年的经营，子公司已经形成品牌企业，经营前景看好，而且由于房地产市场一直处于上升趋势，公司存量物业市场溢价很大。2010 年，该港商在境外将香港公司转让给新加坡某公司，深圳公司作为子公司一并转让，转让价格 2 亿多元。

对于港商个人取得的转让收益是否征税，税企之间存在很大分歧。经过反复调查和多次取证，深圳市地税局认为本案转让标的为香港公司和深圳公司，标的物业为深圳公司的资产，转让价格基础是深圳公司资产市场估价。鉴于香港公司在港无实质性经营业务，其转让溢价应大部分归属深圳公司资产增值。这种形式上直接转让香港公司股权，实质上是间接转让深圳公司股权，存在重大避税嫌疑。经请示国家税务总局，决定对其追征税款 1368 万元。

2020 年年初，《财政部 税务总局关于境外所得有关个人所得税政策的公

---

① 邱小琳，曹明君，阮向阳 . 深圳对非居民个人间接转让中国境内企业股权征税取得突破 [EB/OL].
（2011—06—10）[2021—12—08]. http://blog.sina.com.cn/s/blog_6346b0570100ucyv.html.

告》（财政部 税务总局公告 2020 年第 3 号）规定，转让对中国境外企业以及其他组织投资形成的权益性资产，该权益性资产被转让前三年（连续 36 个公历月份）内的任一时间，被投资企业或其他组织的资产公允价值 50% 以上直接或间接来自位于中国境内的不动产的，取得的所得为来源于中国境内的所得，需要在中国缴纳个人所得税。这一规定，是对《中华人民共和国个人所得税法实施条例》（简称《个人所得税法实施条例》）第三条即收入来源地规则的进一步完善。

未来，我国有必要在结合发达国家有益经验和我国实际情况的基础上，进一步做好非居民个人间接股权转让中国境内所得的税收管理，明确运用穿透原则在反避税领域的应用条件，尤其是要把包含穿透原则的税法条款进行梳理和整合，摆脱碎片化、隐性化的局面，使之整体化、显性化。

## 4.2  以转让股权方式转让房地产的涉税问题

针对以转让股权的名义转让房地产的行为，如果按照《土地增值税暂行条例》及其实施细则，不需要征收土地增值税。但是，实践中有税务机关参照国家税务总局的个案批复，对名为转让股权实为转让房地产的交易行为征收了土地增值税。

### 4.2.1  模糊的边界

不少地方政府在挂牌出让土地时，都要求竞得人在当地成立独立的项目公司，以项目公司的名义进行开发。房地产开发企业每开发一个项目就成立一个项目公司。这样，房地产开发企业竞得的土地属于项目公司。

如果房地产开发企业竞得了土地，不愿意开发而想转让，由于法律规定未经开发的土地不能直接转让，于是，就有房地产开发企业通过转让项目公司股权的形式，将项目转让出去。

按照《土地增值税暂行条例》及其实施细则，转让股权行为不属于土地增值税的征税范围，即纳税人转让股权的行为不应缴纳土地增值税。但是，税务机关认为，转让股权是形式，转让房地产是实质，根据实质重于形式原则应当征收土地增值税。

● 模糊地带 1　对于"明股实地"的交易行为是否征收土地增值税?

《土地增值税暂行条例》第二条规定,转让国有土地使用权、地上的建筑物及其附着物(简称"转让房地产")并取得收入的单位和个人,为土地增值税的纳税义务人,应当依照本条例缴纳土地增值税。《中华人民共和国土地增值税暂行条例实施细则》(简称《土地增值税暂行条例实施细则》)第二条规定,条例第二条所称的转让国有土地使用权、地上的建筑物及其附着物并取得收入,是指以出售或者其他方式有偿转让房地产的行为。不包括以继承、赠与方式无偿转让房地产的行为。

然而,国家税务总局对地方税务机关的请示所作的三个批复,均透出相同的意思:对以转让房地产为盈利目的的股权转让,应征收土地增值税。

一是《国家税务总局关于以转让股权名义转让房地产行为征收土地增值税问题的批复》(国税函〔2000〕687号)。

广西壮族自治区地方税务局:你局《关于以转让股权名义转让房地产行为征收土地增值税问题的请示》(桂地税报〔2000〕32号)收悉。鉴于深圳市能源集团有限公司和深圳能源投资股份有限公司一次性共同转让深圳能源(钦州)实业有限公司100%的股权,且这些以股权形式表现的资产主要是土地使用权、地上建筑物及附着物,经研究,对此应按土地增值税的规定征税。

二是《国家税务总局关于土地增值税相关政策问题的批复》(国税函〔2009〕387号)。

广西壮族自治区地方税务局:你局《关于土地增值税相关政策问题的请示》(桂地税报〔2009〕13号)收悉。鉴于广西玉柴营销有限公司在2007年10月30日将房地产作价入股后,于2007年12月6日、18日办理了房地产过户手续,同月25日即将股权进行了转让,且股权转让金额等同于房地产的评估值。因此,我局认为这一行为实质上是房地产交易行为,应按规定征收土地增值税。

三是《国家税务总局关于天津泰达恒生转让土地使用权土地增值税征缴问题的批复》(国税函〔2011〕415号)。

天津市地方税务局:你局《关于天津泰达恒生转让土地使用权土地增值税征缴问题的请示》(津地税办〔2011〕6号)收悉。经研究,同意你局关于"北京国泰恒生投资有限公司利用股权转让方式让渡土地使用权，实质是房地产交易行为"的认定，应依照《土地增值税暂行条例》的规定，征收土地增值税。

综上，从暂行条例及实施细则看，只有在当事人出售或者以其他方式有偿转让房地产的情况下，才成为土地增值税的纳税人，负有缴纳土地增值税的义务。而国家税务总局的个案批复，态度非常明确，对以转让房地产为盈利目的的股权转让行为，应按规定征收土地增值税。那么，"明股实地"的交易行为，究竟应当进行怎样的税务处理？

● 模糊地带2　国家税务总局的个案批复文件是否具有普适性？

税收个案批复，实质是一个广义的法律适用或判定的问题，具体是指税务机关针对特定税务行政相对人的特定事项如何适用税收法律、法规、规章或规范性文件所作的批复。

2015年1月27日，《湖南省地税局财产和行为税处关于明确"以股权转让名义转让房地产"征收土地增值税的通知》（湘地税财行便函〔2015〕3号）规定："据各地反映，以股权转让名义转让房地产规避税收现象时有发生，严重冲击税收公平原则，影响依法治税，造成了税收大量流失。国家税务总局曾下发三个批复明确以股权转让名义转让房地产属于土地增值税应税行为。为了规范土地增值税管理，堵塞征管漏洞。对于控股股东以转让股权为名，实质转让房地产并取得了相应经济利益的，应比照国税函〔2000〕687号、国税函〔2009〕387号、国税函〔2011〕415号文件，依法缴纳土地增值税。"

"湘地税财行便函〔2015〕3号"要求湖南省各市州地税局对口科室，比照国家税务总局的三个相关批复文件，对以股权转让名义转让房地产的行为征收土地增值税。该便函发出后，引来大量人群的围观，人们议论纷纷。

话又说回来，"明股实地"的情况比较多见，税务机关套用国家税务总局的三个批复对股权转让行为征收土地增值税，具有极大的执法风险；如果不予征收，有可能被指责为应征未征，影响当地税收收入的增长。总之，如此尴尬的局面是现行相关的税收法律条款不够明确所导致的。

## 4.2.2　引起的纠纷

### 4.2.2.1　纠纷事件的描述

◎ **案例 4-4　恒立实业发展集团股份有限公司与岳阳市地方税务局纠纷案**①

2019 年 9 月 30 日，湖南恒立实业发展集团股份有限公司（简称"恒立实业"）发布公告，披露该公司在 2016 年 11 月底，将其持有 100% 股权的岳阳恒通实业有限责任公司（简称"恒通实业"）的 80% 股权作价 23280.80 万元转让给长沙丰泽房地产咨询有限公司；2017 年 7 月底，恒立实业又将其持有的恒通实业剩余 20% 股权作价 5820.20 万元转让给长沙道明房地产有限公司。通过上述两次交易，恒立实业实际获得股权转让对价合计约 29101.00 万元，另根据恒立实业披露的恒通实业"股东全部权益价值项目资产评估报告"，其中不动产估价为 27813.59 万元。

岳阳市地方税务局根据恒通实业的资产状况，认定上述股权转让事宜为"以股权转让名义的土地使用权转让，需按税法规定缴纳土地增值税"。作出这一税务处理决定所适用的"法律依据"便是《湖南省地税局财产和行为税处关于明确"以股权转让名义转让房地产"征收土地增值税的通知》（湘地税财行便函〔2015〕3 号）。

◎ **案例 4-5　自然人马庆泉、马松坚与湖北瑞尚置业有限公司股权转让纠纷二审案**②

马庆泉持有乘风公司 98% 的股权，马松坚持有 2% 的股权。2012 年，马庆泉、马松坚与瑞尚置业有限公司（简称"瑞尚公司"）签订股权转让合同，约定：马庆泉、马松坚将所持乘风公司股权转让给瑞尚公司，转让价款 6910 万元，分期支付。

后因双方发生合同纠纷，马庆泉、马松坚向湖北省高级人民法院提起诉

---

① 孙庆敏.从税务稽查和司法审判实践双重角度谈股权转让被追征土地增值税的风险 [EB/OL].（2020-04-22）[2021-12-08]. https://www.sohu.com/a/390187319_100138309.

② 参见马庆泉、马松坚与湖北瑞尚置业有限公司股权转让纠纷二审民事判决书 [最高人民法院（2014）民二终字第 264 号]。

讼，请求瑞尚公司继续履行合同，支付已到期股权转让款 1500 万元及违约金。瑞尚公司提起反诉，请求确认股权转让合同无效，马庆泉、马松坚须返还已收取的股权转让款等。

湖北省高级人民法院判决：股权转让合同应予继续履行，瑞尚公司向马庆泉、马松坚支付股权转让款 1500 万元及违约金。

瑞尚公司不服，上诉至最高人民法院，主张股权转让合同以股权转让方式实现土地使用权转让，规避了土地使用权转让交易中应缴的契税、营业税和土地增值税等税款，应当认定合同无效。

最高人民法院的判决结果是：驳回上诉，维持原判。判决书称："……股权与建设用地使用权是完全不同的权利，股权转让与建设用地使用权转让的法律依据不同，两者不可混淆。当公司股权发生转让时，该公司的资产收益、参与重大决策和选择管理者等权利由转让方转移到受让方，而作为公司资产的建设用地使用权仍登记在该公司名下，土地使用权的公司法人财产性质未发生改变。……公司在转让股权时，该公司的资产状况，包括建设用地使用权的价值，是决定股权转让价格的重要因素。但不等于说，公司在股权转让时只要有土地使用权，该公司股权转让的性质就变成了土地使用权转让，进而认为其行为是名为股权转让实为土地使用权转让而无效。……由于转让股权和转让土地使用权是完全不同的行为，当股权发生转让时，目标公司并未发生国有土地使用权转让的应税行为，目标公司并不需要缴纳营业税和土地增值税。如双方在履行合同中有规避纳税的行为，应向税务部门反映，由相关部门进行查处。"

◎ **案例 4-6　高成公司与福中公司股权转让纠纷再审案** ①

福中公司与国浩公司共同竞得某地块的开发权，并共同出资设立新浩宁公司和新浩玄公司，福中公司在合资公司中持有 1% 的股权。其后，岩石公司与福中公司订立股权转让协议及资金监管协议，由岩石公司受让福中公司持有的新浩宁公司及新浩玄公司的股权，并由岩石公司对其支付的资金进行监管。高成公司替岩石公司支付了部分股权转让款，并与岩石公司、福中公司订立补充

---

① 邓哲. 房地产项目并购中的诉讼风险 [EB/OL].（2017-05-31）[2021-12-08]. https://www.jianshu.com/p/9ced4ac5c58a.

协议，约定由高成公司和岩石公司共同受让福中公司拟转让的股权。

高成公司在替岩石公司支付部分股权转让款后，以其未被加入转让款监管方为由，拒不支付剩余款项。福中公司遂将拟转让股权转让给第三方嘉丰公司。高成公司据此主张福中公司违约，向法院提起诉讼要求解除补充协议。

一审法院认为，补充协议未将高成公司加入监管方作为付款的前提条件。高成公司的有关函件内容表明，高成公司未付款系与岩石公司未能顺利收购国浩公司在新浩宁公司、新浩玄公司的股权有关。因此，对高成公司主张其未付款系付款条件未成就的意见不予采纳。福中公司为了避免土地使用权因长期闲置可能被政府收回的风险，将股权转让给嘉丰公司。诉讼中，福中公司表示可以让嘉丰公司退出，嘉丰公司亦诉至一审法院表明其可将股权退回福中公司或直接转让给高成公司和岩石公司。故福中公司将股权转让至嘉丰公司并不当然导致股权转让协议无法履行和高成公司合同目的不能实现。福中公司将股权转让给嘉丰公司的行为不构成违约，高成公司单方以福中公司违约为由，要求解除合同，于法无据。

高成公司对上述判决不服，向二审法院江苏省高级人民法院申诉，二审法院对本案查明的事实与原审相同。其中对涉税问题的审理意见是：该股权转让形式并未逃避国家土地增值税和契税的征收。

按照全面"营改增"之前我国相关税法的规定，土地使用权转让涉及的税种包括营业税、城市建设维护税、教育费附加和地方教育附加、土地增值税、契税、印花税、企业所得税（或个人所得税）。土地使用权作价入股过程中应当缴纳的税收有：土地增值税、印花税、契税、企业所得税（或个人所得税）。根据财政部和国家税务总局的有关规定，土地使用权作价入股不征收营业税。因此，以营业税作为计税依据的城市建设维护税、教育费附加和地方教育附加也不必缴纳。由于股权转让并不导致土地使用权的转让，因而无须缴纳土地增值税。税法没有对涉及土地使用权的项目公司的股权转让作出是否征收土地增值税的规定。根据税收法定原则，税法未规定需要纳税的，当事人即可不缴税。且在股权转让时，土地增值税最终并未流失，因为股权转让也只是股东的变换，土地使用权权属没有变化，股权无论经过多少次转让，土地无论如何增值，公司初始受让土地支付对价的成本不变。但是，只要房地产发生了权属流转，公司就需要按最终的实际房地产销售价与最初的房地产成本价之间的增值部分缴纳土地增值税。因此，涉案股权转让实际上并未逃避土地增值税的征收。

#### 4.2.2.2 对纠纷事件的点评

在案例 4-4 中，岳阳市地方税务局对恒立实业以转让股权为名，实质转让房地产并取得了相应经济利益的行为依法征收土地增值税，其适用的法律依据就是国家税务总局的三个个案批复，即"国税函〔2000〕687 号""国税函〔2009〕387 号""国税函〔2011〕415 号"文件。特别值得注意的是，"湘地税财行便函〔2015〕3 号"文件中，有"总局曾下发三个批复明确以股权转让名义转让房地产属于土地增值税应税行为"的表述。可见，湖南省地税局把国家税务总局的个案批复作为判定依据。这个案例足以说明，必须明确上级税务机关的个案批复是否具有普适性的法律效力。

在案例 4-5 和案例 4-6 中，最高人民法院和江苏省高级人民法院都认为，股权转让不必缴纳土地增值税。强调股权转让与土地使用权转让是完全不同的法律制度，所涉及的法律依据不同，不可混淆。由于转让股权和转让土地使用权是完全不同的行为，当股权发生转让时，目标公司并未发生国有土地使用权转让的应税行为，目标公司并不需要缴纳土地增值税。

案例 4-6 中，江苏省高级人民法院的推理和分析是正确的，即"股权转让只是股东的变换，土地使用权权属没有变化，股权无论经过多少次转让，土地无论如何增值，公司初始受让土地支付对价的成本不变。但是，只要房地产发生了权属流转，公司就需要按最终的实际房地产销售价与最初的房地产成本价之间的增值部分缴纳土地增值税"。

既然如此，为什么地方税务机关会对"明股实地"的行为征收土地增值税呢？原因是，对于"名股实地"行为是否征税，现行土地增值税暂行条例及实施细则并没有作明确、清晰的规定。《土地增值税暂行条例》第二条规定："转让国有土地使用权、地上的建筑物及其附着物并取得收入的单位和个人，为土地增值税的纳税义务人，应当依照本条例缴纳土地增值税。"尽管《土地增值税暂行条例实施细则》第二条作了解释："条例第二条所称的转让国有土地使用权、地上的建筑物及其附着物并取得收入，是指以出售或者其他方式有偿转让房地产的行为。"但是，毕竟该实施细则发布于 1995 年，当时很少甚至没有

"明股实地"的现象。纳税人通过转让股权的方式转让土地使用权，无疑属于"以出售或者其他方式有偿转让"。然而，是否属于"转让房地产的行为"呢？在转让股权时，并没有"地上的建筑物及其附着物"。在法律行政解释语焉不详的背景下，不同地区的税务机关就有不同的理解，一些地方的税务机关优先考虑维护国家税收利益，就对"明股实地"行为征收土地增值税。

### 4.2.3　学理的探析

#### 4.2.3.1　对于"明股实地"的交易行为应慎用穿透原则征收土地增值税

土地增值税的纳税人是转让国有土地使用权、地上的建筑物及其附着物并取得收入的单位和个人。在"明股实地"交易中，股权转让方交易的是股权，房地产一直是由被转让标的企业所持有，没有发生转移。因此，从形式上不存在土地增值税的应税行为，也没有土地增值税的纳税人。

对"明股实地"交易行为征税，最关键的理由是，穿透"股权交易的面纱"而认定为房地产交易。但是，对"明股实地"行为征收土地增值税，存在如下几个问题。

（1）"明股实地"并非必然有避税目的。以股权方式收购项目公司的主要原因在于，未达到开发投资强度的土地不能交易。因此，"明股实地"可能是基于现行土地交易监管制度的规定，不得已而为之。按照我国现行《企业所得税法》的规定，企业的支出要想作为税法上认可的成本、费用，必须取得合法有效凭证。而转让股权是转让方向受让方开具发票，受让方向转让方付款，与项目公司毫无关系。项目公司无法按照股权转让价款取得合法有效凭证，所持有的凭证也是当初取得土地使用权的凭证（包括金额、时间、收款方等），所以无法在企业所得税税前按照股权转让价款列支，只能按照当初取得土地使用权的金额列支，这样会造成重复纳税。

（2）"明股实地"并非会少缴税。假如不征税，房地产的相关权利一直在受让方，只要将来发生房地产转让，土地增值税依然会实现。只不过，土地增值税是即期实现还是未来实现。如果收购方收购土地是为了房地产开发出售，那么项目公司将来出售房地产时依然按照原始地价作为土地成本去计算增值税、土地增值税，由于土地增值税实行的是四级超率累进税率，增值率越高边际税率越高，其土地增值税额将非常可观。

假如某房地产公司拍得某一地块，地价款 1 亿元，在项目公司名下，以 2 亿元的价格转让股权，后续开发成本和开发费用等可扣除的金额为 1 亿元，售价为 5 亿元，如果分次缴纳土地增值税（不考虑加计扣除等其他因素），则第一次需要缴纳的土地增值税为（2-1）×40%-1×5%=0.35（亿元），第二次需要缴纳的土地增值税为（5-2-1）×40%-（2+1）×5%=0.65（亿元），共计缴纳土地增值税 0.65+0.35=1（亿元）；如果一次缴纳土地增值税，则需要缴纳土地增值税（5-1-1）×50%-（1+1）×15%=1.2（亿元）。因此，土地增值税一次性缴纳比分次缴纳税负更重。

（3）要慎用穿透原则。强调对"明股实地"交易行为征税，是把股权转让方转让的股权穿透，直接对应到房地产上，也即把股权转让方视为房地产转让方。其实，穿透原则主要体现在企业所得税上，《国家税务总局关于非居民企业间接转让财产企业所得税若干问题的公告》（国家税务总局公告 2015 年第 7 号）第一条规定，非居民企业通过实施不具有合理商业目的的安排，间接转让中国居民企业股权等财产，规避企业所得税纳税义务的，应按照企业所得税法第四十七条的规定，重新定性该间接转让交易，确认为直接转让中国居民企业股权等财产。这就是说，将名义上转让境外公司的股权，实质上转让境内公司股权的行为认定为来源于中国境内的所得征收企业所得税。

但是，在土地增值税上并无类似的规定，所以不能采用穿透原则计算缴纳土地增值税，还是应当尊重交易的法律形式，不要从"税收国库主义"出发征收土地增值税。福建省地方税务局在回复"国税函〔2000〕687 号"文在福建省如何把握的问题时称："《国家税务总局关于以转让股权名义转让房地产行为征收土地增值税问题的批复》（国税函〔2000〕687 号）属个案批复，未抄送我省。"福建省地方税务局的做法值得肯定。

#### 4.2.3.2 上级税务机关的个案批复不具有普适性的法律效力

2010 年 4 月 21 日，国家税务总局纳税咨询平台明确答复：税务总局对某个下级机关的请示进行批复时，如果批复仅对个别单位作出并且没有抄送其他单位的，该批复仅对其主送单位和批复中提及的个别问题具有约束力。如果该批复中涉及事项需要其他有关单位执行或周知的，可以抄送有关单位，该批复对主送单位及被抄送单位均具有约束力。

《国家税务总局关于印发〈税收个案批复工作规程（试行）〉的通知》（国税发〔2012〕14号）第四条规定，税收个案拟明确的事项需要普遍适用的，应当按照《税收规范性文件制定管理办法》制定税收规范性文件。

2017年5月16日，国家税务总局发布的《税收规范性文件制定管理办法》（国家税务总局令第41号）第七条规定，上级税务机关对下级税务机关有关特定税务行政相对人的特定事项如何适用税收法律、法规、规章或者税收规范性文件的请示所作的批复，需要普遍适用的，应当按照本办法规定的制定规则和制定程序另行制定税收规范性文件。

可见，国家税务总局的个案批复，在"国税发〔2012〕14号"文施行之前，如果没有抄送各省级税务机关，或者在该文施行之后，没有制定税收规范性文件，是不能普遍适用的。

上述三个批复仅仅是对特定案例的批复，不具有普遍适用效力，既不是税收法规、税收规章，也不是税收规范性文件，最多属于公文，而且均未抄送各省级税务机关，所以只能个案适用，不能普遍适用。如果上述批复可以普遍适用的话，也就不用批复三次。

如果从人民法院审理行政案件的角度看，个案批复同样不能作为定案的依据。《中华人民共和国行政诉讼法》（简称《行政诉讼法》）第五十二条、第五十三条规定，人民法院审理行政案件，以法律和行政法规、地方性法规为依据。同时参照国务院各部委根据法律和国务院的行政法规、决定、命令制定、发布的规章以及省、自治区、直辖市和省、自治区的人民政府所在地的市和经国务院批准的较大的市的人民政府根据法律和国务院的行政法规制定、发布的规章。

《最高人民法院关于裁判文书引用法律、法规等规范性法律文件的规定》（法释〔2009〕14号）第二条规定，并列引用多个规范性法律文件的，引用顺序如下：法律及法律解释、行政法规、地方性法规、自治条例或者单行条例、司法解释。在实际工作中，税务机关习惯于在上级税务机关的具体规定中寻找依据，因为这些规定更具有操作性。但是，在行政诉讼中，人民法院是以法律法规作为审理依据的。《最高人民法院关于执行〈中华人民共和国行政诉讼法〉

若干问题的解释》（法释〔2000〕8号）第六十二条第二款规定，人民法院审理行政案件，可以在裁判文书中引用合法有效的规章及规范性文件。据此，税务机关可以引用规章及规范性文件，但是只能作为法律法规前提下的一个补充。上级税务机关对下属税务机关就某个具体事件请示的复函，不能作为人民法院审理行政案件所应适用的法律依据。

## 4.2.4 明确的界定

### 4.2.4.1 消除税务机关个案批复中的蹊跷现象

先看国家税务总局的个案批复。

国家税务总局在"国税函〔2000〕687号""国税函〔2009〕387号""国税函〔2011〕415号"等三个个案批复中，都明确表示对"明股实地"行为应当征收土地增值税。

其中，对于深圳市能源集团有限公司和深圳能源投资股份有限公司一次性共同转让深圳能源（钦州）实业有限公司100%的股权的事实，国家税务总局在土地增值税方面，通过"国税函〔2000〕687号"认为股权转让应当缴纳土地增值税，但是在营业税方面，却通过"国税函〔2000〕961号"认为股权转让不属于资产转让，不需缴纳营业税。

《国家税务总局关于股权转让不征收营业税的通知》（国税函〔2000〕961号）：

广西壮族自治区地方税务局：你局《关于对深圳能源总公司、深圳能源投资公司应当依法征收营业税的情况报告》（桂地税报〔2000〕56号）收悉。经研究，现通知如下：1997年年初，深圳市能源集团有限公司和深圳能源投资股份有限公司共同在你区钦州市投资创办了深圳能源（钦州）实业开发有限公司（简称"钦州公司"），两家分别占有钦州公司75%和25%的股份。由于受国家产业政策调整的影响，这两家公司（简称"转让方"）于2000年5月将其拥有的钦州公司的全部股份转让给中国石油化工股份有限公司和广西壮族自治区石油总公司（后两家公司简称"受让方"）。在签订股权转让合同时，在合同中注明钦州公司原有的债务仍由转让方负责清偿。在上述企业股权转让行为中，转让方并未先将钦州公司这一独立法人解散，在清偿完钦州公司的债权债务后，将所剩余的不动产、无形资产及其他资产收归转让方所有，再以转让方的名义转让或销售，而只是将其拥有的钦州公司的股权转让给受让方。不论是转让方转让股权以前，还是在转让股权以后，钦州公司的独立法人资格并未取消，原属于钦州公司的各项资产，均仍属于钦州公司这一独立法人所有。钦州公司股权转让行为发生后并未发生销售不动产或转让无形资产的行为。因此，按照税收法规规定，对于转让方转让钦州公司的股权行为，不论债权债务如何处置，均不属于营业税的征收范围，不征收营业税。

实际上，后来国家税务总局又出具了"国税函〔2003〕1345号"文，明确对转让方转让股权行为不征收营业税。但是该文件未公开，在网上没有查到。

面对同一个"明股实地"的交易事件，在两个税种的回复上，国家税务总局的态度完全不同，土地增值税视同转让土地，营业税又不视同转让土地。这是令人感到蹊跷的地方。

再看省级地方税务机关的个案批复。

一是广东省地方税务局关于广东省云浮水泥厂转让股权涉及房地产是否征税问题的批复（粤地税函〔1998〕65号）。

云浮市地方税务局：你局云地税发〔1998〕004号请示悉。广东国际信托投资公司为减轻国有企业的沉重负担，保障职工生活继续得到安定，报经省人民政府批准，将其属下全资企业广东省云浮水泥厂的95%股权转让给香港中国水泥（国际）有限公司，同时以5%的股权与香港中国水泥（国际）有限公司成立中外合营公司。对广东省云浮水泥厂转让95%股权涉的房地产是否征收营业税和土地增值税问题，经研究，现批复如下：全资企业将其股权转让他人，不属于《中华人民共和国营业税暂行条例》和《中华人民共和国土地增值税暂行条例》规定的征税范围，不予征收营业税和土地增值税。因此，对广东省云浮水泥厂转让股权而涉及的房地产，不予征收营业税和土地增值税。

二是安徽省地方税务局关于对股权转让如何征收土地增值税问题的批复（皖地税政三字〔1996〕367号）。

黄山市地方税务局：你局《关于省旅游开发中心转让部分股权如何计征土地增值税的请示》（黄地税一字〔1996〕第136号）悉。经研究，并请示国家税务总局，现批复如下：据了解，目前股权转让（包括房屋产权和土地使用权转让）情况较为复杂。其中，对投资联营一方由于经营状况等原因而终止联营关系，正常撤资的，其股权转让行为，暂不征收土地增值税；对以转让房地产为盈利目的的股权转让，应按规定征收土地增值税。因此，你局请示中的省旅游开发中心的股权转让，可按上述原则前款进行确定。

上述两个省级地方税务机关的个案批复，广东省地方税务局认为股权转让不属于土地增值税征收范围，而安徽地方税务局给出了一个模棱两可的回答，其核心内涵还是与国家税务总局的几个个案批复相一致，即对以转让房地产为盈利目的的股权转让，应按规定征收土地增值税。

综上所述，无论是国家税务总局的个案批复，还是广东省、安徽省的地方税务局作出的个案批复，再加上前述湖南省地方税务局财产和行为税处发布的通知、福建省地方税务局的回复，不难看出，在"明股实地"问题上，要不要征收土地增值税及其他相关税收，态度不一，甚至截然相反。

对于纯股权交易的行为不征收土地增值税，这个没有异议。但是，如果将房地产作价入股后，迅速将股权进行转让，且股权转让金额基本等同于房地产的评估值，则可以断定是以转让房地产为盈利目的的股权转让。这种情况下，是否应当征收土地增值税，必须尽快通过税收法律规范予以明确。

### 4.2.4.2 建议将"明股实地"纳入资本利得税的征税范围

土地增值是一个长期动态的过程，不止发生在房地产流通环节。而目前的土地增值税只对开发、流通环节征收，而对房地产保有环节的增值收益不征。此外，我国从 2002 年开始采取"招、拍、挂"方式出让国有土地使用权，在这种市场定价方式中，特定地块的未来升值已很大程度上体现在竞拍者的土地价款中了，而后来计算的土地增值额主要是企业投资导致的增值，那么就与企业收益属于同一性质，因而在一定程度上，土地增值税的功能与企业所得税发生重叠。

其实，从长远看，应该开征资本利得税。如果从税收体系的整体去考量，土地增值税应该属于资本利得税的一部分。1994 年我国开征土地增值税，其初衷是防止土地买卖的暴利引发更大的房地产泡沫，试图通过征税对开发商的高额利益进行调整。因此，从诞生的那一天起，土地增值税就类似于资本利得税。

资本利得是指如股票、债券、房产、土地等资本商品，在出售或交易时发生收大于支的收益，即资产增值。资本利得与资本所得，中文名词差一个字，英文表述也有所不同。资本利得是"capital gains"，资本所得则是"capital income"。虽然两者都有收入的意思，但是"gain"偏收益，如单笔交易收入扣除成本费用后的余额；"income"偏主营业务收入。

资本所得，又叫资产性收入、财产性收入，是指家庭拥有的动产（如银行存款、有价证券）和不动产（如房屋、车辆、收藏品等）所获得的收入，包括出让资产使用权所获得的利息、租金、专利收入；持有资产所获得的股息、红利收入；出售资产所获得的增值收益等。可见，资本所得包含了资本利得（见图4-1）。

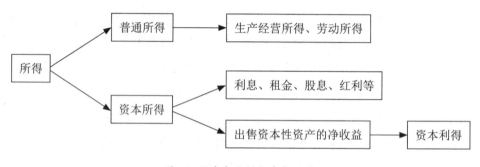

图 4-1　资本所得与资本利得

资本利得税是对资本利得所征的税，是对投资者进行资本商品的买卖所获取的价差收益征税。世界各国对于资本利得是否征税以及如何征税，有不同的态度和处理方式，有的将资本利得视为普通所得而征税，有的单独征收资本利得税，还有的免征资本利得税。

赞成课税的主要理由是：资本利得是一种所得，体现拥有者的真实纳税能力；如果免税，会驱使拥有者通过继承方式避税，而且可能出现以资本利得抵补生产经营的亏损以减轻税负的现象。

反对课税的主要理由是：资本利得是一种虚幻所得，只是反映一般价格水平的上涨，仅仅改变财富的账面价值；如对股票出售收益征税，可能造成双重课税，因为股票价格是公司未来收益的贴现值，出售股票的资本利得，包含着该公司未来的收益，对其征税就是对未来收益征税，而公司的未来收益还得缴纳公司所得税或个人所得税；另外，如果资产持有人发现一旦拥有资本利得就要缴税，他就倾向不出售资产，从而形成闭锁效应（lock-in effect），所以，资本利得税可能阻碍投资。

笔者认为，对于资本利得应该征税。如前所述，资本利得属于所得，是拥有者纳税能力的表现，而且可以自由支配使用，也是消费和投资的来源。符合黑格（R. M. Haig）和西蒙（H. C. Simons）关于所得的定义（转引自高尔森，1992）："所得是人们以货币表现的经济力量在一定时间起讫点上的净增加。"

土地增值税的税基是房地产用益权转移时出现的收益，带有典型的财产税特征，但却采取了类似于流转税的征缴方式，使得征税程序繁琐复杂，税务机关既要对企业财务有充分的了解，又需得到自然资源管理部门、房产管理部门的配合。因此，若能让土地增值税回归其财产税的性质，可能更便于征缴管理，也符合我国以直接税取代间接税的税收改革方向。

## 4.3  对赌协议型股权转让的税务处理

"对赌协议"（valuation adjustment mechanism），是一种估值调整机制，主要应用于投资领域，目的是通过条款的设计保护投资者的利益。体现在股权转让交易中，是指受让方（投资方）与转让方（融资方）在签订股权转让协议时，对于未来不确定情况的一种约定，当协议目标实现时，受让方将继续持有股份，转让方分得投资带来的高额回报；相反，若协议目标没有实现，则转让方需对受让方进行现金补偿或股权补偿。本书所说的对赌协议包含"earn-out"[①]，其实就是股权投资和期权的投资组合，这个投资组合是根据的期权平价关系配置的，投资组合的风险特性与回报在经济上等同于债权投资。

### 4.3.1  模糊的边界

近年来，"对赌协议"型股权转让日益增多。有关对赌协议的税收法律规范至今尚未完全明确，征纳双方发生争执的案例时有发生，尤其是对于业绩补偿款的税务处理，往往成为争执的焦点。下面试举一例。

---

① earn-out，是指由于交易双方对价值和风险的判断不一致，将传统的一次性付款方式转变成按照未来一定时期内的业绩表现进行支付的交易模式。它类似于对赌协议，但又存在差异。通常的对赌是签订协议后一次性支付，在条件不能达成时才要求对方补偿的方式，它是在满足一定的条件后实行分期支付。

上市公司 J 拟收购非上市公司 S 的控股权，S 公司账面资产不足 300 万元，但评估值达到 2 亿元。J 公司以 1.2 亿元的价格从 S 公司原股东郑某手中收购 60% 的股权。J 公司以现金分期支付股权转让款，在协议签署并生效后一个月内支付总价款的 40%，剩余部分在 2020—2022 年度每个业绩承诺期结束后各支付 20%。郑某对 S 公司 2020—2022 年度的业绩增长作出承诺，应分别实现至少 2500 万元、3000 万元、3600 万元的净利润。如果业绩承诺期间的任何一个年度未完成净利润，郑某就不足部分对 J 公司进行补偿。这样就产生了两个问题：第一，分期付款的个人所得税怎么征收？第二，如果对赌失败，原股东进行现金或股权补偿，税务处理怎么进行？

● 模糊地带 1　分期付款的对赌协议中，后续支付的款项是否要在即期申报纳税？

本例中，J 公司已经支付了首期 40% 的价款，且事实表明支付后不久，S 公司就完成了股权变更，J 公司已经成为 S 公司的第一大股东。

税务机关认为，郑某应该就其所有所得，包括已支付的 40% 款项以及将在未来兑现的 60% 款项，在规定的时限内进行纳税申报。法律依据是：《国家税务总局关于贯彻落实企业所得税法若干税收问题的通知》（国税函〔2010〕79号）第三条规定，企业转让股权收入，应于转让协议生效、且完成股权变更手续时，确认收入的实现。《股权转让所得个人所得税管理办法（试行）》（国家税务总局 2014 年 67 号公告）第九条规定，纳税人按照合同约定，在满足约定条件后取得的后续收入，应当作为股权转让收入。

但是，郑某认为，已经取得的 40% 款项应该申报纳税，其余 60% 的款项（每次 20%）不应该在当前申报纳税，因为那是未来的所得，况且不一定能获得。如果现在申报，那就违背"无所得不纳税"的所得税基本原理。

● 模糊地带 2　对赌协议后续所产生的对价支付，应该作怎样的税务处理？

本例中，2020 年 S 公司确实未能完成业绩承诺。根据财务报表，2020 年末 S 公司净利润为 1970 万元，与承诺的业绩相差 530 万元，应由郑某进行补偿。双方协商后决定，对于第二期 20% 的现金照常支付，但同时郑某将无偿让渡 S 公司 2.27% 的股权给 J 公司作为补偿。

税务机关认为，郑某用 2.27% 的股权偿还未能实现的业绩承诺差额 530 万元，属于以股权抵偿债务，应视同单独的一项股权转让业务，重新确定其股权转让所得和股权原值。郑某对此不能接受，认为让渡 S 公司 2.27% 的股权给 J 公司作为补偿，与前一行为有不可割裂的关系，不是新一轮的股权转让，不能单独计税。

上述意见分歧，实质是两个问题：对赌协议中纳税义务发生的时点如何确定？业绩补偿款是否应该被确认为收入并申报缴纳所得税？

## 4.3.2 引起的纠纷

### 4.3.2.1 纠纷事件的描述

◎ 案例 4-7　海南航空公司收购燕京饭店和北京科航股权案 [①]

海南航空股份有限公司（简称"海南航空"）拟以 61856 万元的价格受让海航酒店集团有限公司（简称"海航酒店集团"）持有的北京燕京饭店有限责任公司（简称"燕京饭店"）45% 的股权；以 172834 万元的价格受让扬子江地产集团有限公司（简称"扬子江集团"）持有的北京科航投资有限公司（简称"北京科航"）65% 的股权和海航酒店集团持有的北京科航 30% 的股权。

转让方海航酒店集团、扬子江集团的控股股东海航集团有限公司（简称"海航集团"）对于 2009—2011 年的业绩作出承诺：2009 年、2010 年、2011 年，燕京饭店净利润如果无法达到预计的 9698 万元、12402 万元、12938 万元；北京科航净利润如果无法达到预计的 8169 万元、9452 万元、11630 万元，海航集团将按权益比例（燕京饭店 45% 股权、北京科航 95% 股权）以现金补偿方式补足净利润的差额部分。

根据海南航空 2009 年度、2010 年度、2011 年度的年报披露，北京科航 2009 年实际净利润为 -3503 万元，与海航集团承诺的业绩相比，缺口为 11672 万元，差额部分公司已于 2010 年上半年全部收回。北京科航 2010 年净利润为 60.25 万元，与海航集团承诺的业绩相比，缺口为 9392 万元，公司计划于 2011 年上半年收回。海航集团承诺的业绩缺口 9392 万元在 2011 年已经兑现。从年

---

① 业绩补偿和对赌协议的税务成本：英达钢构、海南航空 [EB/OL].（2017-09-25）[2021-12-08]. http://www.360doc.com/content/17/0925/08/31681274_689853224.shtml.

报中可以看出，海南航空在 2010 年收到业绩补偿款 11672 万元，在 2011 年收到业绩补偿款 9392 万元。

2014 年 5 月 5 日，《海南省地方税务局关于对赌协议利润补偿企业所得税相关问题的复函》（琼地税函〔2014〕198 号）明确了"对企业补偿型的对赌协议"的税务处理问题，"你公司在该对赌协议中取得的利润补偿可以视为对最初受让股权的定价调整，即收到利润补偿当年调整相应长期股权投资的初始投资成本。"

◎ 案例 4-8　英达钢构向斯太尔公司支付业绩补偿款案 [1]

2017 年 6 月 28 日，斯太尔动力股份有限公司（简称"斯太尔动力股份"）发布公告，其 2015 年度取得控股股东山东英达钢结构有限公司（简称"英达钢构"）1.56 亿元业绩补偿款，被湖北省公安县主管税务机关要求补缴 2014 年度企业所得税款 1828 万元及相应滞纳金 358 万元，共计 2186 万元。斯太尔动力股份原本在 2015 年度将上述业绩补偿款全额计入"营业外收入"，但随后又根据证监局的指示调整计入"资本公积"。

相关的背景情况是，2013 年年初，英达钢构通过非公开发行股票方式成为斯太尔动力股份的控股股东，并对斯太尔动力股份本次募集的部分资金收购斯太尔动力（江苏）投资有限公司（简称"江苏斯太尔"）100% 的股权作出业绩补偿承诺。当初采取的是股份补偿方案，2015 年 6 月变更为现金补偿方式。若江苏斯太尔 2014—2016 年扣除非经常性损益后的净利润分别低于 2.3 亿元、3.4 亿元和 6.1 亿元，其将以现金形式对差额部分进行补偿。此后，英达钢构未达到业绩承诺标准，于是，向斯太尔动力股份支付了 2014 年度的业绩补偿款 1.56 亿元和 2015 年度的业绩补偿款 3.51 亿元，2017 年需支付 2016 年度的业绩补偿款 4.87 亿元，已经逾期但尚未支付。

◎ 案例 4-9　G 投资公司与税务机关之间的涉税纠纷案 [2]

G 投资公司在新疆成立了一家大型化工企业，为满足该企业发展的资金需

[1]　李林. 股东对公司的"业绩补偿"，考虑过税务成本吗？ [EB/OL].（2017-09-25）[2022-01-25]. http://sohu.newsesnai.com/article/201709/163512.html.
[2]　王晓雪."对赌协议"不是股权交易的"挡税牌" [N]. 中国税务报，2017-09-08.

求，G 投资公司开始寻求其他投资者的合作。为便于运作，G 投资公司于 2011 年成立了一家全资子公司——A 公司，初始投资成本为 1000 万元，并将自己持有的新疆化工企业 17.5% 的股权转入 A 公司的名下。

2013 年 6 月，G 投资公司将 A 公司的全部股权转让给了天津的两家投资企业。由于该化工企业发展前景良好，双方约定转让价款为 10.15 亿元，并签署了股权转让及其补充协议（见图 4-2）。

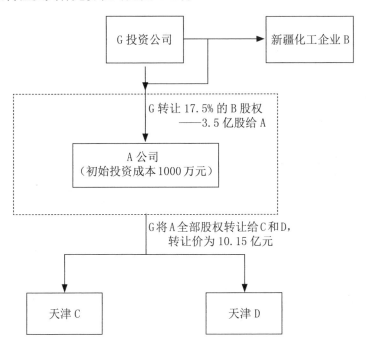

图 4-2　G 投资公司股权转让示意

双方在补充协议中约定了"对赌条款"：①如果该化工企业在股权转让交易完成后的 36 个月内完成上市，则 G 投资公司可享有此次股权交易的全部利得；②如果未成功上市，则 G 投资公司须以 10.15 亿元的价格将 A 公司的股权回购；③如果该化工企业虽成功上市但股票价格未达到预期水平，则由 G 投资公司以现金支付差价。该股权转让协议于 2013 年 5 月 21 日签署生效。

税务机关在对 G 投资公司进行税务检查时发现，G 投资公司已经收到了股权转让交易的全部款项，且交易双方已经在工商行政管理部门进行了股权变更登记，股权交易合同生效、事实成立，但 G 投资公司未就该笔股权转让所得申报缴纳企业所得税。于是，要求 G 投资公司补缴相关年度的企业所得税。

G投资公司却认为，双方在股权转让过程中签署了对赌协议，对赌协议与主合同是不可分割的整体，当对赌协议所规定的事项尚未发生，即对赌协议未履行时，主合同也视为未履行完毕，那就意味着股权转让尚未完成，企业也无须对股权交易确认收入。在双方约定的期限及条件未达到之前，合同属于处于未履行完毕的状态，极有可能需要回购股权或补偿差价。目前已有的股权转让所得，实际上是企业的一种变相负债，不应该也无法就该笔股权转让所得在当期缴纳企业所得税。

税务机关认为，企业所得税的收入确认遵循权责发生制原则和实质重于形式原则，股权转让收入的确认应于转让协议生效，且完成股权变更手续时实现。在计算股权转让所得时，应以股权转让收入扣除为取得该股权所发生的成本，且不得扣除被投资企业未分配利润等股东留存收益中按该项股权所可能分配的金额。本案中，有事实充分证明此次股权交易真实有效，且满足企业所得税相关法律规范所规定的收入确认条件。股权转让合同及补充协议的签订时间为2013年5月，交易双方于2013年6月在工商行政管理局完成股权变更登记手续，截至2013年10月，天津的两家投资企业分5次支付了合计10.15亿元的股权转让款。同时，A公司于2013年6月召开股东大会，通过了股东变更相关事项的决定及新的公司章程，公司章程中明确列示股东为天津的两家投资企业。而G投资公司将收到的股权转让款全部计入了"长期负债"，在企业所得税汇算清缴时并未申报该项收入。所以，G投资公司应以收到的全部股权转让收入10.15亿元，扣除A公司的初始投资成本1000万元，作为应税所得，补缴2013年度的企业所得税及其滞纳金。

### 4.3.2.2 对纠纷事件的点评

从实践看，各地税务机关对业绩补偿的处理方式并不一致，大体有两种：一种是将业绩补偿视为一种价格调整，另一种是将业绩补偿视为捐赠。对性质的认定结果不同，会计处理和税务处理的方式也不同。

案例4-7将业绩补偿视为一种价格调整的税务处理。在这种将业绩补偿视为股权的定价调整中，收到业绩补偿款的海南航空应不确认任何收入，需调减股权的纳税基础，在会计上同时调减长期股权投资的初始投资成本；支付业绩补偿的海航集团应调减当年或者以前年度的企业所得税申报。

案例 4-8 将业绩补偿视为捐赠的税务处理。《国家税务总局关于企业所得税应纳税所得额若干问题的公告》（国家税务总局公告 2014 年第 29 号）第二条，企业接收股东划入资产的企业所得税处理：①企业接收股东划入资产[①]，凡合同、协议约定作为资本金（包括资本公积）且在会计上已做实际处理的，不计入企业的收入总额，企业应按公允价值确定该项资产的计税基础；②企业接收股东划入资产，凡作为收入处理的，应按公允价值计入收入总额，计算缴纳企业所得税，同时按公允价值确定该项资产的计税基础。当地税务机关将股东支付的业绩补偿款视为股东赠与资产，并按收入进行所得税处理，正是以此公告为法律依据的。另外，案例 4-8 存在一定的特殊性，作出承诺的股东并不是出售股权的股东，或许是这一点成为税务机关将将业绩补偿款视为收入的更充分的理由。不过，在我国的税务处理案例中，将业绩补偿款视为收入处理并追缴企业所得税的案例较为少见。

案例 4-9 对业绩补偿款性质的界定涉及 "附生效条件的民事法律行为" 这个条款。一方认为，原《中华人民共和国合同法》（简称《合同法》）[②] 规定，附生效条件的合同，自条件成就时生效。对赌协议就属于附条件合同，条件尚未成就，协议也就未完全生效。在未到达约定的期限及条件之前，合同属于未履行完毕的状态，极有可能需要回购股权或赔偿差价，不应该就该笔股权转让所得在当期缴纳企业所得税。另一方认为，在合同效力上，对赌协议仅影响交易双方最终的利益分配，并不因此否定主合同的价格约定和条款执行。对赌协议的交易结果具有不确定性，一般不会出现在股权转让合同或投资协议的主合同中，而是以附属协议的形式存在，带有对赌协议的合同属于附条件的合同，从本案例合同的性质来看，对赌协议是附属协议，附属协议中双方约定的条件针对的是回购及补偿行为，并非主合同中约定的股权转让行为，所以，对赌协议不影响股权转让合同的效力以及股权交易的实际完成。已完成了股权变更及款

---

① 包括股东赠与资产、上市公司在股权分置改革过程中接收原非流通股股东和新非流通股股东赠与的资产、股东放弃本企业的股权。

② 自 2021 年 1 月 1 日起《中华人民共和国民法典》生效后，原《中华人民共和国民法总则》《中华人民共和国民法通则》《中华人民共和国婚姻法》《中华人民共和国继承法》《中华人民共和国收养法》《中华人民共和国物权法》《中华人民共和国担保法》《中华人民共和国合同法》《中华人民共和国侵权责任法》同时废止。

项支付，对赌协议所约定的回购及补偿条款，虽然具有不确定性，但是无法改变股权交易的实质。

虽然早在 2010 年 2 月 2 日国家税务总局就发布了《国家税务总局关于贯彻落实企业所得税法若干税收问题的通知》（国税函〔2010〕79 号），2014 年 12 月 7 日又发布了《股权转让所得个人所得税管理办法（试行）》（国家税务总局公告 2014 年第 67 号），对股权转让的税收处理作了规定。但是，近几年金融创新的步伐很快，金融衍生工具不断出现。现行相关的税收法律规范显得滞后或缺失，由此导致征纳双方争议不断。对赌协议型股权转让税务处理中遇到的尴尬现象，是税收治理中明确性欠缺的典型例子。对新形态的股权转让行为如何征收企业所得税或个人所得税，亟须有更具体、细致的规定，使股权转让的涉税法律条款实现由模糊性到明确性的转变。

### 4.3.3　学理的探析

#### 4.3.3.1　对赌协议中纳税义务发生的时点

关于对赌协议中纳税义务发生的时点确定，关键在于如何判断"股权转让协议生效"。目前，相关的税收法律规范是模糊的，因而不同的主体所持的观点也不同。

（1）主张纳税义务发生时点在"前"

这种观点认为，签订的对赌协议一旦生效，且完成股权变更，那么股权转让收入就发生了，就要进行纳税申报。至于对价款何时支付、分几次支付，与纳税申报均无关。相关的法律依据如下。

《民法典》第四百六十五条规定，依法成立的合同，受法律保护。依法成立的合同，仅对当事人具有法律约束力，但是法律另有规定的除外。也就是说，依法成立的合同，在当事人之间就相当于法律，不得进行与合同目的相背离的行为，当事人应全面、及时履行各自的合同义务，擅自变更或解除合同是违法的，否则要承担违约责任。依法成立的合同，是当事人民事法律行为的一种，合同民事权益受法律保护。当事人协商一致可变更或解除合同。

《国家税务总局关于确认企业所得税收入若干问题的通知》（国税函〔2008〕875 号）第一条规定，除企业所得税法及实施条例另有规定外，企业销售收入的确认，必须遵循权责发生制原则和实质重于形式原则。该条第一款又规定，企业销售商品同时满足下列条件的，应确认收入的实现：①商品销售合同已经签订，企业已将商品所有权相关的主要风险和报酬转移给购货方；②企业对已售出的商品既没有保留通常与所有权相联系的继续管理权，也没有实施有效控制；③收入的金额能够可靠地计量；④已发生或将发生的销售方的成本能够可靠地核算。

《国家税务总局关于贯彻落实企业所得税法若干税收问题的通知》（国税函〔2010〕79 号）第三条规定，企业转让股权收入，应于转让协议生效、且完成股权变更手续时，确认收入的实现。转让股权收入扣除为取得该股权所发生的成本后，为股权转让所得。企业在计算股权转让所得时，不得扣除被投资企业未分配利润等股东留存收益中按该项股权所可能分配的金额。

《股权转让所得个人所得税管理办法（试行）》（国家税务总局公告 2014 年第 67 号）第二十条规定，具有下列情形之一的，扣缴义务人、纳税人应当依法在次月 15 日内向主管税务机关申报纳税：①受让方已支付或部分支付股权转让价款的；②股权转让协议已签订生效的；③受让方已经实际履行股东职责或者享受股东权益的；④国家有关部门判决、登记或公告生效的⋯⋯

由此可见，个人股东的股权转让所得纳税义务发生时间满足条件之一即可：股份转让协议生效或完成股权变更手续。判定企业股东的股权转让所得纳税义务发生时间应同时满足两个条件：股权转让协议生效和完成股权变更手续，两者缺一不可。

（2）主张纳税义务发生时点在"后"

这种观点认为，目标任务是否完成应作为合同是否生效的条件。只有当附带条件全部满足时才表明真正完成合同的履行，股权过户、收款仅是合同的一部分，甚至是合同的开始。相关的法律依据有：

《国家税务总局关于确认企业所得税收入若干问题的通知》（国税函〔2008〕875 号）对于收入确认有具体条件的规定，但是，其中第三个条件是"收入的金额能够可靠地计量"。对赌协议的股权转让不同于一般的股权转让，在签约阶段，收入的金额未能"可靠地计量"。

《民法典》第一百五十八条规定，民事法律行为可以附条件，但是根据其性质不得附条件的除外。附生效条件的民事法律行为，自条件成就时生效。附解除条件的民事法律行为，自条件成就时失效。第一百五十九条又规定，附条件的民事法律行为，当事人为自己的利益不正当地阻止条件成就的，视为条件已经成就；不正当地促成条件成就的，视为条件不成就。

这就是说，如果股权转让合同有特殊约定或者法定生效条件的，必须待生效条件成就时才能产生法律效力。对赌协议就属于附条件合同，条件尚未成就，协议也就未完全生效。业绩补偿性对赌协议是特殊的股权转让合同，实际上属于融资协议与股权转让合同的结合，既不同于完整意义上的股权转让合同，也不同于完整意义上的借款合同。但在性质上仍然属于股权转让合同，只不过是特殊的股权转让合同，如果约定的经营目标未能达到，就要进行业绩补偿。因此，要等经营目标出现、业绩补偿结束，合同生效条件才成就。在未到达约定的期限及条件之前，合同属于未履行完毕的状态，极有可能需要回购股权或赔偿差价，看似是股权转让所得，实际上是企业的一种变相负债，不应该就该笔股权转让所得在当期缴纳企业所得税。

但是，税务机关往往不认同这种观点。理由是，被投资企业去办理股权变更手续时，必须取得生效的股权转让协议，纳税人难以通过设定附生效条件的股权转让协议来推迟纳税义务的发生时点。也就是说，既然办理了股权变更手续，合同生效条件必定已经成就。

（3）主张纳税义务发生在"行权时"

对赌协议是期权的一种表现形式，那么，期权的纳税义务发生时间是如何确定的？现有的税收法律规范并未对资本市场的衍生工具有明确的体现。

不过，《财政部 国家税务总局关于个人股票期权所得征收个人所得税问题的通知》（财税〔2005〕35号）第二条规定，员工接受实施股票期权计划企业授予的股票期权时，除另有规定外，一般不作为应税所得征税。员工行权时，其从企业取得股票的实际购买价（施权价）低于购买日公平市场价的差额，是因员工在企业的表现和业绩情况而取得的与任职、受雇有关的所得，应按"工资、薪金所得"适用的规定计算缴纳个人所得税。从这一条款看，期权的纳税义务应当在行权时才发生。

### 4.3.3.2 对业绩补偿款是否应确认为收入征收所得税

（1）关于业绩补偿款应纳入企业收入总额的观点

《企业所得税法》第六条规定，企业以货币形式和非货币形式从各种来源取得的收入，为收入总额。包括：①销售货物收入；②提供劳务收入；③转让财产收入；④股息、红利等权益性投资收益；⑤利息收入；⑥租金收入；⑦特许权使用费收入；⑧接受捐赠收入；⑨其他收入。

对赌协议所产生的由于目标未能实现而发生的业绩补偿款，实际上是企业进行投资所获得的收益，故应纳入企业的收入总额。虽然交易双方签署的对赌协议是一种期权，但该协议既不影响股权转让合同的效力，也不能改变股权交易的实质，企业不能以此为由否认业绩补偿款的收入性质。

股权转让取得收入与后续支付补偿款是相互独立的两个行为，在签订股权转让协议、收到款项并完成股权变更时，应申报纳税。支付补偿则属个人赔偿或捐赠行为，应另行处理。

然而，这一观点存在两个问题。一是对赌协议收入不确定。转让方因目标任务未完成向受让方支付的业绩补偿款，既不是赔偿也不是捐赠，而是对合同初期确定价格的调整，通过调整使价格更加合理。如果按照与股权转让无关的赔偿或捐赠计算支出，则无法作为费用扣除，因此，合同初期取得的款项只能作为预收款。二是成本不确定。转让方若未完成目标任务，需向受让方支付业绩补偿款，就目标公司而言，该项补偿实际是对其净资产的补充，是对转让方所转让的股权原值的补充，应视为转让方股权投资成本的调整。

（2）关于业绩补偿款的性质为估值调整价格的观点

对赌协议型股权转让是股权交易双方在信息不对称、难以就股权真实价格达成一致的情况下，通过合同或协议约定业绩补偿，对双方的预估价格进行调整，让股权价格达到或接近双方都认可的价值，即公允价值。从协议的形式上看，虽然股权转让主合同可能不包括业绩补偿，但从协议的内容上看，业绩补偿款是主合同的附随性收入，是股权转让合同对价的一部分。涉及对赌的股权交易，收入金额受对赌协议的影响，一般在初始交易时尚不能完全确定，需等对赌条款规定的条件实现或时间到来时，才能最终确定收入总额。

所以，"对赌协议"的存在是交易双方对目标公司未来的盈利能力估值不一致，主合同中约定的交易价格不能满足双方的预期，需要通过估值调整机制对最终的利益分配进行"场外"调整。如果忽视对赌条款作为整个股权交易的组成部分及其对收入的影响，在合同签署时就确认收入和损益，这样有违收入确认原则中金额能够可靠计量的原则。

《国家税务总局关于纳税人收回转让的股权征收个人所得税问题的批复》（国税函〔2005〕130号）规定，股权转让合同履行完毕、股权已做变更登记，且所得已经实现的，转让人取得的股权转让收入应当依法缴纳个人所得税。转让行为结束后，当事人双方签订并执行解除原股权转让合同、退回股权的协议，是另一次股权转让行为，对前次转让行为征收的个人所得税款不予退回。

但是，这一观点也存在两个问题。一是转让股份数量不确定。在股权调整类的协议中，转让方未完成目标任务，受让方有权要求转让方回购或进一步购买股份。实际上这是对股份数量的调整，通过调整数量，调整转让价格。二是收入不能确认，所得并未实现。在股权调整类协议中，转让方未完成目标任务，受让方有权要求转让方回购并获取一定的固定收益，应视为融资。一个重要的依据是，《企业会计准则第23号——金融资产转移》规定，对附回购协议的金融资产出售和附重大价内看跌（或看涨）期权的金融资产出售，不应当终止确认该金融资产，不应当将其从企业的账户及资产负债表上予以转销。

### 4.3.4　明确的界定

#### 4.3.4.1　对赌协议型股权转让税收处理的风险

税务机关如果对涉及对赌条款的股权交易，按普通股权交易进行税收处理，存在三种风险。

（1）有违收入确认原则

《国家税务总局关于确认企业所得税收入若干问题的通知》（国税函〔2008〕875号）规定，企业的收入确认必须遵循权责发生制原则和实质重于形式原则。具体来说，必须满足四个条件：①与所有权相关的主要风险和报酬已经转移给购买方；②出让方没有保留与所有权相联系的继续管理权，也没有实施有效控制；③收入的金额能够可靠计量；④成本能够可靠核算。

涉及对赌条款的股权交易，收入的金额受对赌协议的影响，在交易时并不能确定，如果忽视这个因素，贸然地确认收入和损益，有违收入金额能够可靠计量的要求。

（2）有违实质课税原则

实质课税原则是指对于某种情况不能仅根据其外观和形式确定是否应予课税，而应根据实际情况，尤其应当注意根据其经济目的和经济实质，判断是否符合课税要素，以求公平、合理和有效地进行课税（张守文，2009）。可见，实质课税原则是法律赋予税务机关的权力，如果纳税人利用合法的法律形式故意规避税收，税务机关可以按照该行为的经济实质进行合理纳税调整。

涉及对赌条款的股权交易，经济目的和经济实质与普通股权交易相同，都是买卖双方的股权交易，只是在交易对价的确定时间上有所不同。

普通股权交易在交易时可以确定交易对价，但涉及对赌条款的股权交易，由于双方信息不对称或估值手段的限制等原因，交易对价一般需要根据目标公司未来几年的业绩表现进行调整。因此，对赌协议是股权转让的补充协议，应将对赌协议与股权转让协议视为一个股权交易的整体协议，按一次交易行为征收税款。如果不考虑对赌协议对整个交易的影响，孤立地依据股权转让协议征收税款，与交易的经济实质不相符。

（3）可能造成多征或重复征税

对赌协议是股权转让协议的补充协议，是对交易双方签订的股权转让协议预估价格的调整，以使股权交易价格达到双方认可的公允价格。

《国家税务总局关于贯彻落实企业所得税法若干税收问题的通知》（国税函〔2010〕79号）规定，企业转让股权收入，应于转让协议生效、且完成股权变更手续时，确认收入的实现。问题是，当约定的业绩条件未达到时，转让方向受让方转让一定数量的股权或支付等值现金，是否确认收入，征收税款，目前税收法律规范对此缺乏明确的规定。

对于转让方，如果业绩补偿款不能作为损失在税前扣除，势必造成多征税款。而对于受让方，收到业绩补偿款，不确认为收入，是作为长期股权投资成本的调整。税务机关却将业绩补偿款看作收入征收税款，这样就造成重复征税。

为避免风险，税务机关把业绩补偿款定性为估值调整价格更为稳妥。举例来说，甲公司收购乙公司持有的 W 公司 70% 的股权。收购前，甲公司与乙公司、W 公司不存在任何关联方关系。双方约定，在外部环境和企业内部经营管理方式等与收购前基本一致的情况下，如果收购的 W 公司在未来三年后，扣除非经常性损益后的净利润达不到 3000 万元，乙公司需要按实际净利润额与 3000 万元之间的差额向甲公司进行业绩补偿。反之，如果 W 公司在未来三年后，扣除非经常性损益后的净利润超过 3000 万元，甲公司应将实际净利润额超过 3000 万元部分中的 30% 向乙公司返还。

到了第三年，外部环境和企业内部经营管理方式未发生重大变化，W 公司扣除非经常性损益后的净利润只有 2500 万元，乙公司按照对赌协议的约定，向甲企业支付了 500 万元补偿款。甲公司取得的 500 万元补偿款，是对原有投资成本的调整，不需缴纳税款；乙公司支付的补偿款，是对原有股权价格高估确认转让财产所得的调整，应调减相关损益。因此，在乙公司支付 500 万元的补偿款时，应认为是其股权转让年度多缴纳了企业所得税，可申请退税或结转以后年度予以抵扣。

假如支付业绩补偿款的一方是股权受让方，转让方接受业绩补偿。在会计处理时，甲公司应将支付业绩补偿款计入长期股权投资成本，作为对最初取得股权投资价格低估和支付不实的补偿。收到补偿款的转让方即乙公司，由于转让股权的计税基础已经确定，收取的补偿款是对最初低价转让股权的弥补，应增加股权转让投资收益。在税务处理上，甲公司作为股权追加成本处理，此时，支付的业绩补偿款不得在税前扣除；乙公司应追补确认股权转让时年度的应纳税所得额，涉及补税的应申报纳税。

### 4.3.4.2 建议采用"预缴 + 汇算"的办法

对赌协议的核心条款是对于目标公司是否可以实现某种业绩作出正反两种或然性的约定。应该将转让行为与估值调整视为一个整体，将其作为股权转让的一项或有事项来看待。

在取得预收款时，可按实际取得的价款减除股权原值和合理费用后的余额为应纳税所得额，并按"财产转让所得"预缴个人所得税；待对赌条件出现时，针对不同情况调整收入或成本，分别补退税；协议全部履行完毕后，再进行项目清算，多退少补。[①]结合常见的对赌协议类型，分别阐述如下。

（1）业绩补偿型对赌协议（又称反向或有对价协议）

业绩补偿型对赌协议是指在出售方出售的标的资产中，收购方于交易达成时先支付商定的总价款，如果标的资产或目标公司未实现约定的业绩，则需按一定标准与方式对收购方进行补偿。这种方式可形象地称为"先付＋后返"方式。

例如，A 公司持有 B 公司 100% 的股权，A 公司拟按 1000 万元的价格将 B 公司股权全部转让给 C 公司，A 公司持有的 B 公司股权成本是 800 万元。交易双方达成协议：C 公司先一次性支付 A 公司 1000 万元，并约定，如果未来三年，B 公司的盈利达不到规定水平，A 公司将返还 C 公司股权转让款 100 万元。根据年报数据，在收购日之后的三年内，B 公司的盈利未达到规定水平，A 公司在第三年末被要求返还 C 公司股权转让款 100 万元。

A 公司的税务处理是：A 公司最初转让 B 公司股权时，先确认股权转让收益 200 万元（1000–800=200）；A 公司返还 C 公司 100 万元时，实际是对股权转让价格的一种修正，应作为股权转让价格的冲减，在发生当期，冲减当年的应纳税所得额。

C 公司的税务处理是：C 公司在取得股权时，实际支付的是 1000 万元，因此，股权成本就是 1000 万元；公司取得 A 公司返还的 100 万元时，是转让方返还的股权价格款，所以，C 公司应冲减投资成本，不应作为收入处理。

（2）追加支付型对赌协议（又称正向或有对价协议）

当并购重组的收购方和出售方对目标公司的估值无法达成一致时，双方会基于目标公司在收购日之后满足某些收入或盈利指标的基础上，通过追加支付来解决分歧和差异。一般来说，收购方于交易达成时先支付一部分价款，之后再根据约定事件是否达成予以追加支付给出售方一笔金额不确定的价款，这种方式可形象地称为"预付＋追加"方式。

例如，A 公司持有 B 公司 100% 的股权，A 公司认为该股权的公允价值为

---

① 目前，在个体工商户生产、经营所得和限售股转让的个人所得税中，就引入了汇算和清算的概念，《财政部、国家税务总局关于创业投资企业和天使投资个人有关税收试点政策的通知》（财税〔2017〕38 号），对天使投资个人投资额抵扣优惠政策则采用了结转抵扣的方式。这些政策都体现了在收入形式越来越复杂的情况下，征管方式也在不断变化。

600万元,而C公司认为该股权的价值为400万~600万元。A公司与C公司达成协议:在收购日,C公司一次性支付400万元,并约定,B公司如果在收购后两年的年度销售收入超过250万元,则C公司追加支付该年度销售收入超过250万元部分的50%。收购日后,B公司后续两年每年的销售收入都是450万元,因此,C公司被要求在该两年每年结束时支付100万元[(450–250)×50%]。

A公司的税务处理是:A公司最初转让B公司股权时,确认股权转让收入400万元;在后续两年每年收到100万元时,每年调增应纳税所得额100万元。

C公司的税务处理是:C公司在取得股权时,实际支付的是400万元,因此,股权成本先确认为400万元;C公司后来每年补充支付的100万元,是对股权投资成本的调整,所以,C公司应增加股权投资成本。

（3）增资型对赌协议

增资型对赌协议是指在投资人对目标公司进行增资时,以被投资的公司或资产为基础资产进行对赌,通常采用的判断事件是被投资公司及资产的未来盈利能力或者被投资公司未来是否能够上市等。在PE/VC融资中,这种类型的对赌协议较常见,而且对赌的对象往往既包括被投资公司原控股股东,还可能包括被投资公司本身。

例如,A公司持有B公司100%的股权,B公司注册资本1000万元。C公司对B公司注资500万元,其中的250万元计入注册资本,另外的250万元计入资本公积,C公司占有B公司20%的股权。C公司与B公司和A公司约定:如果未来两年内B公司的盈利达不到规定标准,B公司将返还C公司200万元,A公司将返还C公司50万元。C公司对B公司增资两年后,B公司盈利未达到规定标准,因此B公司返还C公司200万元,A公司返还C公司50万元。

A公司的税务处理是:A公司是B公司的股东,A公司返还C公司50万元,实际是对自己的股权增值的一种返还。但是,这笔钱,对A公司而言,可以说与收入无关,因此,A公司返还的50万元,不应在税前扣除。

B公司的税务处理是:B公司返还C公司200万元,实际是股东的投资款。由于投资时,B公司就没有作为收入处理,因此,返还时不能作为可以税前扣除的成本或费用,应冲减资本公积。

C 公司的税务处理是：由于 C 公司注资时，投入就是 500 万元，因此 C 公司持有 B 公司股权的计税基础是 500 万元。C 公司取得 B 公司和 A 公司返还的资金时，实际是对股权成本的一种调整和修正，所以 C 公司应冲减投资成本，不能作为收入处理。

## 4.4　过失性未缴或者少缴税款现象的定性

"漏税"一词曾经出现多年。但是，1992 年颁行的《税收征收管理法》，不再有"漏税"的概念。此后在税务规范性文件中也不再使用。然而，实践中过失性未缴或者少缴税款的现象仍时有发生。由于缺乏明确的税收法律规范，人们对这一问题理解不一，税务机关在执法过程中也有不同的处理方法。

### 4.4.1　模糊的边界

改革开放以来，"漏税"概念的第一次出现，是在 1981 年 5 月财政部发布的《关于印发"什么叫偷税、抗税、漏税和欠税"问题解答稿的通知》（财税办字〔1981〕第 9 号）中。1986 年 4 月 21 日，《国务院关于发布〈中华人民共和国税收征收管理暂行条例〉的通知》（国发〔1986〕48 号），其中第三十七条给漏税、欠税、偷税、抗税等概念分别下了定义。但是，1992 年颁行的《税收征收管理法》，不再出现"漏税"的概念。此后，"漏税"一词，除了在避免双重征税协定（或"安排"）中仍有使用之外 ①，在其他税收法规、税收规章或税务规范性文件中不再使用。

目前我国对过失性未缴或者少缴税款的行为有哪些处罚条款呢？

（1）按《税收征收管理法》第六十三条偷税处罚的规定，除第五十二条和其他少数列举的情形之外，只要申报不准确造成未缴或者少缴税款的，就按偷税论处。

（2）按《税收征收管理法》第六十四条第二款不申报、不缴纳税款处罚的规定，纳税人不进行纳税申报，不缴或者少缴应纳税款的，由税务机关追缴其

---

① 如《中华人民共和国政府和大韩民国政府关于对所得避免双重征税和防止偷漏税的协定》《内地和澳门特别行政区关于对所得避免双重征税和防止偷漏税的安排》。

不缴或者少缴的税款、滞纳金，并处不缴或者少缴的税款百分之五十以上五倍以下的罚款。这样处理是考虑到，如果按照第六十三条处罚，却没有证据可以证明纳税人是主观故意的；但是如果不处罚，又缺乏法律依据。

（3）参照构成程序性处罚的要件处理。如未按规定设置账簿，未按规定报送全部账号，未按规定办理变更登记，等等。理由是，既然没有涉及主观故意而无法按照第六十三条处罚，也没有编造虚假计税依据无法按照第六十四条处罚，但毕竟有违法的行为，那就归结到程序不规范所对应的处罚中。

（4）按《税收征收管理法》第五十二条第二款的规定，因纳税人、扣缴义务人计算错误等失误，未缴或者少缴税款的，税务机关在三年内可以追征税款、滞纳金；有特殊情况的，追征期可以延长到五年。

● 模糊地带 1　税收法规、税收规章及税务规范性文件中不再有"漏税"的概念，但是在现实中存在的过失性未缴或者少缴税款的行为，该怎么归类？

按照"国发〔1986〕48 号"文的解释，"漏税"是指纳税人或扣缴义务人由于不了解、不熟悉税法规定和财务制度，或因工作粗心大意、错用税率、漏报应税项目等无意识而发生的未缴或者少缴税款的行为。

这种过失性未缴或者少缴税款的行为，在现实中依然存在，甚至还不少见。耐人寻味的是，《税收征收管理法》全文没有"漏税"二字，却在第五十二条中有明显属于"漏税"的规定，因税务机关的责任，致使纳税人、扣缴义务人未缴或者少缴税款的，税务机关在三年内可以要求纳税人、扣缴义务人补缴税款，但是不得加收滞纳金。因纳税人、扣缴义务人计算错误等失误，未缴或者少缴税款的，税务机关在三年内可以追征税款、滞纳金；有特殊情况的，追征期可以延长到五年。上述规定中，第一款强调的是由于税务机关的责任而未缴或者少缴税款，第二款强调的是由于纳税人、扣缴义务人计算错误等失误而未缴或者少缴税款。

举例来说，2019 年 10 月，税务人员检查发现 A 企业 2018 年 12 月账簿记载代扣投资人赵某税款 129 万元，应当按照《税收征收管理法》第六十三条第二款的规定，收缴已扣税款 129 万元，并处罚款 64.5 万元。但税收征收部门出具的书面说明是，"当时因调节税收征收进度需要，通知企业延后缴纳税款"。其后，税务机关集体审理认为，企业按照税务机关的要求未及时申报缴纳税款，属于《税收征收管理法》第二十五条第一款规定的按照"税务机关确定的申报时限"缴纳税款行为，不应对纳税人予以处罚。

又如，2019年12月，税务人员检查发现C企业2017—2019年经营收入超过税务机关核定定额部分未申报纳税，少缴税款89万元，已构成偷税，责令企业补缴税款89万元，并处罚款89万元。后经人民法院审理，认为企业依税务机关核定税额申报缴纳税款，超定额部分不属于约定应当缴纳的税额。稽查局将企业的行为认定为偷税并予以处罚，缺乏事实根据和法律依据，依法予以撤销。

显然，税收法律规范对于漏税现象的认定是模糊不清的，存在有其实而无其名的嫌疑。

● 模糊地带2 过失性未缴或者少缴税款的行为，是按照欠税行为处理还是按照偷税行为处理？

对于过失性未缴或者少缴税款的行为应当给予行政处罚，但在性质上不像故意性未缴或者少缴税款的行为那么严重。在实践中，如何对过失性未缴或者少缴税款的行为作出合适的处理有点尴尬。那些由于对税收法律规范了解不多、不透或者进行账务处理时疏忽大意而未缴或者少缴税款的，既不能按照欠税处理，更不能按照偷税处理。由于税收法律规范缺少关于"漏税"行为的界定，一些税务工作人员认为，只能按照"非欠即偷"的原则进行选择和认定。有的主张只要没有证据证明纳税人有明显的主观故意，一律定性为欠税；有的推定纳税人应该对税收法律规范有正确的理解，那种以对税收法律规范不了解为由未缴或者少缴税款的，只能推定为主观故意，一律定性为偷税。

《中华人民共和国税收征收管理法实施细则》（简称《税收征收管理法实施细则》）第八十一条对《税收征收管理法》第五十二条所称"纳税人、扣缴义务人计算错误等失误"的行为界定为，"是指非主观故意的计算公式运用错误以及明显的笔误"。这就是说，第五十二条所称的失误仅限于"非主观故意的计算公式运用错误"和"明显的笔误"，只有这两种情况不属于偷税。但是，过失性未缴或者少缴税款的情况不局限于这两种，除此以外的行为是否构成偷税呢？例如，由于对税收法律规范理解有偏差等失误所造成的未缴或者少缴税款行为。

## 4.4.2 引起的纠纷

### 4.4.2.1 纠纷事件的描述

◎ 案例4-10  A公司因事务所代理纳税申报失误被认定为有逃税行为案 [①]

A公司成立于2008年2月，注册地在江西省南昌市，注册资本2000万元，主要经营机械零部件贸易。公司成立以后，营业额逐年增长，至2012年达到40000万元。为减轻公司财务部门的工作量，自2009年8月起，A公司聘请M事务所代理纳税申报。

2011年，M事务所在为A公司进行网上申报时，由于输入错误，少申报应纳增值税约500万元。事后A公司及M事务所均未发现这一失误。2013年8月，公安机关到A公司调查，称A公司进行虚假的纳税申报，逃避缴纳税款，已构成逃税罪。

A公司了解相关情况后，认为其少申报税款系由M事务所的工作失误造成，而且之前一直没有发现。少缴税款是事实，应当依据《税收征收管理法》第五十二条的规定补缴相关税款和滞纳金。

可见，A公司不具有逃避缴纳税款的故意，亦未实施采取欺骗、隐瞒手段进行虚假纳税申报或者不申报的行为。A公司应当预见到M事务所的工作可能会发生错误，但由于在与M事务所多年合作的基础上建立了充分的信赖等原因，并未发现这一问题，在主观上是应当预见而没有预见，构成过失。同时，A公司的纳税申报自始至终由M事务所代理，A公司亦不存在采取欺骗、隐瞒手段进行虚假的纳税申报或者不申报的行为。A公司无论从主观方面分析，还是从客观方面分析，均不构成逃税罪，不应承担刑事责任。经过与公安部门及检查机关的积极沟通，检查机关最终没有对A公司提起公诉。

◎ 案例4-11  A企业误将城镇土地使用税申报为教育费附加案 [②]

某地方税务局稽查局在检查A企业的纳税情况时发现，2012年第四季度

---

① 过失造成少缴税款需补缴相关税款和滞纳金 [EB/OL].（2013-10-16）[2022-01-28]. https://www.leshui365.com/knowledge/corpus/WJ4834210600420272.html.

② 王章渊，王思琪. 批判税法形式主义的典型案例解析 [J]. 财会月刊. 2016（28）: 87-89.

的城镇土地使用税申报数为 0，少缴税款 652401.55 元，而同期的教育费附加申报数刚好多出 652401.55 元，上述款项已经如期缴纳入库。稽查人员要求该企业补缴城镇土地使用税 652401.55 元，并告知多缴的教育费附加可以办理退还手续。A 企业对此没有异议，但对可能产生的滞纳金和处罚提出诉求，希望不要被加收滞纳金，也不要被处罚。

对 A 企业要不要加收滞纳金、处以罚款，存在不同的看法。

有观点认为，对 A 企业必须加收滞纳金。理由是：第一，符合加收滞纳金的情形。《税收征收管理法》第三十二条规定，纳税人未按照规定期限缴纳税款的，扣缴义务人未按照规定期限解缴税款的，税务机关除责令限期缴纳外，从滞纳税款之日起，按日加收滞纳税款万分之五的滞纳金。本案中 A 企业确实未按规定期限缴纳城镇土地使用税，那就应该加收滞纳金。第二，加收滞纳金不考虑过失因素。《税收征收管理法》第五十二条规定，因纳税人、扣缴义务人计算错误等失误，未缴或者少缴税款的，税务机关在三年内可以追征税款、滞纳金；有特殊情况的，追征期可以延长到五年。这清楚地表明，是否加收滞纳金与工作失误没有联系，失误不构成不加收滞纳金的理由。第三，税与费之间无关联。纳税人多缴教育费附加，与不收滞纳金，两者之间没有必然联系。滞纳金只与未及时足额缴纳城镇土地使用税有关系。《国家税务总局关于应退税款抵扣欠缴税款有关问题的通知》（国税发〔2002〕150 号）第三条规定，税务机关征退的教育费附加、社保费、文化事业建设费等非税收入不得与税收收入相互抵扣。打个比喻，税收收入与非税收入是两条道上的车，互不影响。该补缴的税款要补缴，该加收的滞纳金要加收；该退的税款就要退，甚至利息也要计算并支付。

至于处罚，有观点认为，A 企业明知有城镇土地使用税的纳税义务而不申报，且其缴纳的 652401.55 元只是教育费附加的多缴款项，故其行为符合《税收征收管理法》第六十四条的情形，即"纳税人不进行纳税申报，不缴或者少缴应纳税款的"，故应当"由税务机关追缴其不缴或者少缴的税款、滞纳金，并处不缴或者少缴的税款百分之五十以上五倍以下的罚款"。

◎ 案例4-12　石家庄恒茂源贸易公司因报关失误少缴进口环节税案 ①

2011年3月1日，北京M公司代理石家庄恒茂源贸易有限公司向首都机场海关申报进口一批医疗器械，分别为：四维验证系统1台，单价450000美元；光野验证仪1台，单价430000美元；计划系统2台，单价550000美元。

在申报过程中，M公司报关员按照客户提供的"运单、发票、详单、合同、代理协议、报关委托书"及商品信息填制报关，客户提供的发票是三个品名，只列有每个品名的单价，没有列明每个品名的总价。由于报关员粗心，误将"计划系统2台"看成与前两项完全一样的"1台"，导致实际应为"1100000美元"的总价申报成"550000美元"。

第二天海关电脑系统显示"拒绝接单"，报关员随即查询海关的退单框，未发现该单据，马上找当时海关的值班科长，科长在其办公桌上发现了该票单据。经核对，报关员发现了这一笔误，于是马上申请删单重报。科长要求M公司提交正式申请。

3月4日，M公司向首都机场海关提交了正式《进出口货物报关单修改/撤销申请表》，现场科长表示同意，并签名确认。其后两天，公司报关员由于家里有事没有与海关加强联系，同时也未告诉公司领导和其他同事，导致公司一直坐等海关通知。两天后等来了该申报单已经被首都机场海关转交缉私的通知。

2012年5月，M公司不服北京海关的行政处罚决定，提交了行政复议申请书。在海关总署复议部门主持的调查听证期间，围绕M公司是"笔误"应"删单重报"，还是"申报不实"应"行政处罚"这个焦点问题进行激烈的辩论。最终，在复议机关的主持下，双方当事人达成了调解协议，北京海关撤销罚款50.8万元的处罚决定，改为罚款人民币3万元。

#### 4.4.2.2　对纠纷事件的点评

案例4-10中A公司少申报应纳增值税额约500万元，系M事务所工作失误所致。A公司必须依据《税收征收管理法》第五十二条的规定，补缴相关的税款和滞纳金。但是，由于A公司在主观上没有故意少缴税款的动机，故不应

---

① 云通关. 一个成功的行政复议案例 [EB/OL].（2017-12-25）[2022-01-28]. http://www.etongguan.com/Article/ygcgdhzfya.html.

承担刑事责任。

案例4-11中A企业少缴城镇土地使用税652401.55元，同时多缴教育费附加652401.55元，两个数字完全相同，明显是网上申报操作失误所致，没有任何不缴税款的故意。站在A企业的角度看，当初可能在网报时使用通用申报表，而在选择税种时发生点击失误。如果按照《税收征收管理法》第五十二条第二款"因纳税人、扣缴义务人计算错误等失误，未缴或者少缴税款的，税务机关在三年内可以追征税款、滞纳金"，那必须缴纳滞纳金。但是，如果从对国家税收的影响看，这笔款项事实上已在规定时间内缴入国库，没有占用国家的资金，因此不应该被加收滞纳金，更不应该被处罚。

案例4-12同样属于漏税事件。石家庄恒茂源贸易有限公司少缴进口环节的税收，纯属M公司报关员工作上的失误，将实际总价应为1100000美元的"计划系统"，申报成总价550000美元的"计划系统"，险些被首都机场海关处罚50.8万元。没有任何证据表明，石家庄恒茂源贸易有限公司存在故意隐瞒进口医疗器械的动机。

上述三个案例，产生纠纷的根源都在于，对于过失性不缴或者少缴税款的行为如何定性，税收法律规范是存在模糊性的。本来，取消"漏税"的概念，可能是考虑到偷税与漏税的区别在于前者是主观故意的，后者是非主观故意的，而要甄别"主观故意"与"非主观故意"是很困难的。问题是，取消了"漏税"的概念，实践中仍然存在非主观故意的不缴或者少缴税款现象，按偷税处理或按欠税处理，都难免陷入尴尬的境地。

## 4.4.3 学理的探析

有学者通过查阅历史文献发现，至少在清朝康熙年间，"漏税"一词就出现在法律条文中了（饶凌桥，2015）。1986年4月21日，《国务院关于发布〈中华人民共和国税收征收管理暂行条例〉的通知》（国发〔1986〕48号）第三十七条给漏税、欠税、偷税、抗税等概念下了明确的定义，漏税是指纳税人并非故意未缴或者少缴税款的行为；欠税是指纳税人因故超过税务机关核定的纳税期限，未缴或者少缴税款的行为；偷税是指纳税人使用欺骗、隐瞒等手段逃避纳税的行为；抗税是指纳税人拒绝遵照税收法规履行纳税义务的行为。

2015 年修订的《税收征收管理法》第六十三条有关于"偷税"概念的解释：纳税人伪造、变造、隐匿、擅自销毁账簿、记账凭证，或者在账簿上多列支出或者不列、少列收入，或者经税务机关通知申报而拒不申报或者进行虚假的纳税申报，不缴或者少缴应纳税款的，是偷税。第六十七条有关于"抗税"概念的解释，以暴力、威胁方法拒不缴纳税款的，是抗税，除由税务机关追缴其拒缴的税款、滞纳金外，依法追究刑事责任。第六十八条规定，纳税人、扣缴义务人在规定期限内不缴或者少缴应纳或者应解缴的税款，经税务机关责令限期缴纳，逾期仍未缴纳的，税务机关除依照本法第四十条的规定采取强制执行措施追缴其不缴或者少缴的税款外，可以处不缴或者少缴的税款百分之五十以上五倍以下的罚款。第六十八条有"欠税"的意思表达，但没有出现这个概念。①

《税收征收管理法》全文一万多字，却没有出现"漏税"二字。但是，第五十二条有"漏税"行为的相关规定，因税务机关的责任，致使纳税人、扣缴义务人未缴或者少缴税款的，税务机关在三年内可以要求纳税人、扣缴义务人补缴税款，但是不得加收滞纳金。因纳税人、扣缴义务人计算错误等失误，未缴或者少缴税款的，税务机关在三年内可以追征税款、滞纳金；有特殊情况的，追征期可以延长到五年。

#### 4.4.3.1 漏税不能等同于欠税

欠税是指纳税人、扣缴义务人在规定期限内未缴或者少缴应纳或者应解缴的税款，经税务机关责令期限缴纳，逾期仍未缴纳的行为。欠税行为的主要构成要件之一是纳税人的应纳税额已经确定且经税务机关催缴，纳税人未在税法规定的期限内履行纳税义务。

漏税是虽有未缴或者少缴税款的行为，但是可能因为税务机关的责任，也可能是纳税人、扣缴义务人计算错误等失误所致。也即，税务机关的催缴不是漏税行为的构成要件。

#### 4.4.3.2 漏税不能等同于偷税（逃税）

2009 年 2 月全国人民代表大会常务委员会通过的《刑法修正案（七）》，对

---

① 《税收征收管理法》第四十六条：纳税人有欠税情形而以其财产设定抵押、质押的，应当向抵押权人、质权人说明其欠税情况。抵押权人、质权人可以请求税务机关提供有关的欠税情况。

偷税罪作了修改：一是不再使用"偷税"一词，将罪名由"偷税罪"改为国际通用的"逃税罪"（tax evasion）；二是对逃税的手段不再作具体列举，而采用概括性的表述。"纳税人采取欺骗、隐瞒手段进行虚假纳税申报或者不申报。"按照该修正案的概括，逃税行为主要有两类。

第一类是"纳税人采取欺骗、隐瞒手段进行虚假纳税申报"。这与修改前的《刑法》对于偷税具体手段的列举没有实质性的区别，常见的行为有：设立虚假的账簿、记账凭证；对账簿、记账凭证进行涂改等；未经税务主管机关批准而擅自将正在使用中或尚未过期的账簿、记账凭证销毁处理等；在账簿上多列支出或者不列、少列收入。

第二类是"不申报"，是指不向税务机关进行纳税申报的行为，主要表现为已经领取营业执照的法人实体不到税务机关办理纳税登记，或者已经办理纳税登记的法人实体有经营活动，却不向税务机关申报或者经税务机关通知申报而拒不申报的行为等。

修正后的《刑法》第二百零一条为逃税罪：纳税人采取欺骗、隐瞒手段进行虚假纳税申报或者不申报，逃避缴纳税款数额较大并且占应纳税额百分之十以上的，处三年以下有期徒刑或者拘役，并处罚金；数额巨大并且占应纳税额百分之三十以上的，处三年以上七年以下有期徒刑，并处罚金。扣缴义务人采取前款所列手段，不缴或者少缴已扣、已收税款，数额较大的，依照前款的规定处罚。对多次实施前两款行为，未经处理的，按照累计数额计算。如发生第一款所指的行为，经税务机关依法下达追缴通知后，补缴应纳税款，缴纳滞纳金，已受行政处罚的，不予追究刑事责任；但是，五年内因逃避缴纳税款受过刑事处罚或者被税务机关给予二次以上行政处罚的除外。

如果把逃税理解为偷税和不申报两种情况，那漏税与偷税的区别主要表现在以下三点：一是主观动机不同。偷税是行为人明知自己的行为会造成国家税收的损失，仍希望或追求这一结果。漏税的行为人对自己行为的危害后果应当预见却没有预见，或已经预见但轻信能够避免；偷税的行为人主观上具有牟取非法利益的目的，而漏税的行为人主观上不具有这一目的。二是实施手段不同。偷税是采取伪造、变造、隐匿、擅自销毁账簿、记账凭证等欺骗、隐瞒手段来不缴或少缴税款，而漏税不存在任何故意的作为或不作为。三是法律后果不同。偷税行为只要达到法定结果即构成犯罪，应承担刑事责任；漏税是一种违法行为，行为人只须补缴税款并交纳滞纳金。

漏税与"不申报"也有区别。依照《刑法》第二百零一条第一款规定，三种情况属于经税务机关通知申报却仍"不申报"的行为：一是纳税人、扣缴义务人已经依法办理税务登记或者扣缴税款登记的；二是依法不需要办理税务登记的纳税人，经税务机关依法书面通知其申报的；三是尚未依法办理税务登记、扣缴税款登记的纳税人、扣缴义务人，经税务机关依法书面通知其申报的。这就是说，"不申报"的前提是已经办理税务登记或经税务机关依法书面通知。显然，漏税行为与"不申报"行为在前提条件上相差甚远。

### 4.4.3.3 故意与过失的区分

通过上述简要的分析可以看出，如果说偷税（逃税）是故意性不缴或者少缴税款的行为，那么漏税就是过失性不缴或者少缴税款的行为。

故意分为直接故意和间接故意。直接故意是指行为人明知自己的行为必然或者可能发生危害社会的结果，并且希望危害结果的发生以及明知必然发生危害结果而放任结果发生的心理态度；间接故意是指明知自己的行为会发生危害社会的结果，并且放任这种结果发生的心理状态。

过失分为疏忽大意的过失与过于自信的过失。疏忽大意的过失，是指纳税人应该预见到自己的行为可能发生未缴或者少缴税款的后果，因为疏忽大意而没有预见到，从而导致未缴或者少缴税款；过于自信的过失，表现为面对具有争议的法律规范或者事实，纳税人因错误地坚信自己对法律理解及事实认定正确，从而发生未缴或者少缴税款的后果。

过失性不缴或者少缴税款的行为具体表现为以下三种情况。

（1）对税收法律规范认识的错误。包括对税收实体规范的认识错误和对有关履行纳税义务程序的认识错误。由于税收法律规范的专业性、复杂性和多变性，加上税收法律规范种类繁多且分散于各种文件、规定及通知中，纳税人、扣缴义务人确实可能对某些税收法律条文缺乏全面、正确的认识，从而导致未缴或者少缴税款。如减免税政策已经失效，却依然套用原有的优惠政策；纳税人将自产货物对外捐赠，误以为税收法律规范不要求视同销售，其实必须按照视同销售计税。

（2）对事实判断的失误。纳税人、扣缴义务人应当对自己的生产经营事实有正确的认知，但有时也会出现过失性的认知偏差。如对自己生产经营行为的性质、状态，产生错误的理解，误以为属于不涉税行为；业务往来对象所提供的合同是虚假的，隐瞒了收入，事先没有发觉从而少缴了税款；内部员工为谋取个人利益提供与生产经营无关的票据，多计了成本费用损失，事先没有发觉从而少缴了应纳税所得额。

（3）计算错误、笔误。操作层面的失误并不限于计算公式选用错误，会计核算、纳税申报过程中的技术性差错也是经常发生的。计算错误、笔误和税法认识错误是有本质区别的。举例来说，某纳税人实际收入是 100 万元，但在计算时误记成了 10 万元，还自以为得出的计算结果是正确的。这种情况，从性质上说并不严重，只需补缴该缴的税款。

上述三种情况，最棘手的是对税收法律规范的认识的错误究竟是故意为之还是过失所致。实践中，有的地区不认可纳税人认识错误的解释，一律或大多定性为偷税；有的地区因为税务机关无力举证纳税人是否为税法认识上的错误，一律不定性为偷税或很少定性为偷税。

如果纳税人都以不知税收法律规范为由逃避法律责任，税务机关也无从判断纳税人是否知晓税收法律规范，这样，势必减少国家税收，也会使税收法律规范的震慑力荡然无存。但是，税收法律规范的专业、复杂和多变，又是为大家所公认的事实，很多税收法律规范随着国家政策目的的变化而变化，修订频繁，体系并不完善，确实存在不容易准确掌握的地方，纳税人出现认识上的偏差在所难免。

怎么认定纳税人的非主观故意？至少有两种情况。一是如果人民法院公布的税务行政诉讼判决书、税务机关的政策解答、纳税服务平台（"12366"）的回复等出现错误，导致纳税人税务处理错误，从而少缴或者不缴税款；二是税收法律条文的文义存在模糊不清的地带，纳税人的理解并无明显的纰漏。

虽说《税收征收管理法》没有明确表述，主观故意是偷（逃）税的必备要件。但是，国家税务总局发布的几个税务规范性文件中，均含有这个意思。

一是《国家税务总局办公厅关于呼和浩特市昌隆食品有限公司有关涉税行为定性问题的复函》（国税办函〔2007〕513 号）规定，"《税收征收管理法》未具体规定纳税人自我纠正少缴税行为的性质问题，在处理此类情况时，仍应按《税收征收管理法》关于偷税应当具备主观故意、客观手段和行为后果的规定进行是否偷税的定性。税务机关在实施检查前纳税人自我纠正属补报补缴少缴的税款，不能证明纳税人存在偷税的主观故意，不应定性为偷税。"

二是《国家税务总局关于税务检查期间补正申报补缴税款是否影响偷税行为定性有关问题的批复》（税总函〔2013〕196号）规定，"税务机关认定纳税人不缴或者少缴税款的行为是否属于偷税，应当严格遵循《税收征收管理法》第六十三条的有关规定。纳税人未在法定的期限内缴纳税款，且其行为符合《税收征收管理法》第六十三条规定的构成要件的，即构成偷税，逾期后补缴税款不影响行为的定性。纳税人在稽查局进行税务检查前主动补正申报补缴税款，并且税务机关没有证据证明纳税人具有偷税主观故意的，不按偷税处理。"

三是《国家税务总局关于北京聚菱燕塑料有限公司偷税案件复核意见的批复》（税总函〔2016〕274号）指出，"根据你局提供的材料：（一）除本案所涉及稽查外，未对该企业进行过其他稽查立案处理；（二）除本案所涉违规列支行为外，未发现该企业成立以来存在其他违规列支行为；（三）本案所涉该企业为部分管理人员购买的商业保险已在当期代扣代缴了个人所得税。据此，从证据角度不能认定该企业存在偷税的主观故意。综上，我局同意你局的第二种复核意见，即不认定为偷税。"

从这三个文件不难看出，国家税务总局的意见很明确，主观故意是偷税的构成要件；不能证明是主观故意的，属于证据不足，不能定性为偷税。

### 4.4.4　明确的界定

#### 4.4.4.1　建议恢复"漏税"概念

可将"漏税"概念定义为，漏税是指纳税人或扣缴义务人由于不了解、不熟悉税收法律条文和财务制度，或因工作粗心大意、错用税率、漏报应税项目等无意识而发生的不缴或少缴税款的行为。

这一概念有三个组成要件：第一，漏税的主体主要是纳税人和扣缴义务人；第二，漏税侵害的客体是国家的税收，造成了未缴少缴税款的后果；第三，漏税的判定依据是过失，包括疏忽大意的过失与过于自信的过失。

恢复"漏税"概念有助于体现税收的公平。在我国，不仅《刑法》对犯罪有故意和过失的区分，《中华人民共和国保险法》中也有故意与过失的区分。保险公司在理赔之前，先要甄别当事人的出险行为属于故意还是过失，要通过对行为人的陈述、行为人的素质（文化水平、智力水平等）、客观行为（行为的动机、内容、结果等）及行为时的环境因素（有无相对人的误导、欺骗等）等综合考虑，并根据经验加以判断。

税法是调整税务机关与纳税人关系的法律规范，更加应当区分故意与过失，既要保障国家税收利益，防止纳税人、扣缴义务人等逃避纳税义务；又要维护纳税人的权益，防止对过失性少缴或者不缴税款的行为进行不适当的处罚。

### 4.4.4.2　建立和完善宽严相济的漏税监管机制

一些地方的税务机关对于过失性不缴或者少缴税款的行为，实行"非欠即偷"的处理方式，明显违背了"过罚相当原则"。过罚相当是指行政主体对违法行为人适用行政处罚，所科罚种和处罚幅度要与违法行为人的违法过错程度相适应，既不轻过重罚，也不重过轻罚，避免畸轻畸重的不合理、不公正的情况。

为体现过罚相当原则，应建立和完善宽严相济的漏税监管机制。宽严相济的漏税监管机制是指对漏税行为的定性和处理，要从预防涉税犯罪和改善营商环境的要求出发，做到该宽的宽，该严的严，宽严适当。"宽"是注重对当事人的轻缓处罚，"严"是注重对当事人的严厉制裁。市场经济是法治经济，市场主体必须循法而行，但并不意味着市场主体的所有违法行为都必须受到最严厉的惩罚。由于计算填写失误或对税法条款的理解偏差等非主观故意造成的少缴或者不缴税款的行为，当事人的认识有一个从不足到完善的过程，税收监管要包容和审慎，税务机关要充分运用政策辅导、警示告诫、规劝提醒、约谈劝告等方式，加强对当事人的指导。当然，包容并不是无原则地迁就和照顾，审慎也必须在法治原则、法治精神的指导下进行。

目前，我国正在逐步建立和完善轻微违法行为容错免责机制。2021年1月22日修订通过的《中华人民共和国行政处罚法》（简称《行政处罚法》）第三十三条规定："违法行为轻微并及时改正，没有造成危害后果的，不予行政处罚。初次违法且危害后果轻微并及时改正的，可以不予行政处罚。当事人有证据足以证明没有主观过错的，不予行政处罚。法律、行政法规另有规定的，从其规定。对当事人的违法行为依法不予行政处罚的，行政机关应当对当事人进行教育。"

2021年3月24日，中共中央办公厅、国务院办公厅印发《关于进一步深化税收征管改革的意见》，强调"在税务执法领域研究推广'首违不罚'清单制度"。《国家税务总局关于发布〈税务行政处罚"首违不罚"事项清单〉的公告》（国家税务总局公告2021年第6号）规定：自2021年4月1日起，对于首次发生下列清单中所列事项且危害后果轻微，在税务机关发现前主动改正或者在税务机关责令限期改正的期限内改正的，不予行政处罚（见表4-1）。

表4-1  税务行政处罚"首违不罚"事项清单

| 序号 | 事项 |
| --- | --- |
| 1 | 纳税人未按照税收征收管理法及实施细则等有关规定将其全部银行账号向税务机关报送 |
| 2 | 纳税人未按照税收征收管理法及实施细则等有关规定设置、保管账簿或者保管记账凭证和有关资料 |
| 3 | 纳税人未按照税收征收管理法及实施细则等有关规定的期限办理纳税申报和报送纳税资料 |
| 4 | 纳税人使用税控装置开具发票，未按照税收征收管理法及实施细则、发票管理办法等有关规定的期限向主管税务机关报送开具发票的数据且没有违法所得 |
| 5 | 纳税人未按照税收征收管理法及实施细则、发票管理办法等有关规定取得发票，以其他凭证代替发票使用且没有违法所得 |
| 6 | 纳税人未按照税收征收管理法及实施细则、发票管理办法等有关规定缴销发票且没有违法所得 |
| 7 | 扣缴义务人未按照税收征收管理法及实施细则等有关规定设置、保管代扣代缴、代收代缴税款账簿或者保管代扣代缴、代收代缴税款记账凭证及有关资料 |
| 8 | 扣缴义务人未按照税收征收管理法及实施细则等有关规定的期限报送代扣代缴、代收代缴税款有关资料 |
| 9 | 扣缴义务人未按照税收票证管理办法的规定开具税收票证 |
| 10 | 境内机构或个人向非居民发包工程作业或劳务项目，未按照《非居民承包工程作业和提供劳务税收管理暂行办法》的规定向主管税务机关报告有关事项 |

税务行政处罚"首违不罚"，必须同时满足下列三个条件：①纳税人、扣缴义务人首次发生清单中所列事项；②危害后果轻微；③在税务机关发现前主动改正或者在税务机关责令限期改正的期限内改正。

需要进一步明确的是，税务行政处罚"首违不罚"的判定，应按次数而非按类别。如果纳税人发生上述10种情况都不予处罚，那是"宽"有余而"严"不足，明显有悖宽严相济原则。纳税人只能触碰表4-1中的某一种情况且同时满足三个条件，才不予处罚，此后如果第二次触碰表4-1中的情况，就必须受到处罚。

与此相适应，建议明确漏税的法律责任。漏税的法律责任可以表述为：对计算填写失误或对税法条款的理解偏差等非主观故意造成的漏税行为，可由税务机关约谈纳税人，通过必要的提示与辅导，引导纳税人自行纠正差错，首违不罚。但是，纳税人发生漏税行为两次及以上的，由税务机关追缴漏缴的税款，并处漏缴税款百分之二十以下的罚款。

在这方面，可以借鉴国外对于过失性未缴少缴税款法律责任的界定。如将过失性未缴少缴税款，区分为欺诈性、不诚实或抗拒性的不缴少缴税款；将过失性未缴少缴税款认定为较轻的违法行为，设定较轻的法律责任；等等。

德国税法中，对于未准确进行纳税申报和未全面提供与税收相关的信息资料，与作虚假申报或者有意遗漏涉税信息，有不同的行政处罚规定。《德国税法》第三百七十条还对税收犯罪作出规定，追究范围包括故意向财政管理机关或有关机关虚假说明或不全面说明与税收有关的现象，以及不使用税收标志和税收印章现象等，而不包含过失性未缴少缴税款（财政部税收制度国际比较课题组，2000）。

日本对于税收违法的法律责任，主要通过加算税来体现。纳税人过少申报的，按修正申报或更正的应补缴税额的一定比例征收加算税，一般情况下为补缴税款的10%；补缴税款数额超过50万日元的，超过部分按15%征收。纳税人在法定期间没有申报的，加算税比例为15%，但如果不知道税务机关要作出决定而主动补报的，则按5%征收。对于在纳税申报中存在有意隐瞒或作假行为的，征收重加算税，过少申报的重加算税比例为35%，未申报的重加算税比例为40%（财政部税收制度国际比较课题组，2000）。

### 4.4.4.3 完善税收守信激励与失信惩戒机制

在重新引入"漏税"概念之后，可能会出现这样的情况：有些纳税人不缴或者少缴税款，一旦被税务机关查处，马上声称是自己对税收法律条文认识有误或者对事实判断失误。为防止出现这种投机取巧的行为，必须进一步完善税收信用机制，包括守信激励与失信惩戒两个方面。

如果纳税人屡屡以漏税为由行偷（逃）税之实，税务机关就将其纳入税收违法"黑名单"，而且加强与联合惩戒成员单位的沟通与配合，形成"一处失信、处处受限"的信用惩戒大格局，通过政府强大的媒体平台实现信息共享，让失信企业"无所遁形"。

2014 年 7 月，国家税务总局发布《重大税收违法案件信息公布办法（试行）》，建立了我国税收违法"黑名单"公布制度。同年 12 月，国家税务总局等21 个部门联合签署《关于对重大税收违法案件当事人实施联合惩戒措施的合作备忘录》，标志着税收违法联合惩戒机制开始建立。

自 2015 年启动联合惩戒措施起，截至 2019 年 5 月，全国各级税务机关累计已依照规定向多部门推送 30.05 万户次税收违法失信信息，使相关当事人受到联合惩戒。其中，公安部门配合税务机关办理阻止出境 5675 人次，1.89 万名"黑名单"当事人被市场监管部门限制担任高管，1.94 万户次当事人被金融机构限制融资授信，25.65 万户次"黑名单"当事人在政府供应土地、检验检疫监督管理、政府采购活动、政府性资金支持等方面被有关部门采取限制性管理措施。

## 4.5 税款滞纳金不应超过税务机关所追缴的税款

2015 年 4 月 24 日第十二届全国人民代表大会常务委员会第十四次会议修正的《税收征收管理法》第三十二条规定，纳税人未按照规定期限缴纳税款的，扣缴义务人未按照规定期限解缴税款的，税务机关除责令限期缴纳外，从滞纳税款之日起，按日加收滞纳税款万分之五的滞纳金。

2012 年 1 月 1 日起实施的《中华人民共和国行政强制法》（简称《行政强制法》）第四十五条规定，行政机关依法作出金钱给付义务的行政决定，当事人逾期不履行的，行政机关可以依法加处罚款或者滞纳金。加处罚款或者滞纳金的标准应当告知当事人。加处罚款或者滞纳金的数额不得超出金钱给付义务的数额。

一些财务会计人员和税务工作人员认为，《行政强制法》与《税收征收管理法》在加收滞纳金的规定上出现了一定的冲突，甚至有人民法院对涉税案的判决出现了截然相反的结果。

### 4.5.1  模糊的边界

● **模糊地带 1   税务机关加收滞纳金是否可以不顾及《行政强制法》第四十五条的规定？**

2012 年 8 月 22 日，国家税务总局纳税服务司在网上就"征收税款加收滞纳金的金额能否超出税款本金"的问题答疑，明确答复：税收滞纳金的加收按照《税收征收管理法》执行，不适用行政强制法，不存在是否超出税款本金的问题。如滞纳金加收数据超过本金，按税收征收管理法的规定进行加收。于是，基层税务机关大多以此为依据加收税款滞纳金。

然而，在某些涉税案件中，由于纳税人自欠缴税款发生日至被税务机关查处日之间的时间跨度很长，从而产生了"天价"税款滞纳金现象，即税款滞纳金远远超过税款本身。如徐州市第六建筑安装工程公司不服松原市地方税务局税务行政复议案 [①]，松原市地税局稽查局作出的"松地税稽处（2013）5 号税务处理决定书"中，税款合计为 1067850.94 元，滞纳金为 1608813.95 元，滞纳金超出税款本金约 60 万元。

● **模糊地带 2   人民法院关于税款滞纳金的加收，是适用《行政强制法》还是适用《税收征收管理法》？**

在司法实践中，曾经出现有明显反差的判例。最为典型的是深圳市中级人民法院支持税款滞纳金的加收标准适用《税收征收管理法》；而广州市中级人民法院支持税款滞纳金的加收标准适用《行政强制法》，加收滞纳金的数额不应超出金钱给付义务的数额，即税款滞纳金不应超出税务机关所追缴的税款。

那么，人民法院对于税款滞纳金的加收，是适用《行政强制法》还是适用《税收征收管理法》？

---

① 参见吉林省松原市宁江区人民法院行政判决书（2015）（宁行初字第 56 号）。

## 4.5.2 引起的纠纷

### 4.5.2.1 纠纷事件的描述

◎ 案例 4-13　深圳高新区开发建设有限公司与深圳市南山区地税局的涉税
纠纷案 [1]

深圳高新区开发建设有限公司（简称"开发建设公司"）开发建设的深圳软件园（西区）9 ～ 14 栋房产，于 2008 年 3 月 19 日竣工，建成后专门用作从事高新技术研究及产品生产的场所。2013 年 5 月 16 日，开发建设公司向深圳市南山区地税局申请补办上述房产的房产税免税备案。

2013 年 5 月 27 日，南山区地税局对上述房产办理了自 2008 年 4 月 1 日至 2011 年 3 月 30 日三年期间的房产税免税备案，并要求原告补缴上述房产自 2011 年 4 月 1 日至 2013 年 3 月 31 日期间的房产税，并缴纳滞纳金及逾期申报罚款。

开发建设公司认为，未申报缴纳税款的原因是其从南山区地税局办税大厅获取的《深圳市地方税务局宣传资料之四——房产税》，该宣传资料载明的免税规定已于 2001 年 12 月 31 日截止，但编印时间是 2002 年 3 月。南山区地税局在免税规定截止后仍印发包含上述免税规定的宣传资料，这一错误的税收政策宣传与指导行为严重误导了开发建设公司对房产税的理解和执行，该行为也直接导致了开发建设公司逾期缴纳房产税的后果，属于税务机关的责任。

南山区地税局认为，依据《税收征收管理法实施细则》第八十条的规定，税务机关印发税收宣传资料的行为并不属于适用税收法律、行政法规的行为或者执法行为，因此，不存在税务机关适用税收法律、行政法规不当或者执法行为违法的问题。

深圳市中级人民法院审理后认为，涉案房产自 2008 年 4 月 1 日起已经产生纳税义务，涉案税收宣传资料的印制时间为 2002 年，宣传资料上免征房产税的相关规定，不应成为开发建设公司自 2011 年 4 月 1 日至 2013 年 3 月 31 日未按期缴纳税款的免责事由。南山区地税局征收开发建设公司涉案房产的滞纳金于法有据，依据《税收征收管理法》第三十二条的规定，从滞纳税款之日

---

[1]　参见广东省深圳市中级人民法院行政判决书（2014）（深中法行终字 196 号）。

起，按日加收滞纳税款万分之五的滞纳金。法院予以确认。

◎ 案例4-14 佛山市顺德区金冠涂料集团有限公司不服广东省国家税务局税收强制执行决定案[①]

2006年11月29日，广东省国家税务局稽查局向佛山市顺德区金冠涂料集团有限公司（简称"金冠集团"）作出"粤国税稽处（2006）1号税务处理决定书"，认定金冠集团在2002年1月至2003年7月期间设立内部账进行核算，开设账外银行账户收取货款，隐瞒销售收入，未向税务机关申报纳税。决定向金冠集团补征少缴的增值税1149862.61元，并对上述少缴的税款从滞纳之日起按日加收万分之五的滞纳金。

该决定于2006年11月30日向金冠集团送达，金冠集团未对该决定提起行政复议和行政诉讼。

2007年4月29日，佛山市三水区人民检察院以原告涉嫌偷税罪向三水区人民法院提起公诉。三水区人民法院作出判决，认定指控原告偷税证据不足、事实不清、程序违法，依法判决金冠公司无罪。在之后的二审中，佛山市中级人民法院维持了三水区人民法院的判决。至此，被告作出具体行政行为的事实和依据均被生效的判决书所推翻。

2012年6月20日，广东省国家税务局稽查局向金冠集团作出"粤国税稽通（2012）1号税务事项通知书"并于同日送达，告知金冠集团未按照广东省国家税务局稽查局"粤国税稽处（2006）1号税务处理决定书"的决定缴纳税款及滞纳金，依据《税收征收管理法》第四十条以及《税收征收管理法实施细则》第七十三条之规定，限原告于2012年6月27日前到相关银行缴纳广东省国家税务局稽查局"粤国税稽处（2006）1号税务处理决定书"规定的税款及滞纳金，并告知金冠集团有陈述、申辩的权利。

2012年11月29日，广东省国家税务局向金冠集团作出"粤国税稽强扣（2012）2号税收强制执行决定书"，主要内容为：根据《税收征收管理法》第四十条的规定，经广东省国家税务局局长批准，决定自2012年11月29日起，

---

① 参见广东省广州市中级人民法院行政判决决书（2013）（穗中法行初字第21号）。

从金冠集团在农行佛山顺德支行的存款账户中扣缴税款 2214.86 元和滞纳金 3763.04 元，合计 5977.90 元，并以涉嫌偷税罪将原告移送公安机关立案侦查。

2013 年，金冠集团不服广东省国家税务局作出的"税收强制执行决定书"，向广州市中级人民法院提起行政诉讼。2013 年 12 月 13 日，广州市中级人民法院作出一审判决，认为《行政强制法》第四十五条规定，行政机关依法作出金钱给付义务的行政决定，当事人逾期不履行的，行政机关可以依法加处罚款或者滞纳金。加处罚款或者滞纳金的标准应当告知当事人。加处罚款或者滞纳金的数额不得超出金钱给付义务的数额。该法自 2012 年 1 月 1 日起施行，被上诉人于 2012 年 11 月 29 日作出被诉税收强制执行决定应符合该法第四十五条的规定。被上诉人从原告的存款账户中扣缴税款 2214.86 元和滞纳金 3763.04 元，加收滞纳金的数额超出了金钱给付义务的数额，明显违反《行政强制法》的规定，应予以撤销。

从判决书可以看出，广州市中级人民法院认为金冠集团所涉税收滞纳金属于《行政强制法》规定的滞纳金，应适用该法第四十五条的规定。

### 4.5.2.2 对纠纷事件的点评

案例 4-13 中深圳高新区开发建设有限公司自 2011 年 4 月 1 日至 2013 年 3 月 31 日未按期缴纳税款，南山区地税局对涉案房产加收滞纳金，法律根据是《税收征收管理法》第三十二条，从滞纳税款之日起，按日加收滞纳税款万分之五的滞纳金。深圳市中级人民法院支持南山区地税局加收税款滞纳金适用《税收征收管理法》。

案例 4-14 中广东省国家税务局向金冠集团作出"税收强制执行决定书"，决定自 2012 年 11 月 29 日起，从金冠集团在农行佛山顺德支行的存款账户中扣缴税款 2214.86 元和滞纳金 3763.04 元。广州市中级人民法院认为，广东省国税局从金冠集团的存款账户中扣缴税款 2214.86 元和滞纳金 3763.04 元，加收滞纳金的数额超出了金钱给付义务的数额，明显违反《行政强制法》的规定，应予以撤销。

从表象看来，两个判例都涉及滞纳金。其实，案例 4-13 所涉及的是税款滞纳金，案例 4-14 所涉及的是强制执行滞纳金。两者本应有区别，但是，由于现行法律规范中，没有区分此"滞纳金"与彼"滞纳金"，导致性质上的混淆，从而使人们在认识上产生了模糊。

### 4.5.3 学理的探析

#### 4.5.3.1 税收滞纳金性质的厘定

税收滞纳金的性质是什么，学术界没有就此达成共识。以下几种观点具有代表性。

（1）经济补偿说。认为税收滞纳金是一种因占用国家财政资金而应支付的金钱给付之债，本质上是纳税人未依法按时履行义务的不良法律后果。

（2）利息说。认为税收滞纳金实质上类似于资金借贷的利息，纳税人未按时履行纳税义务，可以说是对本应属于国家财政资金的不法占有，在缴纳税款时，也应支付在不法占有期税款所发生的利息。并且税收滞纳金征收比例本身的设定就跟银行贷款利率形式上类似，延迟缴纳税款的期间也跟银行借贷或民间借贷的期间类似，因此税收滞纳金具有利息的性质。

（3）税收说。认为税收滞纳金就是滞纳税，是纳税人未依照法律规定的时限缴纳税款时需要承担的新的纳税义务。纳税人滞纳税款的行为，致使迟延缴纳的税款未在法律规定的时限内上缴至国库，是对国家税收支配权的一种直接的侵犯，并且已经出现了国家税收受到损害的结果，因此应当给予补偿，税收滞纳金在一定意义上是补偿性的附带税收。

（4）行政执行罚说。认为税收滞纳金是纳税人拒绝履行仅能由其本人履行的作为义务即缴纳税款的行为时，税务机关为了督促纳税人尽快完成其本应承担的履行缴纳税款的义务，才对其进行处以新的金钱给付义务。加收滞纳金在本质上属于行政强制行为。

（5）行政处罚说。认为按日加收万分之五的税收滞纳金，其加收比例相当于高达 18.25% 的年利率，比银行贷款年利率高出很多，具有明显的惩罚性，对滞纳金的征收可等同于罚款，实质上属于行政处罚的范畴。

法律上有"一事不再罚"原则，即对违法行为人的同一个违法行为，不得以同一事实和同一依据，给予两次或者两次以上的处罚。如果认为税收滞纳金是一种制裁，那就违背了"一事不再罚"的行政处罚原则。《行政处罚法》第二十四条规定，对当事人的同一个违法行为，不得给予两次以上罚款的行政处罚。第八条规定的行政处罚种类包括：①警告；②罚款；③没收违法所得、没收非法财物；④责令停产停业；⑤暂扣或者吊销许可证、暂扣或者吊销执照；⑥行政拘留；⑦法律、行政法规规定的其他行政处罚。

《税收征收管理法》第三十二条规定，纳税人未按照规定期限缴纳税款的，扣缴义务人未按照规定期限解缴税款的，税务机关除责令限期缴纳外，从滞纳税款之日起，按日加收滞纳税款万分之五的滞纳金。第六十二条规定，纳税人未按照规定的期限办理纳税申报和报送纳税资料的，或者扣缴义务人未按照规定的期限向税务机关报送代扣代缴、代收代缴税款报告表和有关资料的，由税务机关责令限期改正，可以处二千元以下的罚款；情节严重的，可以处二千元以上一万元以下的罚款。显然，如果滞纳金的本质是行政处罚，那么同一行为在加收滞纳金之后，不能再处以罚款或其他行政处罚，否则就有违"一事不再罚"的原则。

话又说回来，税收滞纳金是否带有处罚的性质，还要联系不同类别的滞纳金进行具体分析。在《税收征收管理法》（2015年修订）中，六个条款中共有10处出现了"滞纳金"字样，但是，有的条款落在第三章"税款征收"中，有的条款落在第五章"法律责任"中（见表4-2）。

表4-2 《税收征收管理法》涉及滞纳金的条款

| 法条 | 内容 | 解读 |
|---|---|---|
| 第三十二条 | 纳税人未按照规定期限缴纳税款的，扣缴义务人未按照规定期限解缴税款的，税务机关除责令限期缴纳外，从滞纳税款之日起，按日加收滞纳税款万分之五的滞纳金 | 在"第三章"税款征收"中 |
| 第五十二条 | 因税务机关的责任，致使纳税人、扣缴义务人未缴或者少缴税款的，税务机关在三年内可以要求纳税人、扣缴义务人补缴税款，但是不得加收滞纳金。因纳税人、扣缴义务人计算错误等失误，未缴或者少缴税款的，税务机关在三年内可以追征税款、滞纳金；有特殊情况的，追征期可以延长到五年。对偷税、抗税、骗税的，税务机关追征其未缴或者少缴的税款、滞纳金或者所骗取的税款，不受前款规定期限的限制 | 在"第三章"税款征收"中 |
| 第六十三条 | 纳税人伪造、变造、隐匿、擅自销毁账簿、记账凭证，或者在账簿上多列支出或者不列、少列收入，或者经税务机关通知申报而拒不申报或者进行虚假的纳税申报，不缴或者少缴应纳税款的，是偷税。对纳税人偷税的，由税务机关追缴其不缴或者少缴的税款、滞纳金，并处不缴或者少缴的税款百分之五十以上五倍以下的罚款；构成犯罪的，依法追究刑事责任。扣缴义务人采取前款所列手段，不缴或者少缴已扣、已收税款，由税务机关追缴其不缴或者少缴的税款、滞纳金，并处不缴或者少缴的税款百分之五十以上五倍以下的罚款；构成犯罪的，依法追究刑事责任 | 在"第五章"法律责任"中 |

| 法条 | 内容 | 解读 |
|---|---|---|
| 第六十四条 | 纳税人、扣缴义务人编造虚假计税依据的,由税务机关责令限期改正,并处五万元以下的罚款。纳税人不进行纳税申报,不缴或者少缴应纳税款的,由税务机关追缴其不缴或者少缴的税款、滞纳金,并处不缴或者少缴的税款百分之五十以上五倍以下的罚款 | 在"第五章"法律责任"中 |
| 第六十五条 | 纳税人欠缴应纳税款,采取转移或者隐匿财产的手段,妨碍税务机关追缴欠缴的税款的,由税务机关追缴欠缴的税款、滞纳金,并处欠缴税款百分之五十以上五倍以下的罚款;构成犯罪的,依法追究刑事责任 | |
| 第六十七条 | 以暴力、威胁方法拒不缴纳税款的,是抗税,除由税务机关追缴其拒缴的税款、滞纳金外,依法追究刑事责任。情节轻微,未构成犯罪的,由税务机关追缴其拒缴的税款、滞纳金,并处拒缴税款一倍以上五倍以下的罚款 | |

从表4-2看,第五十二条第二款是指因纳税人的计算错误等失误导致未缴或少缴税款应当缴纳滞纳金,但受时效的限制;第三款强调偷税、骗税、抗税的追缴不受时效的限制。第六十三条是指偷税和扣缴义务人采取偷税同样的方式不予缴纳已扣、已收税款的情况。第六十四条第二款是指纳税人应当进行纳税申报而不进行纳税申报的情况。第六十五条是指逃避追缴欠税的情况。第六十七条是指抗税的情况。

在法律上,执行罚和行政处罚是两个不同的概念。执行罚是行政强制执行的一种方法,它是以加收强制金的形式促使当事人履行义务;行政处罚是指行政机关或其他行政主体依照法定权限和程序对违反行政法规范尚未构成犯罪的相对方给予行政制裁的具体行政行为(见表4-3)。

表4-3 执行罚和行政处罚的区别

| | 执行罚 | 行政处罚 |
|---|---|---|
| 法律性质 | 引起执行罚的行为不具有严格意义上的违法性,它是防止违法行为发生的惩戒措施 | 是以相对方的违法行为为前提的,没有相对方的违法行为,就不能给予行政处罚 |
| 目的 | 是为了促使相对方在法定期限内履行法定义务,处以执行罚以后,相对方仍要继续或开始履行义务 | 是对已经违反了法定义务的行为实施的制裁,目的是惩罚、教育行政违法行为人,制止和预防行政违法行为 |

结合执行罚和行政处罚的差异去分析，如今的税收滞纳金也可以分为两类，即执行罚意义上的滞纳金和行政处罚意义上的滞纳金。

（1）执行罚意义上的滞纳金

执行罚意义上的滞纳金是一种督促手段，通过不断增加金钱给付义务，敦促当事人履行纳税义务，属于惩戒措施。

滞纳是指不能在税法规定的缴纳期限内缴纳。税收法律规范要求纳税人必须在某月某日前缴清一定数额的税款，如果没有及时缴清，拖了几天才缴清，那就意味着占用国家财政资金几天，除了还本之外，必须支付利息。但是，按日加收万分之五的滞纳金，相当于按年加收18.25%的利息，达到了银行同期贷款利息的好几倍。明显偏高的原因是，纳税人未经同意擅自占用了财政资金。可见，滞纳金有利息的性质，也有执行罚的性质。

纳税人不按期缴纳税款或者扣缴义务人不按期解缴税款，税务机关都要责令其限期缴纳。如果过期仍不缴纳，税务机关对纳税人及扣缴义务人给予一定的惩戒，以避免其占用国家税款。这一做法符合执行罚的构成要件。

（2）行政处罚意义上的滞纳金

如果纳税人发生故意拖欠税款及偷税、抗税等行为，税务机关加收滞纳金就带有行政处罚的性质，应适用《行政强制法》第四十五条的规定，即滞纳金的数额不得超出金钱给付义务的数额。

从《税收征收管理法》看，滞纳金包括：第六十三条纳税人偷税行为引起的滞纳金，扣缴义务人不缴或者少缴已扣、已收税款行为引起的滞纳金；第六十四条纳税人不进行纳税申报，不缴或者少缴应纳税款引起的滞纳金；第六十五条纳税人欠缴应纳税款，采取转移或者隐匿财产的手段，妨碍税务机关追缴欠缴的税款行为引起的滞纳金；第六十七条以暴力、威胁方法拒不缴纳税款的抗税行为引起的滞纳金。

可见，同为税务机关加收的税收滞纳金，其实在性质上不完全相同。

### 4.5.3.2　行政强制法与税收征收管理法的关系

（1）《税收征收管理法》第三十二条与《行政强制法》第四十五条第二款之间不存在冲突。

从《税收征收管理法》第三十二条的规定看，税款滞纳金数额的计算取决于三个要件：税款、比率（即按日万分之五）、滞纳天数。《税收征收管理法》第三十二条只规定了前两个要件，对滞纳天数只规定了起算时间，但并未规定截止日期。因此，仅依据《税收征收管理法》第三十二条是无法计算出税款滞纳金具体数额的。

《行政强制法》第四十五条第二款规定，加处罚款或者滞纳金的数额不得超出金钱给付义务的数额。即税款滞纳金≤税款，由此可推导出滞纳天数≤2000天。这一时间限定与《税收征收管理法》第三十二条的规定并不存在冲突。

（2）《行政强制法》第四十五条与《税收征收管理法实施细则》第七十五条、《国家税务总局关于贯彻〈中华人民共和国税收征收管理法〉及其实施细则若干具体问题的通知》（国税发〔2003〕47号）第五条规定的关系问题。

根据《税收征收管理法》第三十二条及《行政强制法》第四十五条第二款的规定，可推导出滞纳天数不超过2000天。而《税收征收管理法实施细则》第七十五条、《国家税务总局关于贯彻〈中华人民共和国税收征收管理法〉及其实施细则若干具体问题的通知》（国税发〔2003〕47号）第五条规定计算的滞纳天数有可能超过2000天。看起来，《行政强制法》第四十五条第二款的规定与《税收征管法实施细则》第七十五条、《国家税务总局关于贯彻〈中华人民共和国税收征收管理法〉及其实施细则若干具体问题的通知》（国税发〔2003〕47号）第五条的规定存在一定的冲突，实际上要分不同情况进行考量。

第一，税款滞纳天数≤2000天。根据《税收征收管理法实施细则》第七十五条、《国家税务总局关于贯彻〈中华人民共和国税收征收管理法〉及其实施细则若干具体问题的通知》（国税发〔2003〕47号）第五条规定计算的税款滞纳金，同时符合《行政强制法》第四十五条第二款的规定，不存在冲突。

第二，税款滞纳天数＞2000天。根据《税收征收管理法实施细则》第七十五条、《国家税务总局关于贯彻〈中华人民共和国税收征收管理法〉及其实施细则若干具体问题的通知》（国税发〔2003〕47号）第五条规定计算的税款滞纳金数额超过《行政强制法》第四十五条第二款规定限额，即发生了冲突。

不同效力形式的规范性法律文件之间是有效力等级划分的。"上位法优于下位法"意味着，下位法与上位法相冲突时，以上位法为据，不再适用下位法。

《中华人民共和国立法法》(简称《立法法》)第八十八条第一款规定:"法律的效力高于行政法规、地方性法规、规章。"

《行政强制法》作为法律,其效力高于作为行政法规的《税收征收管理法实施细则》和作为规章的《国家税务总局关于贯彻〈中华人民共和国税收征收管理法〉及其实施细则若干具体问题的通知》(国税发〔2003〕47号),当《行政强制法》第四十五条第二款的规定与《税收征收管理法实施细则》第七十五条、《国家税务总局关于贯彻〈中华人民共和国税收征收管理法〉及其实施细则若干具体问题的通知》(国税发〔2003〕47号)第五条的规定发生冲突时,应适用《行政强制法》第四十五条第二款的规定,即税款滞纳金数额不超过税款本金。

### 4.5.4 明确的界定

#### 4.5.4.1 区分"税款滞纳金"与"行政强制执行滞纳金"

理论界和实务界对国家税务局总局纳税服务司于2012年8月22日就"征收税款加收滞纳金的金额能否超出税款本金"问题的答疑颇有微词,究其根源,是因为目前税收法律规范中的"滞纳金"一词,其含义是模糊不清的。如前所述,《税收征收管理法》的六个条款中共有10处出现了"滞纳金"字样,写入第三章"税款征收"中的滞纳金与写入第五章"法律责任"中的滞纳金,字面表达相同,其实性质不一。前者是税款滞纳金,后者是行政强制执行滞纳金。

从法律角度看,税款滞纳金征缴决定不属于行政强制措施。行政强制措施必须符合两个法律要件:一是行政强制措施属于暂时性措施,随着案件情况的变化会发生变化;二是行政强制措施体现了对人或者物的直接控制和支配。

税收滞纳金征缴决定不符合上述两个特征。首先,税收滞纳金是在税务处理决定书上确定的,税务机关必须在查清滞纳税款的金额和滞纳期间后才能够依法确定。一旦确定,非经法定程序不得变更。其次,滞纳金体现的并非直接的控制和支配。税务机关只是限定期限要求纳税人缴纳,而并不对纳税人特定的财物予以控制和支配。因此,不能将税收滞纳金征缴决定认定为是行政强制措施。

在税务机关作出的税收滞纳金征缴决定与海关作出的税收滞纳金征缴决定上,也体现出这样的差异。

《中华人民共和国海关法》第六十条规定，进出口货物的纳税义务人，应当自海关填发税款缴款书之日起十五日内缴纳税款；逾期缴纳的，由海关征缴滞纳金。纳税义务人、担保人超过三个月仍未缴纳的，经直属海关关长或者其授权的隶属海关关长批准，海关可以采取下列强制措施：①书面通知其开户银行或者其他金融机构从其存款中扣缴税款；②将应税货物依法变卖，以变卖所得抵缴税款；③扣留并依法变卖其价值相当于应纳税款的货物或者其他财产，以变卖所得抵缴税款。海关采取强制措施时，对前款所列纳税义务人、担保人未缴纳的滞纳金同时强制执行。进出境物品的纳税义务人，应当在物品放行前缴纳税款。

《中华人民共和国进出口关税条例》第三十七条第一款规定，纳税义务人应当自海关填发税款缴款书之日起十五日内向指定银行缴纳税款。纳税义务人未按期缴纳税款的，从滞纳税款之日起，按日加收滞纳税款万分之五的滞纳金。

海关与税务机关在滞纳金征缴方面存在的区别（见表4-4）。

表4-4　海关滞纳金征缴决定与税务机关滞纳金征缴决定的区别

| 项目 | 海关 | 税务机关 |
|---|---|---|
| 与税款的征缴是否具有同步性 | 征缴滞纳金后于税款，以纳税人不履行在先的纳税决定为前提条件 | 在征缴税款的同时征缴滞纳金，不以纳税人不履行在先的纳税决定为前提条件 |
| 是否享有减免的权力 | 对于滞纳金享有减免的权力，是否减免滞纳金需考虑滞纳税款的原因以及纳税人的主观过错等因素[①] | 在征缴滞纳金时并不考虑纳税人滞纳税款的原因以及主观过错。只要出现了税法中所规定的情况，就必须加收滞纳金，一般无权决定处罚与否或改变处罚的数额 |
| 征缴对象不同 | 可以向纳税人以外的当事人征缴滞纳金。如在《海关总署关税征管司关于黄埔海关网上支付担保产生滞纳金问题的复函》中，海关总署税收征管司认为第三方的银行应当承担支付滞纳金的义务 | 只能向纳税人或者法定的扣缴义务人征缴滞纳金，税务机关无权在纳税人或者法定的扣缴义务人之外视案件情况确定滞纳金的支付主体 |

注：①参见《海关总署关于印发〈海关税款滞纳金减免暂行规定〉的通知》（署税发〔2012〕437号）及《海关总署公告2015年第27号——关于明确税款滞纳金减免相关事宜的公告》。

表4-4中的三点区别，根源于海关滞纳金征缴决定与税务机关滞纳金征缴决定在性质上的区别。因为海关滞纳金征缴决定属于行政强制，海关因此根据

案件情况在强制执行力度和对象上拥有一定的自由裁量权；而税务机关的滞纳金征缴决定则属于行政决定，内容和对象完全取决于法律的规定，税务机关无任何自由裁量权。

如果把税款滞纳金与行政强制滞纳金分开来，就可以帮助澄清人们在滞纳金性质上的模糊认识，使得税务机关在税收执法时有明确的依据（见图4-3）。

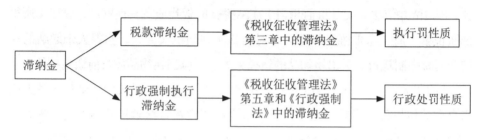

图4-3 拆解"滞纳金"的设想

概括起来，税款滞纳金与行政强制执行滞纳金之间存在以下几点区别。

（1）加收的法律依据不同。税款滞纳金的加收依据是《税收征收管理法》第三十二条、第五十二条。行政强制执行滞纳金的加收依据是《税收征收管理法》第六十三条、第六十四条、第六十五条、第六十七条，以及《行政强制法》第四十五条。

（2）加收的条件不同。税款滞纳金的加收条件是纳税人发生纳税义务后未照规定期限缴纳税款；行政强制执行滞纳金的加收条件是行政机关作出金钱给付义务决定后，义务人未按期履行。因此，税款滞纳金的加收前提是纳税人未履行纳税的法定义务，行政强制滞纳金的加收前提是义务人未履行行政机关的行政决定中规定的义务。

（3）加收的起止期限不同。税款滞纳金的起止时间为税收法律、税收法规和税收规章所确定的税款缴纳期限届满次日起至纳税人、扣缴义务人实际缴纳或者解缴税款之日止。行政强制执行滞纳金是从行政机关作出金钱给付义务的行政决定要求履行的期限届满开始到义务人实际履行完毕金钱给付义务为止，但滞纳金的数额不得超出金钱给付义务的数额。

### 4.5.4.2 "税款滞纳金"已经包含了"税收利息"

2015年，国务院法制办公室将国家税务总局、财政部起草的《中华人民共和国税收征收管理法修订草案（征求意见稿）》及其说明全文公布，征求社会各界意见。"征求意见稿"第五十九条规定，纳税人未按照规定期限缴纳税款的，扣缴义务人未按照规定期限解缴税款的，按日加计税收利息。利率由国务院结合人民币贷款基准利率和市场借贷利率的合理水平综合确定，以与行政强制法中的滞纳金相区别。第六十七条规定，纳税人逾期不履行税务机关依法作出征收税款决定的，自期限届满之日起，按照税款的千分之五按日加收滞纳金。引入"税收利息"概念的目的是，可以明确区分税收利息和滞纳金，将税收征管法中的税款滞纳金与行政强制法中的滞纳金明确区分开来，以免造成法律适用上的混乱。① 然而，"税收利息"的概念并没有出现在 2015 年修订后的《税收征收管理法》中。

笔者猜测，引入"税收利息"概念的建议没有被采纳，是立法机关担心产生新的模糊。因为《税收征收管理法》第三十二条、第五十二条的滞纳金有利息的含义，但又不完全是利息，除了利息的成分外，还有执行罚的色彩。而将税款滞纳金与行政强制滞纳金分开，这样可以消除模糊性。

举例来说，倘若纳税人纳税申报后正欲缴纳税款，突然遭遇天灾导致纳税人根本无力按时缴纳税款，也无法去办理减免税申请，此时应当加收税款滞纳金。而如果纳税人"采取转移或者隐匿财产的手段，妨碍税务机关追缴欠缴的税款"，此时应当加收行政强制滞纳金。

2019 年 12 月 12 日，国家税务总局发布《国家税务总局关于税收征管若干事项的公告》（国家税务总局公告 2019 年第 48 号）称，"（二）本条所称欠税，是指依照《欠税公告办法（试行）》（国家税务总局令第 9 号公布，第 44 号修改）第三条、第十三条规定认定的，纳税人、扣缴义务人、纳税担保人超过税收法律、行政法规规定的期限或者超过税务机关依照税收法律、行政法规规定确定的纳税期限未缴纳的税款。"显然，这种情况下也应当加收税款滞纳金。

另外，"国家税务总局公告 2019 年第 48 号"取消欠税与滞纳金的"配比"缴纳要求。这一规定，使得税款滞纳金的边界更加明晰。

按照以往的规定，纳税人缴纳欠税时必须以"配比"的办法同时清缴税款

---

① 参见 2015 年 1 月 5 日国务院法制办公室公布的《关于〈中华人民共和国税收征收管理法修订草案（征求意见稿）〉的说明》第四条。

和相应的滞纳金，不得将欠税和滞纳金分离处理。例如，A 公司产生欠税 200 万元、滞纳金 40 万元，若 A 公司筹集 120 万元用于清缴欠税，根据"配比"要求，此 120 万元中用以缴纳税款的部分为 100 万元、用以缴纳滞纳金的部分为 20 万元。此次"清欠"后，A 公司还有欠税 100 万元、滞纳金 20 万元，并按 100 万元欠税为基数继续按日加收万分之五的滞纳金。

"国家税务总局公告 2019 年第 48 号"对纳税人、扣缴义务人、纳税担保人应缴纳的欠税及滞纳金不再要求按"配比"缴纳，可以先行缴纳欠税，再依法缴纳滞纳金。上例中 A 公司可以先将 120 万元全部用以缴纳税款，这样"清欠"后 A 公司还有欠税 80 万元、滞纳金 40 万元，并按 80 万元为基数继续按日加收万分之五的滞纳金。

# 5

# 税收执法的模糊性与明确性

## 5.1  以"三流一致"为前提的进项税额抵扣

在税收实务中，"三流一致"与否往往成为税务稽查案件和涉税刑事案件中，税务机关和公安机关判定当事人是否构成虚开增值税专用发票行为的主要依据之一。但是，从实际情况看，问题没有那么简单。这其中忽略了一个重要的环节，即"支付"。一味地强调"三流一致"，就会把支付方式限定得太窄，与实际交易行为不符。

### 5.1.1  模糊的边界

"三流一致"是指在商品、劳务等的购销活动中，货物（含劳务，下同）流、资金流、发票流应该一致。无论是货物流、资金流还是发票流，都有对应的行为主体，即货物流中的销售方和购买方，资金流中的收款方和付款方，发票流中的开票方和受票方。"三流一致"就是销售方、收款方和开票方为同一主体；购买方、付款方和受票方为同一主体（见图5-1）。

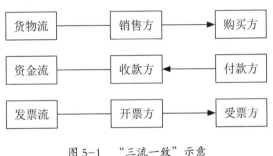

图5-1  "三流一致"示意

● 模糊地带 1 "三流一致"是不是以进项税额抵扣销项税额的必备条件？

"三流一致"的规定最早出现在《国家税务总局关于加强增值税征收管理若干问题的通知》(国税发〔1995〕192号)，该文第一条第（三）款规定，购进货物或应税劳务支付货款、劳务费用的对象。纳税人购进货物或应税劳务，支付运输费用，所支付款项的单位，必须与开具抵扣凭证的销货单位、提供劳务的单位一致，才能够申报抵扣进项税额，否则不予抵扣。

根据上述条款，收款方、开票方、销售方三者必须一致方可抵扣进项税额。但对于付款方、受票方、购货方要怎么理解呢？

第一种理解：收款方必须与增值税发票的开具方一致。即只要实际收到价款的一方是开具增值税专用发票的销货单位，那么，接受增值税专票的购买方就可以抵扣进项税额。至于款项是购买方支付，还是委托其他单位或个人支付，不影响购买方进项税额的抵扣。

第二种理解：付款方必须与增值税专用发票中注明的购买方一致。即货物、劳务的购买方要抵扣增值税进项税额，必须是自己支付款项，如果不是其自己支付，导致名义上支付款项的主体和增值税专用发票中注明的购买方不一致，那么，取得增值税专用发票的购买方则不能抵扣进项税额。

● 模糊地带 2 在"三流不一致"的情况下，能否按照实质重于形式的原则进行税务处理？

在实践中，很多真实的交易业务都有"三流不一致"的表象，但并不是虚假业务，而是新颖的支付方式、特殊的交易事项等原因所造成的。

（1）居间交易行为

居间交易是指在商品流通中，专门为买卖双方提供介绍性或信托性服务并收取一定手续费的交易方式。居间交易涉及三个主体，即出卖方、购买方和居间人。假设出卖方有一批货物待售，与居间人签订居间合同，由居间人寻找购买方，并促成交易，后由居间人拿到货款支付给出卖方，出卖方交付货物给购买方并开具增值税专用发票，双方交易完成。但是，增值税专用发票的开具与货款的流向不符，涉嫌构成虚开增值税专用发票罪。

上述交易中存在着双重的法律关系，即出卖方与购买方的买卖合同关系和出卖方与居间人的居间合同关系。事实上，居间人的作用是促成出卖方与购买方的货物交易，在其中扮演着联络人的角色。居间人在合同规定的范围内，促成出卖方与购买方的货物交易行为，其后果应由出卖方承担。因此，出卖方开具增值税专用发票给购买方的行为不属于虚开增值税专用发票的情形。

（2）"先卖后买"的行为

所谓"先卖后买"，是指行为人将货物销售给下家在前，从上家购买货物在后。在这种交易中，为了节约成本，货物并不通过"上家—行为人—下家"的运输路径，行为人往往会让上家直接把货物运输到下家指定的地方，由此造成货物流的不一致。这样的情况行为人接受或者开具增值税专用发票是否属于虚开？

根据《国家税务总局关于纳税人对外开具增值税专用发票有关问题的公告》（国家税务总局公告2014年第39号）的规定，纳税人通过虚增增值税进项税额偷逃税款，但对外开具增值税专用发票同时符合以下情形的，不属于对外虚开增值税专用发票：①纳税人向受票方纳税人销售了货物，或者提供了增值税应税劳务、应税服务；②纳税人向受票方纳税人收取了所销售货物、所提供应税劳务或者应税服务的款项，或者取得了索取销售款项的凭据；③纳税人按规定向受票方纳税人开具的增值税专用发票相关内容，与所销售货物、所提供应税劳务或者应税服务相符，且该增值税专用发票是纳税人合法取得、并以自己名义开具的。受票方纳税人取得的符合上述情形的增值税专用发票，可以作为增值税扣税凭证抵扣进项税额。因此，同时符合以上三种情形的"先卖后买"行为并不属于虚开增值税专用发票。

（3）挂靠经营的行为

挂靠经营是指企业、合伙组织、个体户或者自然人与另外的一个经营主体达成协议，挂靠方以被挂靠方的名义对外从事经营活动，被挂靠方提供资质、技术、管理等服务，并定期向挂靠方收取一定的费用。

以挂靠方式开展经营活动在社会经济生活中普遍存在，那么，以挂靠方式经营并开具或接受增值税专用发票是否属于虚开？这种情况需要视情况不同而分别处理。挂靠分为实质挂靠和形式挂靠两种情况："实质挂靠"主要是指挂靠方以被挂靠方名义，向受票方纳税人销售货物、提供增值税应税劳务或者应税服务，被挂靠方为纳税人，向受票方开具增值税专用发票，并收取款项、取得索取销售款项的凭据；"名义挂靠"主要是指挂靠方以自己名义向受票方纳税人销售货物、提供增值税应税劳务或者应税服务，由挂靠方自行收取款项、取得索取销售款项的凭据。上述两种挂靠形式，只有实质挂靠才符合"国家税务总局公告 2014 年第 39 号"的规定，形式挂靠则不属于。

此外，根据《最高人民法院研究室〈关于如何认定以"挂靠"有关公司名义实施经营活动并让有关公司为自己虚开增值税专用发票行为的性质〉征求意见的复函》（法研〔2015〕58 号）第一条的规定，挂靠方以挂靠形式向受票方实际销售货物，被挂靠方向受票方开具增值税专用发票的，不属于《刑法》第二百零五条规定的"虚开增值税专用发票"。此处所说的挂靠也是指实质挂靠。

## 5.1.2　引起的纠纷

### 5.1.2.1　纠纷事件的描述

◎ 案例 5-1　甲公司取得的进项税额因发票流与资金流不一致未被允许抵扣案

甲公司是一家风电设备制造商，乙公司是一家风电设备元件制造商，丙公司也是一家与生产风电设备元件相关的企业。乙公司是甲公司的供应商，而丙公司是乙公司的供应商，并且丙公司有应收乙公司的货款还未收回。2012 年 2 月 27 日，在甲公司向乙公司的采购业务中，甲、乙、丙三家公司签订三方抵债协议，在甲公司应支付给乙公司的货款中，2376.03 万元直接支付给丙公司以抵偿乙公司所欠丙公司货款，450.75 万元支付给乙公司；而增值税专用发票由乙公司开具给甲公司。

在甲公司取得该发票并认证抵扣后，国税局稽查局认为在上述交易中，发票流和资金流不一致，不符合相关规定，因此，所取得的增值税专用发票不能抵扣，要求甲公司就取得的该增值税专用发票在财务上作进项税额转出处理，同时要求甲公司补缴已抵扣的税款及滞纳金共 462.66 万元。

甲公司认为，税务机关的认定太过机械、死板，表示不能接受这样的税务处理决定。

◎ **案例 5-2　有指标无煤炭的 B 公司未构成虚开增值税专用发票罪案**

A 公司是一家煤炭生产企业，根据国家相关规定，煤炭企业销售煤炭有指标限制，A 公司为了把自己生产的煤炭全部对外销售，就找到了另外一家有指标但已无煤炭生产能力的 B 公司，由 A 公司对外销售煤炭，而由 B 公司对外开具增值税专用发票，并且 B 公司在开具增值税专用发票后，也依法进行了纳税申报，缴纳了增值税，并且同时进行了收入确认。因此，检察机关以 A 公司、B 公司及其主要负责人等虚开增值税发票罪向法院提起公诉。

但最终，一审法院和二审法院都没有判处相关当事人构成虚开增值税专用发票罪。二审法院在裁判文书中说，上述开具增值税专用发票的行为虽与实际交易行为不符，但行为人主观上没有偷逃国家税款的目的，而是为了促成超产煤炭的外销，根据销售煤炭数量如实向国家上缴了增值税和相关规费，即使在下一销售环节将增值税发票进行抵扣，客观上也不会造成国家税款流失。因此，原审被告人主观上没有偷逃国家税款的目的，客观上没有造成国家税款流失，不具有危害国家税收征管的严重社会危害性，不应构成虚开增值税专用发票罪。

◎ **案例 5-3　有"债权转让协议"的 A 公司仍可抵扣进项税额案**

A 公司是一家制鞋厂，2016 年 5 月从 B 公司购买鞋底，双方约定价款 20 万元，且 B 公司须开具增值税专用发票。货物已验收入库，合同约定当月 31 日前支付货款。后来 B 公司在生产经营过程中出了问题，账户被冻结。6 月初，B 公司提出将债权转移给 C 公司，并向 A 公司提供了"债权转让协议"。A 公司担心，发票流、货物流与资金流的不一致，会导致进项税额不能抵扣销项税额。

从表象看，本案中资金的支付流向与发票的开票方和货物的销售方不符。根据《国家税务总局关于加强增值税征收管理若干问题的通知》（国税发〔1995〕192 号）的规定，A 公司取得的是"三流不一致"发票，虽有"债权转让协议"可以证明开票和最终收款方之间存在债权转移，但也不得抵扣进项税额。

但是，符合《国家税务总局关于纳税人对外开具增值税专用发票有关问题的公告》（国家税务总局公告 2014 年第 39 号）不属于对外虚开增值税专用发票情形的（详见前述三种情形），受票方纳税人取得的增值税专用发票，可以作为增值税扣税凭证抵扣进项税额。

值得关注的是第二个必要条件，除"向受票方纳税人收取款项"之外，还包括了"取得索取销售款项的凭据"的情形。所谓"索取销售款项的凭据"是指能证明已经按合同约定履行义务的商事凭证，除了发票，还包括其他商事凭证，如对方的入库验收单、货款结算单等，说明已将货物交到对方，所有权已发生转移。因此，只要能证明开票方对销售方享有到期债权，就满足"国家税务总局公告2014年第39号"中"取得索取销售款项的凭据"这一条件。

具体到本案，A公司从B公司购买货物，B公司与C公司签订"债权转让协议"，该协议的内容是B公司向第三人C公司转移对A公司的到期债权，因此足以证明受票方A公司从开票方B公司"取得了索取销售款项的凭据"，B公司与A公司之间债权债务关系的方向与发票的流向是一致的。在满足"国家税务总局公告2014年第39号"其他两项条件，即发票流、货物流一致的情况下，不属于虚开的增值税专用发票，A公司可以抵扣进项税额。

### 5.1.2.2 对纠纷事件的点评

如果认为收款方、开票方、销售方三者必须一致，那么付款方、受票方、购货方也需要保持一致。这其中有一个重要的环节被忽视了，就是"支付"。

对于资金流的把控，税务机关一般都是看账户，要求公司对公账户支付到收款方账户，即货款转账支付必须出自购货方对公账户，点对点直接转入销售方对公账户；货款现金支付，必须从购货方人员手中直接交付到销售方人员手中。这样就把支付方式限定得太窄，与实际交易不符。

通过公司账户直接支付是一种方式，但在实际交易中，个人垫付公司"报销"、非货币资产偿债、抵账等其他支付方式也很常见，最终支付方都是购买方企业，难道就不能抵扣吗？购货方是否有能力判断销售方的收款账户是否是其公司的账户？

案例5-1就属于典型的因"三流不一致"而不被允许以进项税额抵扣销项税额的情形。案例5-2中一审、二审法院比较开明，均认为被告人主观上没有偷逃国家税款目的，客观上没有造成国家税款流失，不具有危害国家税收征管的严重社会危害性，不应构成虚开增值税专用发票罪。案例5-3中资金的支付流向与发票的开票方和货物的销售方不符，但是，受票方 A 公司从开票方 B 公司"取得了索取销售款项的凭据"，即在发票流、货物流一致的情况下，A 公司仍可以抵扣进项税额。这一点足以说明，"国家税务总局公告 2014 年第 39 号公告"是与时俱进的。

### 5.1.3　学理的探析

#### 5.1.3.1　"三流一致"不应成为进项税抵扣销项税的必备条件

1996 年 11 月 15 日，国家税务总局转发了《最高人民法院关于适用〈全国人民代表大会常务委员会关于惩治虚开、伪造和非法出售增值税专用发票犯罪的决定〉的若干问题的解释》的通知（国税发〔1996〕210 号），其中第一条规定，具有下列行为之一的，属于"虚开增值税专用发票"：①没有货物购销或者没有提供或接受应税劳务而为他人、为自己、让他人为自己、介绍他人开具增值税专用发票。②有货物购销或者提供或接受了应税劳务但为他人、为自己、让他人为自己、介绍他人开具数量或者金额不实的增值税专用发票。③进行了实际经营活动，但让他人为自己代开增值税专用发票。

"三流不一致"就构成虚开增值税专用发票吗？不能这样断定，因为有可能"三流不一致"，交易却是真实的。具体有以下几种情况。

（1）集中付款

M 总公司实行集中支付模式，所有分公司采购货物和劳务，款项集中由 M 总公司支付。此时，A 公司将货物、劳务销售给分公司，增值税专用发票开具给分公司。但款项是由其 M 总公司直接支付给 A 公司（见图 5-2）。

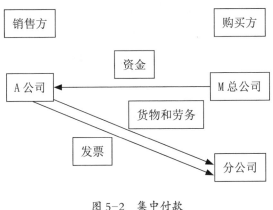

图 5-2　集中付款

这种情况就不属于"国税发〔1995〕192号"文所说的"三流不一致"。由于最终取得款项的主体A和销售货物、劳务且开具增值税专用发票的主体A是完全一致的。因此，分公司可以正常抵扣进项税。

（2）集中收款

A公司是N公司的全资子公司。A公司销售货物、劳务并开具发票给B公司。但B公司根据要求直接把款项支付给N公司（见图5-3）。

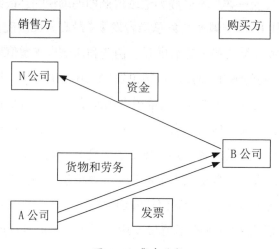

图5-3　集中收款

这种情况，如果严格对照"国税发〔1995〕192号"文，属于"所支付款项的单位与销售货物、提供劳务并开具增值税专用发票单位不一致"的情况。但是，B公司取得的由A公司开具的增值税专用发票进项税额是否就不能抵扣呢？要看N公司凭什么要求B公司直接把款项支付给它，也即N公司与A公司之间是否存在合理的债权债务关系，如果是，应该可以抵扣进项税额。

（3）委托付款

A公司销售货物、劳务给B公司，开具增值税专用发票给B公司。但由于C公司欠B公司一笔钱，或者B公司暂时没有钱，B公司委托C公司将款项支付给A公司，然后B公司和C公司之间再进行债权、债务关系的抵消（见图5-4）。

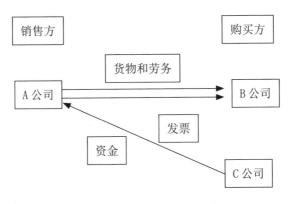

图 5-4  委托付款

这种情况也不属于"国税发〔1995〕192号"文不能抵扣增值税进项税额的情况。虽然B公司购货，名义付款方是C公司，但是，实际取得款项的单位就是销售货物并开具增值税专用发票的A公司，收款方和开票方一致，却没有实现"三流一致"。由于交易是真实的，B公司获得的进项税发票可以正常抵扣。

（4）债权债务抵消

A公司向B公司销售货物、劳务并开具增值税专票。但是，由于A公司欠C公司一笔钱，A公司向B公司出具付款授权委托书，要求B公司将款项直接支付给C公司后就无须再向其支付（见图5-5）。

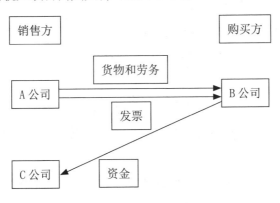

图 5-5  债权债务抵消

在这种情况下，对于B公司而言，也存在"国税发〔1995〕192号"文不能抵扣进项税的风险。因为收款方和发票的开具方不一致。但是，实践中是否真的严格按"国税发〔1995〕192号"文就不允许B公司进项税抵扣呢？还是要看具体情况。假如A公司破产清算，B公司根据人民法院的指令，直接将款项支付给 A 公司的债权人 C 公司，B 公司就可以抵扣进项税。

### 5.1.3.2　相关的司法解释和行政解释均强调交易的真实性

《最高人民法院关于适用〈全国人民代表大会常务委员会关于惩治虚开、伪造和非法出售增值税专用发票犯罪的决定〉的若干问题的解释》（法发〔1996〕30 号）规定，具有下列行为之一的，属于"虚开增值税专用发票"：①没有货物购销或者没有提供或接受应税劳务而为他人、为自己、让他人为自己、介绍他人开具增值税专用发票；②有货物购销或者提供或接受了应税劳务但为他人、为自己、让他人为自己、介绍他人开具数量或者金额不实的增值税专用发票；③进行了实际经营活动，但让他人为自己代开增值税专用发票。显然，这三种行为都要求只有发生真实的交易行为，才能开具增值税专用发票。

《国家税务总局关于诺基亚公司实行统一结算方式增值税进项税额抵扣问题的批复》（国税函〔2006〕1211 号）称："对诺基亚各分公司购买货物从供应商取得的增值税专用发票，由总公司统一支付货款，造成购进货物的实际付款单位与发票上注明的购货单位名称不一致的，不属于《国家税务总局关于加强增值税征收管理若干问题的通知》（国税发〔1995〕192 号）第一条第（三）款有关规定的情形，允许其抵扣增值税进项税额。"

2016 年 5 月 26 日，国家税务总局在政策问题解答的视频会议（政策组发言材料）中说，从来没有规定过因为付款账户不同，就不可以抵扣进项税。原文如下：

问：纳税人取得服务品名为住宿费的增值税专用发票，但住宿费是以个人账户支付的，这种情况能否允许抵扣进项税？是不是需要以单位对公账户转账付款才允许抵扣？

答：其实现行政策在住宿费的进项税抵扣方面，从未作出过类似的限制性规定，纳税人无论通过私人账户还是对公账户支付住宿费，只要其购买的住宿服务符合现行规定，都可以抵扣进项税。而且，需要补充说明的是，不仅是住宿费，对纳税人购进的其他任何货物、服务，都没有因付款账户不同而对进项税抵扣作出限制性规定。

按照国家税务总局的回答，即不管谁支付价款，实际收到价款的一方就是开具增值税专用发票的销货单位、提供劳务单位，相应的，接受增值税专用发票的货物、劳务购买方就可以抵扣进项税。至于这个资金是购买方支付的，还是委托其他方支付的，不影响购买方进项税的抵扣。

国家税务总局的回答说明，"三流一致"从来都不是拘泥于形式，强调的是交易的真实性和发票的真实性。尤其是对于购买方，只要发生的货物或劳务采购是真实的、取得的发票是真实的，就能够进行增值税的进项抵扣，前者是实质要件，后者是形式要件。

一些地方政府或政府部门持同样的态度。2016年7月5日，陕西省住房和城乡建设厅组织召开了部分建筑和房地产企业营改增专题座谈会，省财政厅、省国税局、省地税局参会并就企业提出的相关问题进行了现场回应。

问1：以分公司或项目经理部名义签订分包、采购、劳务等合同，盖分公司或项目经理部公章，是否会认定为"三流不一致"，进项税不让认证抵扣？

答1：增值税管理中所称"三流一致"，通常指交易、资金、发票三项业务一致性。鉴于建筑企业总分支机构资金管理的特殊性，可能在实际操作中存在分支机构从事实际经营活动，由总机构结算的情况。在国家税务总局未作进一步明确前，对于资金结算是否一致问题，陕西省暂按以下原则掌握：凡分公司或项目经理部等分支机构，以自身名义签订合同，发生实际购进货物、劳务或服务等业务并以分支机构名义取得发票，凡付款方（总机构）的相关账户已向主管税务机关报告的，则视同该项付款与交易、发票"三流一致"。分支机构作为增值税纳税主体，其取得的增值税专用发票等扣税凭证准予按规定申报抵扣；该类扣税凭证在未纳入总分机构增值税汇总管理前，不得在总机构申报抵扣。

问2：项目水电费多为甲方（业主方）代扣代缴，甲方（业主方）可以给工程总包方（乙方）开水电费专票吗？工程总包方与分包方结算水电费时，总包方能开水电费专票吗？针对不具备单独装水电表的项目，若总包方直接将水电费付至供电局、自来水公司的，发票上的付款单位与实际付款方不一致如何处理？

答2：甲方（业主方）向总包方（乙方）提供工程所需水电，且合同约定由总包方付费的，甲方（业主方）如为一般纳税人的，可以自行向总包方（乙方）开具增值税专用发票；如为小规模纳税人的，可向主管国税机关申请代开增值税专用发票。总包方与分包方约定，工程水电费由分包方根据实际使用量（可单独计量的）和约定价格结算并支付的，总包方可向分包方开具增值税专用发票。受客观条件限制，分包方无法单独安装水电表，但实际使用水电，而由总包方直接向自来水公司、供电局等单位付费的，为维持增值税发票链条的完整性，在税务总局未作进一步明确前，视同总包方转售水电业务，可由总包方向分包方开具水电销售增值税发票。总包方按销售水电计算缴纳增值税。

福建省在《营改增试点纳税人增值税发票使用问题解答一》中，有这样的问答：

问：跨县（市、区）外的建安项目，经总公司授权并由分公司对外签订分包合同、材料合同等，其取得进项发票回机构所在地税务机构时，由于公司名称不一致，无法进项抵扣。对此，如何解决？

答：总公司和分公司作为增值税链条上的独立纳税人，应当根据税收法律规范，独立核算和纳税申报，总公司与分公司的业务往来也应当独立作价并开具发票，以分公司名义取得的进项抵扣凭证不能在总公司作进项抵扣。

从上述情况看，地方税务机关都会考虑企业经营方式的特殊性，并根据交易的真实性进行税务处理。

## 5.1.4 明确的界定

### 5.1.4.1 确立实质课税原则

实质课税原则指对于某种情况不能仅根据其外表和形式确定是否应予课税，而应该根据实际情况，尤其应当根据其经济目的和经济生活的实质，判断是否符合课税的要素，以求公平、合理、有效地进行课税。[①]

税法隶属于公法范畴，调整的是与国家公权力相关的经济关系。税务机关依照法律、行政法规的规定征收税款系其法定职责，在征收税款过程中必然会涉及对相关应税行为性质的识别和判定。税法与调整平等主体间人身、财产关系的私法（主要是民法）有着本质的区别。税法与民法系平等相邻之法律部

---

① "实质课税"原则是"实质重于形式"原则的组成部分，但不包括"实质重于形式"原则的全部内容。

门，前者体现量能课税与公平原则，后者强调契约自由。对同一法律关系的认定，税法与民法的规定可能不完全一致：依民法有效之契约，于税法可能并不承认；而依民法无效之契约，于税法亦可能并不否认。由于税收征纳关系是以私人经济关系的产生和存在为前提的，因此，课税对象与事实，原为私法上的经济行为或事实，当事人首先须受民法的规范，即第一次规范。税法所赋予的纳税义务及协力义务，是第二次规范。作为第二次规范的税法应受作为第一次规范的私法的约束而不容逾越，这就是所谓的"民法优先说"。例如，《民法典》第五条规定，民事主体从事民事活动，应当遵循自愿原则，按照自己的意思设立、变更、终止民事法律关系。税法必须优先认同民法典的这一规定。如果当事人对于税务机关在税额确定和税款征缴程序等方面的认定有争议，仍可依据民事法律规范通过仲裁或民事诉讼等方式另行确认民事法律关系。

运用实质课税原则，重点在透过经济交易的外观对交易行为重新定性。关于交易定性如何把握，有学者主张从纳税主体和税收客体入手去分析认定。如纳税主体的判定，应以实质所得主体认定纳税主体。当行为主体与所得主体一致，则税法应将实质行为主体或实质所得主体认定为纳税主体；当行为主体与所得主体不一致，则税法应将实质所得主体认定为纳税主体。税收客体的确认包括税收客体的有无、定性、发生时点、量化（税基及其量化）、成本费用损失的归集与扣除（滕祥志，2012）。

现行税法中税收构成要件的确立是以形式为基础的。增值税的整体税制设计是高度形式化的。"三流一致"就是基于形式化的要求提出来的征管方法，如强调以"名义人"作为纳税人，即以自己的名义销售货物并使买受人取得收益的主体，并不考虑该主体是否为经济利益的实际获得者；再如进项税额的抵扣，强调抵扣的主体严格限定于提供商品或劳务的卖方，并以取得记载与民事合同相符的交易内容的合法增值税专用发票为凭证。未满足这一形式要件，就不得抵扣进项税额。

实质课税原则与税收法定原则反映的是两种不同的价值目标，即由税收法定原则确立的税收形式公平与由实质课税原则所确立的税收实质公平。根据原则的效力、作用和地位，税法的原则可分为宪法原则、建制原则、基本原则以及适用原则。实质课税原则是税法解释与适用的原则，属于解释性原则。也即，实质课税原则只是税收公平原则的一个次级原则。实质课税原则的解释功能必须以税收法定原则为前提。实质课税原则是对税收法定原则的补充与发展，属于一种"例外"的情况，它只适用于课税要件出现"形式"与"实质"相分离的状况。而这种实质与形式的分离，只是由于税法本身的模糊性等造成的，在形式与实质相一致时，则必须适用税收法定原则的规定。因此，实质课税原则必须受到税收法定原则的限制。

我国税法对于实质课税原则并没有进行明确的规定，只是在税收程序法和税收实体法中授权税务机关在税收执法过程中可以运用实质课税原则来认定税法事实。例如，《税收征收管理法》第三十五条规定，纳税人有下列情形之一的，税务机关有权核定其应纳税额：①依照法律、行政法规的规定可以不设置账簿的；②依照法律、行政法规的规定应当设置账簿但未设置的；③擅自销毁账簿或者拒不提供纳税资料的；④虽设置账簿，但账目混乱或者成本资料、收入凭证、费用凭证残缺不全，难以查账的；⑤发生纳税义务，未按照规定的期限办理纳税申报，经税务机关责令限期申报，逾期仍不申报的；⑥纳税人申报的计税依据明显偏低，又无正当理由的。《企业所得税法》第四十七条规定，企业实施其他不具有合理商业目的的安排而减少其应纳税收入或者所得额的，税务机关有权按照合理方法调整。

不过，《国家税务总局关于走逃（失联）企业涉嫌虚开增值税专用发票检查问题的通知》（税总发〔2016〕172号）第二条，对于"交易真实性的判定"有具体的规定，强调"稽查部门对走逃（失联）企业开具增值税专用发票行为进行认真分析，充分利用已取得的资料，对交易的真实性作出结论。在分析过程中，要重点关注以下情形：①商贸企业购进、销售货物名称严重背离的；生产企业无实际生产加工能力且无委托加工，或生产能耗与销售情况严重不符，或购进货物并不能直接生产其销售的货物且无委托加工的。②直接走逃失踪不纳税申报，或虽然申报但通过填列增值税纳税申报表相关栏次，规避税务机关审核比对，进行虚假申报的。③同一代码、号码的增值税专用发票，存根联与抵扣联的货物品名或受票单位名称不一致的。④同一代码、号码的增值税专用发票，纸质发票与增值税发票管理新系统信息不一致的。⑤已查实全部或部分交易资金信息不真实的（如利用银行账户回流资金）、大宗交易未付款或虚假现金支付的等。⑥涉案人员承认无货交易，且有旁证或相应书证、物证等证据辅助证明的。⑦下游受票企业已认定接受虚开的"。

### 5.1.4.2 把"合同流"作为真实性交易的代表

《国家税务总局关于加强增值税征收管理若干问题的通知》（国税发〔1995〕192号）第一条第（三）款的规定，纳税人购进货物或应税劳务，支付运输费用，所支付款项的单位，必须与开具抵扣凭证的销货单位、提供劳务的单位一致，才能够申报抵扣进项税额，否则不予抵扣。应该说，这条规定本身没有错，但是，在实际操作中，人们的确很容易混淆这个意思。尤其是，对于"所支付款项的单位"的理解容易产生歧义。

在传统商业交易模式下，都会将"所支付款项的单位"理解为"购买方"，购买方是付款人，不可能开具增值税专用发票；但是，在新型物流方式（如代购代销、电子商务、第三方物流）和支付结算手段（如第三方支付、委托收款、债权债务抵销等）条件下，货物流、资金流和发票流分离的现象经常发生。

资金流未必代表真实的交易。因为应收账款保理[①]、第三方代为付款、第三方代为收款、债务重组、以债权支付货款等情况时有发生。显然，有资金流未必是真实交易，没有资金流也未必不是真实交易。

货物流也未必代表真实的交易。因为指示交付、向第三方交付、由第三方代为交付、协商变更交付等情况经常发生。也就是说，有货物流未必是真实交易，没有货物流未必不是真实交易。

可否改为"实际收款单位，必须与开具抵扣凭证的销货单位、提供劳务的单位一致，才能够申报抵扣进项税额，否则不予抵扣"？作这样的改动，用意在于明确了谁收款、谁开票，把"合同流"作为真实交易的代表。

为什么说"合同流"能代表真实的交易呢？因为交易是买卖双方对有价物品及服务进行互通有无的行为，可以是以货币为交易媒介的一种过程，也可以是以物易物的行为。公司A把货物销售给公司B，就是真实交易的发生。至于公司B采用什么手段支付，是自己支付还是第三方支付，都不改变交易的性质；同样，是公司A自己发货还是指令第三方发货，也不改变交易的性质。

---

① 应收账款保理是企业将赊销形成的未到期应收账款在满足一定条件的情况下，转让给商业银行，以获得银行的流动资金支持，加快资金周转。

其实，相关的税收法律规范已经有所明确。如《国家税务总局关于进一步明确营改增有关征管问题的公告》（国家税务总局公告 2017 年第 11 号）规定，建筑企业与发包方签订建筑合同后，以内部授权或者三方协议等方式，授权集团内其他纳税人（即"第三方"）为发包方提供建筑服务，并由第三方直接与发包方结算工程款的，由第三方缴纳增值税并向发包方开具增值税专用发票，与发包方签订建筑合同的建筑企业不缴纳增值税。发包方可凭实际提供建筑服务的纳税人开具的增值税专用发票抵扣进项税额。

## 5.2 企业所得税税前扣除的"合法有效凭证"

税前扣除凭证，是指企业在计算企业所得税应纳税所得额时，证明与取得收入有关的、合理的支出实际发生，并据以税前扣除的各类凭证。但是，税务机关特别强调据以税前扣除的各类凭证必须是"合法有效凭证"。究竟哪些属于合法有效凭证？征纳双方经常存在认识上的差异。

### 5.2.1 模糊的边界

一些税务人员认为，纳税人应该取得发票而未取得发票，违反了《发票管理办法》，所以，应取得发票而未取得的，其相关支出不能在税前扣除。

● 模糊地带 1　未取得发票，但是有真实发生的业务，相关支出可否税前扣除？

《国家税务总局关于进一步加强普通发票管理工作的通知》（国税发〔2008〕80 号）……按规定，对于不符合规定的发票，特别是没有填开付款方全称的发票，不得用于税前扣除、抵扣税款、出口退税和财务报销。《国家税务总局关于加强企业所得税管理的意见》（国税发〔2008〕88 号）规定……加强发票核实工作，不符合规定的发票不得作为税前扣除凭据。《国家税务总局关于印发〈进一步加强税收征管若干具体措施〉的通知》（国税发〔2009〕114 号）第六条规定，加强企业所得税税前扣除项目管理……未按规定取得的合法有效凭据不得在税前扣除……

这三个文件均强调不符合规定的发票"不得用以税前扣除、不得作为税前扣除凭据"，其实强调的是这些不符合规定的发票的用途受限，并没有规定该笔业务不允许在企业所得税税前扣除,如果有企业取得了不符合规定的发票,却提供了付款凭据、合同协议等其他证据,足以证明业务真实发生,应允许在企业所得税税前扣除。而且《企业所得税法》第八条规定,企业实际发生的与取得收入有关的、合理的支出,包括成本、费用、税金、损失和其他支出,准予在计算应纳税所得额时扣除。

上述三个规范性文件是否与上位法相抵触,属于无法律效力的文件?

● 模糊地带 2　发票是不是"合法有效凭证"的唯一形式?其他凭据可否作为税前扣除的依据?

《增值税暂行条例实施细则》第十九条规定,条例第九条所称增值税扣税凭证,是指增值税专用发票、海关进口增值税专用缴款书、农产品收购发票和农产品销售发票以及运输费用结算单据。《国家税务总局关于企业所得税若干问题的公告》(国家税务总局公告 2011 年第 34 号)第六条规定,企业当年度实际发生的相关成本、费用,由于各种原因未能及时取得该成本、费用的有效凭证,企业在预缴季度所得税时,可暂按账面发生金额进行核算;但在汇算清缴时,应补充提供该成本、费用的有效凭证。《财政部 国家税务总局关于全面推开营业税改征增值税试点的通知》(财税〔2016〕36 号)第二十六条规定,纳税人取得的增值税扣税凭证不符合法律、行政法规或者国家税务总局有关规定的,其进项税额不得从销项税额中抵扣。增值税扣税凭证,是指增值税专用发票、海关进口增值税专用缴款书、农产品收购发票、农产品销售发票和完税凭证。

因此,凡能证明支出真实发生的销售对账单、商业合同等财务凭证都可以作为税前扣除的凭证。如在交易是真实的前提下,这些凭证就是合法凭证,如果兼具有效性,那就没有违反《税收征收管理法》第十九条的规定[①],可以作为税前扣除的凭证。

● 模糊地带 3　纳税人善意取得虚开的增值税专用发票,购货成本可否在企业所得税税前扣除?

在 2018 年之前,国家税务总局一直没有明确规定。各地税务机关在税收

---

① 纳税人、扣缴义务人按照有关法律、行政法规和国务院财政、税务主管部门的规定设置账簿,根据合法、有效凭证进行核算。

征管实践中有不同的做法。

有的税务机关按照"国税发〔2000〕187 号"文件，允许企业在生产经营过程中，善意取得虚开的增值税专用发票，其购入商品实际支付的不含税价款，在结转成本时可以税前扣除。

有的税务机关认为，虚开的专票是不合法的凭证，在计算应纳税所得额时，购货方不得税前扣除。如常州世方国际贸易有限公司与常州市国税局稽查局、常州市国税局行政处罚诉讼案。[①]

### 5.2.2 引起的纠纷

#### 5.2.2.1 纠纷事件的描述

◎ 案例 5-4 吉林省丰达高速公路服务有限公司诉公主岭市国家税务局稽查局案 [②]

吉林省丰达高速公路服务有限公司（简称"丰达公司"）于 2010—2011 年度购进肉类、冻货类原材料价款合计 2639658.6 元，原始凭证均为收据（无税务机关发票监制章），计入餐厅"主营业务成本"，结转后计入当期损益。在年度企业所得税汇算清缴时未作纳税调整。

2012 年 5 月 25 日，公主岭市国税局稽查局（简称"稽查局"）向丰达公司送达税务检查通知书，就其 2011 年 1 月 1 日至 2013 年 4 月 30 日涉税情况进行检查。

2016 年 1 月 8 日，稽查局作出"公国税稽处（2016）1 号税务处理决定书"，责令丰达公司补缴企业所得税款 827676.61 元（其中包含本案争议补缴税款 659914.66 元）、补缴增值税 45179.46 元，合计应补缴税款 872856.07 元，并从滞纳税之日起按日收取滞纳税款万分之五的滞纳金。

丰达公司不服该税务处理决定，向市国税局申请行政复议。

2016 年 7 月 23 日，市国税局经复议作出"市国税复决（2016）1 号税务行

---

① 参见常州市新北区人民法院行政判决书（2015）（新行初字第 186 号）、常州市中级人民法院行政判决书（2017）（苏 04 行终 70 号）。

② 参见吉林省四平市中级人民法院行政判决书（2017）（吉 03 行终 36 号）。

政复议决定书"，维持稽查局作出的公国税稽处（2016）1号税务处理决定。

丰达公司不服市国税局复议维持决定，将市国税局及稽查局起诉至公主岭市人民法院，请求撤销公国税稽处（2016）1号税务处理决定及公国税复决（2016）1号税务行政复议决定。

一审法院经审理，判决变更"公国税稽处（2016）1号税务处理决定书"中滞纳金的计算时间；撤销公国税复决（2016）1号税务行政复议决定；驳回其他诉讼请求。

丰达公司不服，上诉至四平市中级人民法院。二审法院经审理，判决驳回上诉，维持原判。

◎ 案例5-5　淮安市友邦商贸有限公司不服淮安市国税局稽查局行政处罚案 [1]

淮安市友邦商贸有限公司（简称"友邦公司"）于2011年5月份、7月份和9月份，共采购徐州市超典物资有限公司（简称"超典公司"）煤炭5662.82吨（含税金额2659207.43元），签订煤炭供需合同4份，货款汇至超典公司的银行账户，并取得了23份增值税专用发票，合计金额为2272826.82元，合计税额386380.61元。这23份增值税专用发票，友邦公司已于2011年向国税机关认证通过，并申报抵扣了销项税款。所购货物煤炭已经售出，成本已于2011年结转。

2014年2月26日，徐州市国税局稽查局认定上述23份增值税专用发票为虚开的增值税专用发票。

2014年5月6日，淮安市国税局稽查局作出"淮安国税稽处（2014）21号税务处理决定书"。友邦公司应补缴2011年6月份增值税118188.18元，7月份66955.38元，10月份119254.41元，12月份81982.64元，合计补缴增值税386380.61元。同时调增2011年度应纳税所得额2272826.82元，补缴企业所得税568206.71元，依法加收滞纳金。

友邦公司不服，向淮安市清浦区人民法院提请诉讼。

一审法院认为，淮安市国税局稽查局于2014年5月6日作出的税务处理

---

[1] 参见江苏省淮安市中级人民法院行政判决书（2015）（淮中行终字第00034号）。

决定中查明、认定涉案的 23 份增值税专用发票系虚开，原告是善意取得，所购煤炭已售出，且在 2011 年结转了成本。在税务处理决定中对原告作出补缴增值税的处理，确认了原告系善意取得虚开的增值税专用发票，但对其对应的与原告企业取得收入有关的、合理支出没有作出认定，属事实不清。原告取得超典公司开具的 23 份增值税专用发票是虚开，不是按规定取得的合法有效凭证，但原告是善意取得的。善意取得虚开的增值税专用发票，税法明确规定不得作为增值税合法有效的扣税凭证抵扣其进项税额。但对其 23 份增值税专用发票对应的企业所产生的成本等，是否可以作为企业所得税税前列支问题，税法没有作出明确规定。被告仅凭原告善意取得的 23 张虚开的增值税专用发票要求补缴企业所得税、加收滞纳金的处理决定，认定事实不清、法律依据不足。判决结果是：维持"淮安国税稽处（2014）21 号税务处理决定书"第一条；撤销该决定书第二条。

上诉人淮安市国税局稽查局称，一审判决认定的案件事实错误。首先，根据徐州市国税局发给上诉人的"已证实虚开通知单"、发票清单及案情介绍，能够证明被上诉人取得的 23 份增值税发票系虚开。其次，上诉人围绕《企业所得税法》第八条规定的"真实性、相关性、合理性"税前扣除要求，对被上诉人进行检查，认为并不是企业发生合理支出就可以税前扣除，合理性是以合法性为前提和基础的。《国家税务总局关于加强企业所得税管理的意见》（国税发〔2008〕第 88 号）第二条规定，不符合规定的发票不得作为税前扣除凭据；《国家税务总局关于印发〈进一步加强税收征管若干具体措施〉的通知》（国税发〔2009〕第 114 号）第六条规定，未按规定取得的合法有效凭证不得在税前扣除。被上诉人购买煤炭理应取得合法有效的发票，实际取得的是虚开的增值税专用发票，是不合法的凭证，不得在税前扣除。一审判决的主文就是撤销处理决定的第二条，而根据《行政诉讼法》第五十四条第（二）项的规定，一审判决在撤销上诉人行政行为的同时，应当赋予上诉人重新作出具体行政行为的权利。综上所述，上诉人依法作出的"淮安国税稽处（2014）21 号税务处理决定书"认定事实清楚、适用法律准确、程序合法，依法应予维持。

被上诉人友邦公司称，是否应当补缴企业所得税及滞纳金，关键在于是否存在成本支出。上诉人认可成本的存在，却对成本补征企业所得税，这是不合理、不合法的。发票不是证明企业发生支出的唯一凭证，能够证明真实支出且符合规定的付款单据、证明材料、工资表、合同协议、法律文书、记录证明等原始凭证，都可以作为税前扣除的会计凭证。《企业所得税法》第八条、第四十九条等规定，只是规定了不合法、不真实的凭据不得税前扣除，没有排除其他合法凭据可以税前扣除的情形。《企业所得税税前扣除凭证管理办法》（苏地税规〔2011〕13号）第五条规定，企业取得的不符合规定的发票，不得单独用以税前扣除，必须同时提供合同、支付单据等其他凭证，以证明支出的真实、合法。该办法第七条规定，企业无法取得合法凭证，但有确凿证据证明业务支出真实且取得收入方相关收入已入账的，可予以税前扣除。综上所述，上诉人的处理决定违法，请求淮安市中级人民法院依法撤销上诉人作出的"淮安国税稽处（2014）21号税务处理决定"。

二审法院认为，根据《企业所得税法》第八条的规定，企业实际发生的与取得收入有关的、合理的支出，包括成本、费用、税金、损失和其他支出，准予在计算应纳税所得额时扣除。《国家税务总局关于加强企业所得税管理的意见》（国税发〔2008〕88号）规定，不符合规定的发票不得作为税前扣除凭证。《国家税务总局关于印发〈进一步加强税收征管若干具体措施〉的通知》（国税发〔2009〕第114号）第六条规定，未按规定取得的合法有效凭据不得在税前扣除。上述规定对违规取得发票或凭据不得在税前扣除作了规定，被上诉人善意取得超典公司虚开的23份增值税专用发票，该发票对应的企业所产生的成本，是否应当税前列支，税法没有禁止性规定，在此情况下，上诉人处理决定要求被上诉人补缴企业所得税并加收滞纳金的法律依据不足，其认定事实不清，原审依法予以撤销并无不当。综上，原审判决认定事实清楚，适用法律正确，程序合法。驳回上诉，维持原判。

### 5.2.2.2 对纠纷事件的点评

案例5-4争议的焦点是，丰达公司将收据（无税务机关发票监制章）作为成本扣除的凭证，是否符合税法的规定。

丰达公司认为，税法规定税前扣除的依据即合法有效凭证，不仅包括发票，也包括其他财务凭证。丰达公司服务区餐厅所采购的农副产品是企业实际发生的，与取得收入有关的、合理的支出。企业所采购的农副产品大部分是初级产品。对此类产品国家是予以免税的，尤其是农村地区，多数销货方是无法取得发票的。2011 年 10 月份，所得税归属明确给国税局后，才提供农副产品代开发票，但对前期已经发生的无法取得发票的自制"白条子"凭证没有要求进行纠正。因此，丰达公司利用收据作为税前扣除凭证是符合法律规定的。

税务机关认为，税前扣除凭证只能是发票。本案中，购买原材料所支付的对象是我国境内的单位或个人，且属于增值税征税范围，因此应当以发票作为唯一合法有效的凭证。丰达公司 2010—2011 年度购进肉类、冻货类合计金额 2639658.6 元的原始凭证均为收据（无税务机关发票监制章），而非发票，该项业务税前列支不符合法律规定。因为"白条收据"之类的非发票类凭证容易作假，仅以其一种凭证作为税前扣除依据，真实性难免会受到影响。因此，即便有业务真实发生，税务机关仍然不将"白条收据"作为税前扣除的依据。

人民法院认为，虽然《企业所得税法》第八条规定，企业实际发生的与取得收入有关的、合理的支出，包括成本、费用、税金、损失和其他支出，准予在计算应纳税所得额时扣除，但仍不能由此断定"白条收据"可以按照合法、有效的票据在计算应纳税所得额时扣除。丰达公司认为其以"白条收据"入账的支出是合理的实际支出，应在税前扣除的观点不能成立。

案例 5-5 争议的焦点是，发票是不是证明成本是否发生的唯一证据；善意取得虚开的增值税专用发票所对应的企业生产成本等，是否可以在企业所得税税前列支。

《发票管理办法》第二十一条规定，不符合规定的发票，不得作为财务报销凭证，任何单位和个人有权拒收。《国家税务总局关于加强企业所得税管理的意见》（国税发〔2008〕88 号）规定，不符合规定的发票不得作为税前扣除凭证。《国家税务总局关于印发〈进一步加强税收征管若干具体措施〉的通知》（国税发〔2009〕第 114 号）第六条规定，未按规定取得的合法有效凭据不得在税前扣除。上述规定对违规取得的发票或凭据不得在税前扣除作了规定，但并没有排除用其他合法有效的凭证作为税前扣除凭证。在企业所得税管理中，发票只是证明成本是否发生的证据之一，但不是唯一的证据。

善意取得虚开的增值税专用发票，税法明确规定不得作为增值税合法有效的扣税凭证抵扣其进项税额。但对其 23 份增值税专用发票对应的企业所产生的成本等，是否可以作为企业所得税税前列支问题，税法没有作出明确规定。

从上述两个案例看，税收法律规范存在一定的模糊性：第一，发票是不是证明成本是否发生的唯一证据，购进农产品时销货方开具的收据（且无税务机关发票监制章）是否可以作为成本支出的凭证，能否在企业所得税税前扣除；第二，善意取得虚开的增值税专用发票所对应的企业生产成本等，是否可以在企业所得税税前列支。

## 5.2.3 学理的探析

### 5.2.3.1 未取得发票的成本支出可以在计算应纳税所得额时扣除

所谓"合法有效凭证"，是指填制内容、方式符合有关税收法规、财务会计制度规定的会计凭证（包括原始凭证和记账凭证）。其中，合法的原始凭证包括套印税务机关发票监制章的发票以及经省级税务机关批准不套印发票监制章的专业发票和财政部门管理的行政性收费收据以及经财政部门、税务部门认可的其他凭证。

合法有效凭证必须完全具备"三性"，即真实性、合法性、关联性。

真实性是指税前扣除凭证反映的经济业务真实，且支出已经实际发生。用票单位和个人必须按照法律、行政法规的规定，从客观事实出发，对经济业务进行如实、客观地记录；对接受的发票进行严格的审核把关，去伪存真，以保证原始凭证的真实性。变造、虚开的发票是违反真实性这一特性的，是不能反映经济业务活动原貌的。

合法性是指税前扣除凭证的形式、来源符合国家法律、法规等相关规定。发票的确立由法律法规作出规定，依法印制、使用的发票是财务收支的合法凭证，任何人不得无故拒绝接受，它的流通、传递受法律保护。私印、私购、盗窃、抢夺、代开、借用的发票是发票的来源非法；弄虚作假开具发票，是开具发票非法；用其他票据代替发票、擅自扩大专业发票使用范围，是发票载体非法；取得"白条"等非法凭证付款入账，是受理非法凭证。只有依法印制、依法领购、依法开具、依法取得的发票，才具备发票的合法性。

关联性是指税前扣除凭证与其反映的支出相关联且有证明力。开具发票必须按照税务机关规定的时限进行，不得擅自提前、滞后开具发票，人为调节纳税义务发生时间。

税前扣除的支出需要有"合法有效凭证"，这是于法有据的。

一方面，法律法规明确要求企业利用合法有效凭证在税前扣除成本、费用。《税收征收管理法》第十九条规定，纳税人、扣缴义务人应按照有关法律、行政法规和国务院财政、税务主管部门的规定设置账簿，根据合法、有效凭证记账、核算。《国家税务总局关于印发〈进一步加强税收征管若干具体措施〉的通知》（国税发〔2009〕114号）第六条规定，未按规定取得的合法有效凭证不得在税前扣除。《国家税务总局关于企业所得税若干问题的公告》（国家税务总局公告2011年第34号）第六条规定，企业当年度实际发生的相关成本、费用，由于各种原因未能及时取得该成本、费用的有效凭证，企业预缴季度所得税时，可暂按账面余额核算，但在汇算清缴时，应补充提供该成本、费用的有效凭证。

另一方面，真实发生原则与凭证扣除原则之间是内容与形式的关系。《企业所得税法》第八条规定，企业实际发生的与取得收入有关的、合理的支出，包括成本、费用、税金、损失和其他支出，准予在计算应纳税所得额时扣除。这条规定体现了支出的真实发生原则，是税前扣除的前提条件，而合法有效凭证是税前扣除应具备的必要条件。两者之间应是内容与形式的关系，既不能相互背离，也不能徒具其一。

### 5.2.3.2 发票不是唯一合法有效凭证

在交易过程中，款项支付的对象不同，对合法有效凭证的要求也不同。如果购买原材料，支付的对象是我国境内的单位或个人，且上述单位或个人生产销售的原材料是属于增值税征税范围的，应当以发票作为唯一合法有效的凭证。但是，《国家税务总局关于印发〈进一步加强税收征管若干具体措施〉的通知》（国税发〔2009〕114号）第六条规定，未按规定取得的合法有效凭据不得在税前扣除，该文件明确规定了对违规取得的发票或凭据不得在税前扣除，但没有否定用其他合法有效凭证作为税前扣除凭证的有效性。

《企业所得税税前扣除凭证管理办法》（国家税务总局公告2018年第28号）第五条规定，企业发生支出，应取得税前扣除凭证，作为计算企业所得税应纳税所得额时扣除相关支出的依据。第十六条规定，企业在规定的期限未能补开、换开符合规定的发票、其他外部凭证，并且未能按照本办法第十四条的规定提供相关资料证实其支出真实性的，相应支出不得在发生年度税前扣除。

这就是说，发票并不是唯一的税前扣除凭证。"合法有效凭证"的具体形式包括以下几种。

（1）发票。支付给我国境内的单位或个人，且上述单位或个人生产销售的产品或提供的劳务发生在一般生产经营领域中属于增值税等税收征税范围的，开具的发票为唯一合法有效凭证。如对于经过法院拍卖而取得的房产，也应该由二手房交易中心依法开具发票作为税收的合法凭证。

（2）财政票据。由财政部门监（印）制、发放、管理，国家机关、事业单位、具有公共管理或者公共服务职能的社会团体及其他组织依法收取政府非税收入或者从事非营利性活动收取财物时，向公民、法人和其他组织开具的凭证。财政票据是财务收支和会计核算的原始凭证，是财政、审计等部门进行监督检查的重要依据。

（3）签收单据。对支付给我国境外的单位或个人的购货款，以上述单位或个人的签收单据为合法有效凭证；对支付给我国境外的单位或个人的非购货款，以纳税人所在地主管税务机关开具的售付汇凭证为合法有效凭证。单位和个人从中国境外取得的与纳税有关的发票或者凭证，税务机关在纳税审查时有疑义的，可以要求其提供境外公证机构或者注册会计师的确认证明，经税务机关审核认可后，方可作为合法的记账核算凭证。

（4）其他合法有效凭证。如根据企业发生的财产非常损失或评估损失时，应由相应的税务机关确认后出具的税收证明作为合法有效凭证。再如，企业支付给工人发生的支出时，根据工人的工资发放表（收款人签字确认或银行支付证明）结合劳动合同进行确认。另外，对于实在无法取得正式发票的客观条件下，结合实际情况，以相关收据、收款证明作为企业入账凭证，如支付给个人的青苗补偿费，结合相关证明材料，收款人的收款收据即可确认为合法凭证。

如果纳税人使用非"合法有效凭证"，不得作为财务报销凭证，也不能在税前扣除，要补缴税款和滞纳金。如果导致其他单位或者个人未缴、少缴或者骗取税款的，由税务机关没收非法所得，可以并处未缴、少缴或者骗取的税款一倍以下的罚款。被认定为偷税的，就会被处偷税的百分之五十以上五倍以下的罚款。构成犯罪的，将依法追究刑事责任。

假如某家具公司因遭雷击发生火灾，损失家具价值150多万元。对造成的损失，家具公司要在会计上作损失处理，向税务机关申报扣除，并附送会计核算资料及其他相关的纳税资料。同时，还要取得如下资料：当地气象部门的天气预报证明，受损家具的照片，保险公司对投保资产出具的出险调查单、理赔计算单，企业的会计核算资料和原始凭证、资产盘点表，企业对责任人由于经营管理责任造成损失的责任认定及赔偿情况说明以及法定代表人、企业负责人和企业财务负责人对特定事项真实性承担法律责任的声明等。

那么，法院判决书可否确认为合法有效凭证？假如某企业与另一企业发生合同纠纷，上诉到法院，法院判决书要求对方开具发票，但对方不执行，在这种情况下，是否可以将法院判决书确认为合法有效凭证？

这个问题要分两种情况来回答。如果法院出具终止执行书，说明没有办法再取得发票，可以将法院判决书和终止执行书作为合法有效凭证在税前扣除；如果法院未出具终止执行书，因为是否能取得发票还未确定，而税法需要确定性，需要按实际发生的金额确定税前扣除金额。因此，没有法院终止执行书证明的，法院判决书不能作为合法有效凭证。

### 5.2.4　明确的界定

#### 5.2.4.1　"税前扣除凭证"已不再局限于发票

2018 年 6 月 6 日，《国家税务总局关于发布〈企业所得税税前扣除凭证管理办法〉的公告》（国家税务总局公告 2018 年第 28 号）所附的《企业所得税税前扣除凭证管理办法》第二条规定，本办法所称税前扣除凭证，是指企业在计算企业所得税应纳税所得额时，证明与取得收入有关的、合理的支出实际发生，并据以税前扣除的各类凭证。第十二条规定，企业取得私自印制、伪造、变造、作废、开票方非法取得、虚开、填写不规范等不符合规定的发票，以及取得不符合国家法律、法规等相关规定的其他外部凭证，不得作为税前扣除凭证。这两条规定说明，国家税务总局已经明确，税前扣除凭证并非仅指发票，但是必须符合真实性、合法性和关联性。

第九条由三款组成，第一款为，企业在境内发生的支出项目属于增值税应税项目的，对方为已办理税务登记的增值税纳税人，其支出以发票（包括按照规定由税务机关代开的发票）作为税前扣除凭证；对方为依法无须办理税务登记的单位或者从事小额零星经营业务的个人，其支出以税务机关代开的发票或者收款凭证及内部凭证作为税前扣除凭证，收款凭证应载明收款单位名称、个人姓名及身份证号、支出项目、收款金额等相关信息。第二款为，小额零星经营业务的判断标准是个人从事应税项目经营业务的销售额不超过增值税相关政策规定的起征点。第三款为，税务总局对应税项目开具发票另有规定的，以规定的发票或者票据作为税前扣除凭证。上述三款中，第一款将企业在境内发生的支出项目属于应税项目的对方，按其是否应依法办理税务登记分为两种类型，并结合其销售规模确定企业税前扣除凭证的类型；第二款小额零星经营业务的判断标准是个人从事应税项目经营业务的销售额不超过增值税相关政策规定的起征点；第三款是兜底条款，供不时之需。总的来说，第九条的规定其含义是明白无误的。

第十三条规定，企业应当取得而未取得发票、其他外部凭证或者取得不合规发票、不合规其他外部凭证的，若支出真实且已实际发生，应当在当年度汇算清缴期结束前，要求对方补开、换开发票、其他外部凭证。补开、换开后的发票、其他外部凭证符合规定的，可以作为税前扣除凭证。这一条说明，若购货方能够提供相关材料证明其支出真实、合理，税务机关不能认定因善意取得的发票为虚开而否定其税前扣除的合法性。

《企业所得税税前扣除凭证管理办法》的发布，基本上消除了以往企业所得税税前扣除凭证相关规定中的模糊性，为此后避免发生纠纷创造了条件。

### 5.2.4.2 建议明确企业所得税税前扣除凭证的举证责任

《企业所得税税前扣除凭证管理办法》第十四条规定，企业在补开、换开发票、其他外部凭证过程中，因对方注销、撤销、依法被吊销营业执照、被税务机关认定为非正常户等特殊原因无法补开、换开发票、其他外部凭证的，可凭以下资料证实支出真实性后，其支出允许税前扣除：①无法补开、换开发票、其他外部凭证原因的证明资料（包括工商注销、机构撤销、列入非正常经营户、破产公告等证明资料）；②相关业务活动的合同或者协议；③采用非现金方式支付的付款凭证；④货物运输的证明资料；⑤货物入库、出库内部凭证；⑥企业会计核算记录以及其他资料。其中第①项至第③项为必备资料。这一条说明，如果因为特殊原因无法补开、换开发票、其他外部凭证的，可凭相关资料证实支出真实性后，其支出允许税前扣除。

这里涉及一个举证责任分配的问题。民法上的举证责任是指当事人对自己提出主张加以证明的责任。具体包含两层意思：一是指谁主张谁就提供证据加以证明，即行为意义上的举证责任；二是指不尽举证责任应当承担的法律后果，即结果意义上的举证责任。

税法作为公法，在税收征收管理法中仅明确纳税人具有申辩权和陈述权，没有明确纳税人有举证责任和义务，尽管在税收征管实务中遵循"纳税申报就由纳税人举证"这一不成文的惯例，但实现税收法治化，还是应当明确举证责任的分配。

在企业所得税税前扣除中，"支出真实且已实际发生"是关键所在。一般来说，在申报纳税阶段，应由纳税人进行主张并举证。就如税收管理中一些行政许可、税收优惠备案等项目，其管理程序都有纳税人举证的内涵。在办理行政许可、税收优惠备案时，申请人主张自己符合法定条件，提交相关证据资料以获取行政机关认同，这实质就是纳税人承担举证责任的过程。

纳税人首先按照《企业所得税税前扣除凭证管理办法》第十三条的规定，企业虽然未取得发票、其他外部凭证或者取得不合规发票、不合规其他外部凭证的，但能证明支出真实且已实际发生，应当在当年度汇算清缴期结束前，要求对方补开、换开发票、其他外部凭证。其次是按照第十四条的规定，如果因为特殊原因无法补开、换开发票、其他外部凭证的，纳税人提交了资料，就能证明其支出的真实性。

但是，第十四条强调，如果因为特殊原因无法补开、换开发票、其他外部凭证，纳税人须提供无法补开、换开发票、其他外部凭证原因的证明资料，包括工商注销、机构撤销、列入非正常经营户、破产公告等证明资料。作为购货方，要获得这些资料实属不易，一是因为这些资料只能由销售方注册地或所在地的主管部门如市场监督管理机关、税务机关、人民法院等才能提供；二是如果购销两地相距甚远，差旅费、邮递费等支出较为可观。如果纳税人通过购货方注册地或所在地主管税务机关，与销售方注册地或所在地的主管税务机关等协查，纳税人就会既节省交易成本，又节省交通、通信成本。

从我国行政复议法、行政诉讼法的立法和修法进程看，对行政机关作出的具体行政行为的证据要求都体现了一个基本原则——行政机关负有举证责任，即举证倒置原则，行政机关本就被赋予了更严格的举证责任。该原则是行政复议和行政诉讼证据规则区别于民事诉讼证据规则的核心。

因此，到了税务行政复议、税务行政诉讼环节，如果税务机关对证据的真实性有异议，则举证责任应转移至税务机关。如果要推翻纳税人提交的资料，税务机关就要对有关交易的非真实性承担举证责任。只有在税务机关提交的证据足以推翻纳税人提交资料真实性的情况下，举证责任才会发生转移，否则税务机关就要对举证不能承担不利后果。

总之，在纳税申报阶段特别是在支出方面应明确以纳税人举证为主，税务机关举证为辅程序规则。反过来，在行政复议和诉讼阶段，应建立以税务机关举证为主，纳税人举证为辅的程序规则。

## 5.3　按金融企业同期同类贷款利率计算的利息在税前扣除

企业资金的筹集有多种渠道和方式，如向金融机构借款、向非金融机构借款、向非金融企业借款、向自然人借款等。企业在生产经营过程中发生的借款利息，要根据不同情况，作不同的税务处理。目前，争议较大的是非金融企业向非金融企业借款或向自然人借款的利息支出，如何在缴纳企业所得税税前扣除。

### 5.3.1　模糊的边界

非金融企业向非金融企业借款或向自然人借款的利息支出，税前扣除的有关法律条款是存在的。

关于非金融企业向非金融企业借款的利息支出。《企业所得税法实施条例》第三十八条规定，企业在生产经营活动中发生的下列利息支出，准予扣除：……非金融企业向非金融企业借款的利息支出，不超过按照金融企业同期同类贷款利率计算的数额的部分。《国家税务总局关于企业所得税若干问题的公告》（国家税务总局公告 2011 年第 34 号）规定，非金融企业向非金融企业借款的利息支出，不超过按照金融企业同期同类贷款利率计算的数额的部分，准予税前扣除。①

关于非金融企业向自然人借款的利息支出。《国家税务总局关于企业向自然人借款的利息支出企业所得税税前扣除问题的通知》（国税函〔2009〕777号）规定，企业向股东或其他与企业有关联关系的自然人借款的利息支出，应根据《企业所得税法》第四十六条及《财政部 国家税务总局关于企业关联方利息支出税前扣除标准有关税收政策问题的通知》（财税〔2008〕121号）规定的条件，计算企业所得税扣除额。企业向除这一条规定以外的内部职工或其他人员借款的利息支出，其借款情况同时符合两个条件的，其利息支出在不超过按照金融企业同期同类贷款利率计算的数额的部分，根据《企业所得税法》第八条和《企业所得税法实施条例》第二十七条的规定，准予扣除。所谓的"两个条件"，一是指"企业与个人之间的借贷是真实、合法、有效的，并且不具有非法集资目的或其他违反法律、法规的行为"；二是指"企业与个人之间签订了借款合同"。

● 模糊地带1 "金融企业"是否包含小额贷款公司？

《国家税务总局关于企业所得税若干问题的公告》（国家税务总局公告2011年第34号）规定，"金融企业"是指经政府有关部门批准成立的可以从事贷款业务的企业，包括银行、财务公司、信托公司等金融机构。但是，并没有明确小额贷款公司是否属于金融企业。

直到如今，小额贷款公司是否属于金融企业或者是否按金融企业进行管理，相关部门没有统一作出规定。例如，中国人民银行、银保监会、国家税务总局没有将小额贷款公司列入金融企业范围。但是，最高人民法院将小额贷款公司纳入金融机构范围。湖北省人民政府和江苏省人民政府将小额贷款公司定性为"新型的农村金融组织"。

另外，金融企业可能仅仅是指银行性金融机构。2014年12月23日，国家税务总局"12366"纳税服务平台称，根据《土地增值税暂行条例实施细则》第七条的规定，财务费用中的利息支出，凡能够按转让房地产项目计算分摊并提供金融机构证明的，允许据实扣除，但最高不能超过按商业银行同期同类贷款利

---

① 如果企业不提供或不能提供"金融企业的同期同类贷款利率情况说明"，利息支出只能按照中国人民银行同期的基准利率进行税前扣除。

率计算的金额，其他房地产开发费用，按本条①②项规定计算的金额之和的 5% 以内计算扣除。凡不能按转让房地产项目计算分摊利息支出或不能提供金融机构证明的，房地产开发费用按本条①②项规定计算的金额之和的 10% 以内计算扣除。"这里的金融机构是指中国人民银行批准成立的银行性金融机构。"可见，企业所得税中的"金融机构"与土地增值税中的"金融机构"不一致，前者是较为宽泛的金融企业，后者是狭义的金融机构，即银行性金融机构。

● 模糊地带 2  "同期同类贷款利率"怎么界定?

《国家税务总局关于企业所得税若干问题的公告》( 国家税务总局公告 2011 年第 34 号 ) 第一条为"关于金融企业同期同类贷款利率确定问题"。具体内容是: 根据《企业所得税法实施条例》第三十八条的规定，非金融企业向非金融企业借款的利息支出，不超过按照金融企业同期同类贷款利率计算的数额的部分，准予税前扣除。鉴于目前我国对金融企业利率要求的具体情况，企业在按照合同要求首次支付利息并进行税前扣除时，应提供"金融企业的同期同类贷款利率情况说明"，以证明其利息支出的合理性。"金融企业的同期同类贷款利率情况说明"中，应包括在签订该借款合同当时，本省任何一家金融企业提供同期同类贷款利率情况。该金融企业应为经政府有关部门批准成立的可以从事贷款业务的企业，包括银行、财务公司、信托公司等金融机构。"同期同类贷款利率"是指在贷款期限、贷款金额、贷款担保以及企业信誉等条件基本相同的情况下，金融企业提供贷款的利率，既可以是金融企业公布的同期同类平均利率，也可以是金融企业对某些企业提供的实际贷款利率。这一规定在以下三个问题上不够明确。

一是"本省任何一家金融企业提供同期同类贷款利率情况"，这在客观上为纳税人提供了多种利率选择的机会。"本省任何一家金融企业"涵盖范围众多，纳税人不可能一一调查了解，更何况也没有调查取证权，而贷款利率作为商业秘密，相关金融企业也不可能告知与其无关的企业。这样，纳税人只能按照自身涉及的实际金融贷款利率或者按照金融企业较低的平均利率进行税前利息扣除。

二是"既可以是金融企业公布的同期同类平均利率，也可以是金融企业对某些企业提供的实际贷款利率"，如果两个纳税人取得一笔金额、利率等各方面都基本相同的贷款，但因各自在获取信息能力等方面存在差异而提供了不同的"同期同类贷款利率"，从而获得不同的税前扣除待遇，就有失税负的公平。

三是明确要求企业在首次支付利息并进行税前扣除时需提供"金融企业的同期同类贷款利率情况说明"，这表明纳税人负有举证责任，只要找到高利率佐证且被税务机关认可，就可以获得较多的税前扣除待遇，反之则较少。如果把举证责任分配给税务机关，是否会更权威、更公平？

### 5.3.2 引起的纠纷

#### 5.3.2.1 纠纷事件的描述

◎ 案例5-6 甲企业向小额贷款公司借款的利息支出在税前扣除纠纷案

某税务机关在对甲企业的企业所得税汇算清缴进行检查时，查出其2014年从当地某小额贷款公司借得一年期款项100万元，支付的借款利息20万元，企业在所得税汇算清缴时作全额税前扣除。

税务机关认为，当年当地一年期银行贷款最高利率为基准利率上浮90%，即以6%为基础上浮90%，这样，甲企业支付的利息允许在税前扣除的限额应为11.4万元，超过限额的8.6万元应该作应纳税所得额调整处理。

甲企业认为，小额贷款公司属于金融企业，发生的利息支出符合"非金融企业向金融企业借款的利息支出准予在所得税税前扣除"的规定。

税务机关认为，小额贷款公司不是经银监会批准成立的，只是经当地金融办批准成立的机构，不应认定为金融企业，属于非金融企业。《国家税务总局关于企业所得税若干问题的公告》（国家税务总局公告2011年第34号）所界定的"金融企业"，是指经政府有关部门批准成立的可以从事贷款业务的企业，包括银行、财务公司、信托公司等金融机构。这个解释中，没有明确指出包含小额贷款公司。按照"非金融企业向非金融企业借款的利息支出，不超过按照金融企业同期同类贷款利率计算的数额的部分，准予税前扣除"的规定，该企业所发生的利息支出不应全额在税前扣除。

甲企业反驳的理由是，国民经济行业分类与代码（GB/T 4754—2017）中关于行业的分类，在"金融业"（本门类包括66～69大类）的分类中"6639"

类"其他非货币银行服务"里，明确指上述未包括的从事融资、抵押等非货币银行的服务，包括小额贷款公司、农村合作基金会等融资活动，以及各种消费信贷、国际贸易融资、公积金房屋信贷、抵押顾问和经纪人的活动。既然小额贷款公司被归类到了金融业名下，应该属于金融企业。税务机关没有理由认定小额贷款公司不属于金融企业，非金融企业向小额贷款公司支付的利息，在取得合法凭据的前提下，就可以在所得税汇算清缴时作全额税前扣除。

更何况，《国家税务总局关于发布〈中华人民共和国企业所得税年度纳税申报表（A类，2014年版）〉的公告》（国家税务总局公告2014年第63号），启用新的企业所得税纳税申报表（A表），新的报表将企业分为一般企业和金融企业。该公告所附的"企业基础信息表"的填表说明，"纳税人在填报自身行业代码时，统一根据国民经济行业分类与代码（GB/T 4754—2017）进行选择"，这就意味着，在税务申报资料里间接确认小额贷款公司可以认定为金融企业。

在甲企业与主管税务机关多次沟通后，税务机关最终确认其支付的20万元利息可以全额在所得税税前扣除，无须作任何调整。

◎ 案例5-7  乙企业向非关联企业借款的利息支出在税前扣除纠纷案

2017年1月1日，乙企业因资金困难，向非关联丙企业借款100万元，期限一年，年利率10%，该年度共支付利息10万元。同期中国人民银行的基准贷款利率为7%。丙企业为经政府有关部门批准成立的从事贷款业务的财务公司，乙企业为非金融企业，且借款发生的利息支出不符合资本化条件。乙企业与丙企业签订借款合同，并取得了合法票据。

乙企业财务人员在申报企业所得税时将10万元利息支出全额在税前扣除。主管税务机关认为，乙企业全部都是向非金融机构借款，只能按中国人民银行的基准利率在税前扣除，即允许其扣除7万元。

### 5.3.2.2  对纠纷事件的点评

首先，各地税务机关对小额贷款公司的性质认定不一致。

由于小额贷款公司的性质没有明确的界定，从而使税企双方无所适从。例如，在2018年之前，河北省国税局认可小额贷款公司的金融企业身份，准予企业从小额贷款公司借款发生的利息支出在税前全额扣除；浙江省国税局认为小额贷款公司是政府为解决中小企业融资问题而设立的，企业从小额贷款公司借款发生的利息支出应当准予在税前据实扣除，但不得超过司法部门规定的上限；重庆市国税局和天津市国税局则将小额贷款公司视同一般非金融企业，企业从小额贷款公司借款发生的利息支出按同期同类贷款利率扣除。

传统意义上的金融企业是指经银监会审批成立的金融机构，小额贷款公司只不过是由地方金融办审批的机构。到目前为止，所有税务规范性文件都没有把小额贷款公司认定为"金融企业"，可是，税务规范性文件也没有把小额贷款公司划出金融企业的明确规定。因此，对于小额贷款公司是否属于金融企业这一性质的认定，就成为税务机关和被检查企业之间争论的焦点。

其次是，各地税务机关对"同期同类贷款利率"的界定不一致。

天津市和河北省只允许按照中国人民银行同期的基准利率扣除。大连市实行"双轨制"，如果既向金融机构借款，又向非金融企业或自然人借款，就按该金融机构的利率扣除；如果全部都是向非金融机构或自然人借款，则按中国人民银行的基准利率扣除。河南省、青岛市的做法是，按该企业基本账户开户行的利率（包括浮动利率）扣除。浙江省规定，凡不高于按照年利率12%计算的数额以内的部分，允许在税前扣除；高于年利率12%但不高于本企业当年度实际取得同类同期金融机构贷款最高利率计算的数额以内部分，经主管税务机关审核后，允许税前扣除，超过部分不得税前扣除。

上海市规定，只要不超过司法部门的上限，均可以扣除。这里所说的"司法部门的上限"有一个变化的过程。2015年6月23日发布的《最高人民法院关于审理民间借贷案件适用法律若干问题的规定》中有"以24%和36%为基准的两线三区"的规定。即借贷双方约定的利率未超过年利率24%，出借人请求借款人按照约定的利率支付利息的，人民法院应予支持。借贷双方约定的利率超过年利率36%，超过部分的利息约定无效。2020年8月20日发布了修订后的《最高人民法院关于审理民间借贷案件适用法律若干问题的规定》（法释〔2020〕17号），其中"以中国人民银行授权全国银行间同业拆借中心每月20日发布的一年期贷款市场报价利率（LPR）的4倍为标准确定民间借贷利率的司法保护上限"。按照新的规定，如果以2020年7月20日发布的一年期贷款市场报价利率3.85%的4倍计算，民间借贷利率的司法保护上限为15.4%，相较于过去的 24% 和 36% 有较大幅度的下降。

案例 5-6 中，如果把小额贷款公司划归金融企业，那么，非金融企业之间发生的受法律保护的借贷成本，在取得了合法的票据后就可以全额在税前扣除，因为小额贷款公司最高的借款利息就是基准贷款利率的 4 倍，而基准贷款利率的 4 倍，也是受法律保护的民间借贷的最高利率。如果是这样，那么正常的非金融机构之间的贷款利息基本都不用作所得税扣除调整，可以直接计入成本。

案例 5-7 中，《企业所得税法实施条例》第三十八条规定，非金融企业向非金融企业借款的利息支出，不超过按照金融企业同期同类贷款利率计算的数额的部分。"同期同类贷款利率"是指在贷款期限、贷款金额、贷款担保以及企业信誉等条件基本相同的情况下，金融企业提供贷款的利率。它既可以是金融企业公布的同期同类平均利率，也可以是金融企业对某些企业提供的实际贷款利率。确有一些地区如天津市和河北省，只允许按照中国人民银行同期的基准利率扣除。

### 5.3.3 学理的探析

#### 5.3.3.1 借款利息税前扣除相关法律条款的梳理

（1）向金融企业借款利息的扣除

《企业所得税法实施条例》规定，非金融企业向金融企业借款的利息支出、金融企业的各项存款利息支出和同业拆借利息支出、企业经批准发行债券的利息支出准予扣除。对企业发生的向金融企业借款的利息支出，可按向金融企业实际支付的利息，在发生年度的当期扣除。"发生年度"是指，遵循权责发生制原则，即便是当年应付（由于资金紧张等原因）未付的利息，也应当在当年扣除。对非金融企业在生产、经营期间向金融企业借款的利息支出，按照实际发生数予以税前扣除，包括逾期归还银行贷款，银行按规定加收的罚息。

（2）向非金融企业借款利息的扣除

非金融企业向金融机构以外的所有企业、事业单位以及社会团体等借款的利息支出，按不超过按照金融企业同期同类贷款利率计算的数额的部分准予扣除。首先要判定借款期限有多长，然后查找金融企业同期同类贷款利率。金融机构同期同类贷款利率应当包括中国人民银行规定的基准利率和浮动利率。还要注意的是，金融企业的利率也不一样，各银行的浮动利率不一，为了准确掌握，应按照本企业开户行的同期、同类贷款利率计算。因为各级税务机关无法掌握各行的利率，只有按本企业开户行的利率掌握较为合理。

（3）关联企业之间借款利息的扣除

《企业所得税法》及《企业所得税法实施条例》规定，企业从其关联方接受的债权性投资与权益性投资的比例超过规定标准而发生的利息支出，不得在计算应纳税所得额时扣除。债权性投资是指企业直接或者间接从关联方获得的，需要偿还本金和支付利息或者需要以其他具有支付利息性质的方式予以补偿的融资。权益性投资是指企业接受的不需要偿还本金和支付利息，投资人对企业净资产拥有所有权的投资。《财政部 国家税务总局关于企业关联方利息支出税前扣除标准有关税收政策问题的通知》（财税〔2008〕121号）规定，企业实际支付给关联方的利息支出，不超过以下规定比例和税法及其实施条例有关规定计算的部分，准予扣除，超过的部分不得在发生当期和以后年度扣除。其接受关联方债权性投资与其权益性投资比例为：金融企业，为5∶1；其他企业，为2∶1。例如，某企业注册资金2000万元，其中有关联方企业的权益性投资1000万元。又向其借款（债权性投资）3000万元，支付利息只能按2∶1的比例确认，只对2000万元发生的利息可以扣除。而且同样按不超过按照金融企业同期同类贷款利率计算的数额的部分准予扣除，超过的部分不得在发生当期和以后年度扣除。

在三种情况下产生的利息不得扣除：第一，不符合独立交易原则多付的利息不得在税前扣除，企业与其关联方之间的融通资金不符合独立交易原则而减少企业应纳税所得额的，税务机关有权在该业务发生的纳税年度起10年内，按照合理方法进行调整。第二，债资比例超过规定标准的利息，原则上不允许在税前扣除，应按照实际支付给各关联方利息占关联方利息总额的比例，在各关联方之间进行分配。第三，投资者未到位投资所对应的利息不允许在税前扣除，如果企业投资者在规定期限内未缴足其应缴资本额，则该企业对外借款所发生的利息中相当于投资者实缴资本额与在规定期限内应缴资本额的差额应计付的利息，因不属于企业合理的支出，应由企业投资者负担，不得在计算企业应纳税所得额时扣除。

（4）向个人集资借款利息的扣除

向自然人借款分两种情况：

一种情况是，企业向股东或其他与企业有关联关系的自然人借款的利息支出，如满足两个条件，可以在计算应纳税所得额时准予扣除。第一，企业如果能够证明相关交易活动符合独立交易原则，或者该企业的实际税负不高于境内关联方；第二，金融企业的关联方债权性投资与其权益性投资比例不超过 5∶1，其他企业不超过 2∶1。应根据《企业所得税法》第四十六条及《财政部 国家税务总局关于企业关联方利息支出税前扣除标准有关税收政策问题的通知》（财税〔2008〕121 号）规定的条件，计算企业所得税利息扣除额。

另一种情况是，企业向除有关联关系的自然人以外的内部职工或其他人员借款的利息支出，利息支出不超过按照金融企业同期同类贷款利率计算的数额的部分，也可以在计算应纳税所得额时扣除。应根据《企业所得税法》第八条和《企业所得税法实施条例》第二十七条及《关于企业向自然人借款的利息支出企业所得税税前扣除问题的通知》（国税函〔2009〕777 号）的规定，计算企业所得税利息扣除额。

向自然人借款的利息在税前扣除要注意以下几点：第一，《国家税务总局关于企业贷款支付利息税前扣除标准的批复》（国税函〔2003〕1114 号）规定，金融机构同期同类贷款利率包括中国人民银行规定的基准利率和浮动利率。支付利息的企业在支付利息时，应要求收款方企业或个人到税务机关代开发票。第二，防止非法集资，《中国人民银行关于取缔非法金融机构和非法金融业务活动中有关问题的通知》（银发〔1999〕41 号）规定，"非法集资"是指单位或者个人未依照法定程序经有关部门批准，以发行股票、债券、彩票、投资基金证券或者其他债权凭证的方式向社会公众筹集资金，并承诺在一定期限内以货币、实物以及其他方式向出资人还本付息或给予回报的行为。《中国人民银行关于进一步打击非法集资等活动的通知》（银发〔1999〕289 号）规定，"非法集资"主要包括：①通过发行有价证券、会员卡或债务凭证等形式吸收资金。②对物业、地产等资产进行等份分割，通过出售其份额的处置权进行高息集资；③利用民间会社形式进行非法集资；④以签订商品经销等经济合同的形式进行非法集资；⑤以发行或变相发行彩票的形式集资；⑥利用传销或秘密串联的形式非法集资；⑦利用果园或庄园开发的形式进行非法集资。

### 5.3.3.2 小额贷款公司应当属于金融机构

迄今为止，有关部门对小额贷款公司性质的界定与认识差异较大。

（1）中国人民银行、中国银监会等金融监管部门的界定与认识

《中国人民银行 中国银行业监督管理委员会关于小额贷款公司试点的指导意见》（银监发〔2008〕23号），对小额贷款公司的性质、设立、资金来源、资金运用、监督管理、终止作了明确的规定。在"小额贷款公司的性质"中明确指出，"小额贷款公司是由自然人、企业法人与其他社会组织投资设立，不吸收公众存款，经营小额贷款业务的有限责任公司或股份有限公司。"

《中国人民银行关于印发〈金融机构编码规范〉的通知》（银发〔2009〕363号）中，小额贷款公司的编码为金融机构二级分类码"Z—其他"。从这个意义上来说，小额贷款公司属于中国人民银行认可的其他金融机构。然而，小额贷款公司因没有取得"金融许可证"，不属于金融机构，所以，小额贷款公司尽管经营贷款业务，却没有被纳入银监会的监管范围。

《中国银监会非银行金融机构行政许可事项实施办法（修订）》（中国银监会令2015年第6号）称，本办法所称非银行金融机构，包括经银监会批准设立的金融资产管理公司、企业集团财务公司、金融租赁公司、汽车金融公司、货币经纪公司、消费金融公司、境外非银行金融机构驻华代表处等机构。显然，小额贷款公司不在其列。

中国人民银行、中国银行业监督管理委员会、中国证券监督管理委员会、中国保险监督管理委员会、国家统计局联合印发的《金融业企业划型标准规定》（银发〔2015〕309号）规定，采用复合分类方法对金融业企业进行分类。首先，按《国民经济行业分类》将金融业企业分为货币金融服务、资本市场服务、保险业、其他金融业四大类。其次，将货币金融服务分为货币银行服务和非货币银行服务两类，将其他金融业分为金融信托与管理服务、控股公司服务和其他未包括的金融业三类。最后，按经济性质将货币银行服务类金融企业划为银行业存款类金融机构；将非货币银行服务类金融业企业分为银行业非存款类金融机构，贷款公司、小额贷款公司及典当行；将资本市场服务类金融业企业列为证券业金融机构；将保险业金融企业列为保险业金融机构；将其他金融业企业

分为信托公司、金融控股公司和除贷款公司、小额贷款公司、典当行以外的其他金融机构。这一文件将贷款公司、小额贷款公司及典当行与银行业非存款机构明显划分开，表明小额贷款公司不属于金融机构。

《中国银监会对政协十二届全国委员会第五次会议第 2752 号（财税金融类 275 号）提案的答复》（银监函〔2017〕199 号）称：您提出明确小额贷款公司（简称"小贷公司"）金融机构性质的建议是当前小贷行业普遍关心的问题。作为不吸收存款、主要以自有资金发放贷款的机构，小贷公司的业务具有一定的金融属性，但与中央监管的银行、证券、保险等传统金融机构相比，在管理体制、交易规则、金融风险防控等方面存在较大差异，各方面对小贷公司性质尚有不同的观点和认识。下一步，银监会将继续积极会同有关部门制定完善小贷公司有关法律制度，在此过程中结合您所提建议，对小贷公司的定性问题作进一步研究论证。

（2）国家税务总局的界定与认识

《国家税务总局关于企业所得税核定征收若干问题的通知》（国税函〔2009〕377 号）第一条第（四）款明确小额贷款公司与银行、信用社、保险公司等一起归属于金融企业。但是，《财政部 税务总局关于金融机构小微企业贷款利息收入免征增值税政策的通知》（财税〔2018〕91 号）指出，本通知所称金融机构，是指经人民银行、银保监会批准成立的已通过监管部门上一年度"两增两控"考核的机构，以及经人民银行、银保监会、证监会批准成立的开发银行及政策性银行、外资银行和非银行业金融机构。

2012 年 3 月 30 日，时任国家税务总局局长肖捷在接受中国政府网记者访谈时表示，"小额贷款公司虽然也从事贷款业务，但国家有关部门还未按照金融机构对其进行监管。所以，没有将小额贷款公司纳入金融企业范围。"

（3）人民法院的认识

《最高人民法院关于上海金融法院案件管辖的规定》（法释〔2018〕14 号）中明确了上海金融法院管辖案件的范围。最高人民法院立案庭负责人就上海金融法院案件管辖司法解释答记者问中说道，实践中，证券、期货交易、信托、保险、票据、信用证、金融借款合同、银行卡、融资租赁合同、委托理财合同、典当等 11 类纠纷，争议一方的主体一般都是金融机构，故属于金融民商事案件并无争议。这里讲的金融机构，是指经国家金融监管机构批准设立的从事金融相关交易的机构，主要包括银行、证券交易所、期货交易所、黄金交易所、证券登记结算公司、证券公司、期货公司、信托公司、保险公司、基金公司、金融资产管理公司、融资租赁公司、汽车金融公司、财务公司（有金融许可证）、担保公司、典当行、小额贷款公司、保理公司、经中国证券投资基金业协会登记备案的私募投资基金等。这些机构，往往持有特定金融牌照，需要经过专门的审批或者备案登记，以便于确认。显然，小额贷款公司被最高人民法院纳入了金融机构的范围。

《浙江省高级人民法院金融纠纷案件若干问题讨论纪要》（2008 年 10 月 28 日）中，在"村镇银行和小额贷款公司的合同主体资格"认定上指出，金融创新实践中，经批准成立的村镇银行属于金融机构，其与客户签订的借款合同属于金融机构借款合同。但地方政府批准的小额贷款公司不是金融机构，只能作为一般工商企业对待，其与客户签订的贷款合同，不属于金融机构借款合同。小额贷款公司不得吸收存款，但可以在核定的经营范围内以自有资金向客户发放贷款。如发生诉讼，小额贷款公司与客户签订的贷款合同的效力应予保护。

（4）地方政府的界定与认识

《湖北省人民政府办公厅关于促进小额贷款公司健康发展的若干意见》（鄂政办发〔2010〕121 号）的第一条就是"明确小额贷款公司的定位"。小额贷款公司是以服务"三农"和中小企业为宗旨，从事小额放贷和融资活动的新型农村金融组织。要在进一步做好内资小额贷款公司试点工作的基础上，探索开展外商独资和中外合资小额贷款公司试点。各级政府、各有关部门在小额贷款公司办理工商登记、土地房产抵押及动产和其他权利抵押、财务监督等相关事务时，应参照银行业金融机构对待。

《江苏省人民政府办公厅转发省财政厅关于促进农村金融改革发展若干政策意见的通知》（苏政办发〔2009〕32 号）指出，对经金融监管部门和省政府授权部门批准组建的村镇银行、农村小额贷款公司以及农民专业合作社设立的信用合作组织等新型农村金融组织，省财政按其已到位注册资本的 2% 给予一次性奖励。对新型农村金融组织为农服务业务缴纳的所得税地方留成部分和营业税，省财政按其 50% 给予奖励。

### 5.3.3.3 "同期同类贷款利率"缺乏统一规定的后果

各地对于借款利息的扣除标准很不统一，导致地区之间的差距非常大。经济发达程度高的地区（如上海、浙江），利息支出税前可扣除的幅度大，非金融企业融资环境好，从而形成正向的循环；而经济发达程度相对弱的地区（如河北），利息支出税前扣除的幅度小，非金融企业融资的难度大，从而形成负向的循环。

实际上，这是一种地区之间的税收竞争。根据"用脚投票"理论，在其他条件相同的情况下，要素会流向税收低的地区。东部地区利息扣除的上限整体高于中西部地区，从而形成税负低洼地，可能驱使生产要素从中西部地区流向东部地区。

这种税收竞争会进一步扩大地区经济发展的差距。根据缪尔达尔—赫希曼模型，落后地区与先进地区存在两种作用，一种是扩散效应，即生产要素从先进地区向落后地区流动；另一种是极化效应，即生产要素从落后地区向先进地区流动，两者效应的强弱，理论上是由流入资金的边际收益与流出资金的边际收益的对比结果所决定的。中小企业是"先天弱质"的企业，难以取得商业银行的贷款，从而不得不转向融资成本较高的非金融企业融资，而税法对非金融企业贷款利息的歧视性规定，导致其实际税率高于那些从商业银行取得大量贷款的企业，这样就对中小企业的融资造成了负激励效应。

## 5.3.4 明确的界定

### 5.3.4.1 明确将小额贷款公司归属于金融企业

从前述梳理的结果看，最高人民法院已经把小额贷款公司纳入了金融机构的范围；湖北省人民政府和江苏省人民政府将小额贷款公司认定为新型农村金融组织，事实上就认定为金融机构；国家税务总局倾向于遵从中国人民银行、银保监会等金融监管部门的意见。

至于金融监管部门，障碍在于银监会既有的规定。小额贷款公司因没有取得"金融许可证"，不属于金融机构，所以，小额贷款公司尽管经营贷款业务，却没有被纳入银监会的监管范围。然而，《中国银监会对政协十二届全国委员会第五次会议第 2752 号（财税金融类 275 号）提案的答复》（银监函〔2017〕199 号）表示，银监会将继续积极会同有关部门制定完善小额贷款公司有关法律制度，对小额贷款公司的定性问题作进一步的研究、论证。也就是说，银监会并没有把"路"完全堵死，留下一定的伸缩余地。

笔者建议，明确小额贷款公司的性质属于金融企业。确立这样的观点，必须澄清以下两种认识。

第一，小额贷款公司没有金融机构经营许可证，为何属于金融企业？

根据《中华人民共和国商业银行法》和《非法金融机构和非法金融业务活动取缔办法》（中华人民共和国国务院令第247号）等法律法规的规定，我国境内（不含港澳台地区）的"金融机构"必须是由金融监督管理机构批准设立并监管、领取金融业务牌照、从事特许金融业务活动的机构，而小额贷款公司只需政府金融监管局批准，经市场监督管理部门（原为工商行政管理部门）核发营业执照即可经营，也未按金融企业进行管理。

照此推论，似乎小额贷款公司不属于金融企业。然而，政府金融监管局有10多项职责，其中"负责与金融监管部门、金融机构和金融行业自律组织的协调沟通工作"以及"负责推进地方创新类金融组织的试点工作"，都是其重要的职责。随着小额贷款公司运作的规范化，金融监管机构颁发金融机构经营许可证不是没有可能。小额贷款公司产生的背景是，我国金融市场发展不完善，许多中小企业无法从正规金融机构获取贷款。事实证明，它的存在的确能弥补传统金融服务的不足，发挥与金融企业基本相同的作用。况且，小额贷款公司的设立条件、审批过程、内部管理制度等均比照金融企业的要求和规范，与一般工商企业明显不同，事实上应归为金融企业或准金融企业。

第二，小额贷款公司只是一般的工商企业，为何归属于金融企业？

《中国银行业监督管理委员会 中国人民银行关于小额贷款公司试点的指导意见》（银监发〔2008〕23号）指出，小额贷款公司是由省级人民政府承担风险处置责任、并明确一个主管部门（金融办或相关机构）负责对小额贷款公司的监督管理。

据此断定，似乎小额贷款公司只是一般的工商企业而非金融机构。其实，这个结论是不可靠的。从经营原则看，小额贷款公司与一般工商企业之间存在诸多区别。例如，小额贷款公司执行国家统一的金融企业财务会计制度，应真实记录、全面反映业务活动和财务状况，编制财务会计报告，并提交权力机构审议；小额贷款公司应按照国家有关规定，确保资产损失准备充足率始终保持在 100% 以上，全面覆盖风险，及时冲销坏账，真实反映经营成果；小额贷款公司应按规定向当地政府金融办或政府指定的机构以及人民银行分支机构报送会计报告、统计报表及其他资料，并对报告、资料的真实性、准确性、完整性负责。其实，在《中国人民银行关于建立贷款公司和小额贷款公司金融统计制度的通知》（银发〔2009〕268 号）中，为加强对贷款公司、小额贷款公司的统计监测，及时、准确地反映贷款公司和小额贷款公司的设立、发展以及对经济的支持情况，中国人民银行建立了《贷款公司、小额贷款公司金融统计制度》，将小额贷款公司纳入了金融统计的范畴。

综上所述，小额贷款公司属于金融机构，企业向小额贷款公司支付的利息，可以参照金融企业同期同类贷款利率在税前扣除。2020 年 4 月 9 日，浙江省地方金融监管局给国家税务总局浙江省税务局发出《关于经省政府批准从事贷款业务的企业年度平均利率的函》，其主要内容是：与经省政府批准成立可以从事贷款业务的企业签订借款合同，并取得合法票据的，可据实在税前扣除；凡无法取得同期同类贷款利率情况说明的，其不高于全省放贷企业年平均贷款利率计算的数额以内的部分，凭合法票据在税前扣除。2019 年全省该类放贷企业年平均贷款利率为 16.45%。这说明，在小额贷款公司是否属于金融企业的性质尚未明确的前提下，浙江省有关部门每年核定这类机构的年平均贷款利率，从而为企业从小额贷款公司等机构借款的利息在企业所得税税前扣除提供了便利。这一做法虽然值得肯定，但毕竟只是权宜之计，非长久之策。

### 5.3.4.2 按开户银行所在行的利率在税前扣除

关于按金融企业同期同类贷款利率计算的利息在企业所得税税前扣除，学者们对此有不一致的看法。如张星（2012）认为，应当规定"凡满足独立交易原则或实际税负要求，其利息支出亦可以据实扣除"。应该说，这个观点有一定的道理。目前企业向非金融企业关联方的借款，只要符合独立交易原则或实际税负要求，则利息支出可以据实扣除，而向非金融企业非关联方借款的利息支出只能进行限额扣除，这样，有违公平原则。

不过，从当前实际出发，考虑到小额贷款公司等特殊情况的存在，更为合适的方案是按开户银行所在行的利率扣除，即以纳税人基本存款账户开户行的利率为标准（含浮动利率），允许纳税人向非金融企业借款的利息，按照不超过基本账户开户行利率计算的部分，允许在税前扣除。

从执行角度来看，由于基本存款账户开户行具有唯一性，能够在一定程度上减少纳税人为获得高额利息扣除而寻求利率证明的成本，而且，不同银行的贷款基准利率相同，仅浮动利率有些许差异，总体上能够实现税前扣除标准的统一。这样的方案，既有全国范围内的统一性，又在操作层面有一定的灵活性。

另外，目前"同期同类贷款利率"缺乏统一规定，企业发生的借款利息在税前扣除，需提供"金融企业的同期同类贷款利率情况说明"，表明纳税人负有举证责任。假如按开户银行所在行的利率在税前扣除，企业承担的举证成本是最小的。

## 5.4　税法行政解释主体多元化导致的法条冲突

法律解释是指对法律和法规条文的含义所作的说明。根据作出解释的主体不同，分为立法解释、司法解释和行政解释。其中，税法的行政解释是指由中央和地方行政机关结合实际情况，依法对税法所作的具体解释。一段时期以来，税法行政解释变动频繁，甚至相互之间有矛盾和冲突，有些还超越了立法授权或者与上位法相背离，主要表现在名目、种类繁多的税务规范性文件上。

### 5.4.1　模糊的边界

目前我国的税法行政解释主要分为两种形式：一是行政机关在其职权范围内对税收法律、法规所作的解释，通常体现在"实施条例"或"实施细则"中，如《个人所得税法实施条例》对《个人所得税法》的条文作详细的补充规定和具体说明；二是行政机关对其所制定的税收法规、规章以税务规范性文件的形式进行的解释，如《财政部 国家税务总局关于土地增值税若干问题的通知》（财税〔2006〕21号），《国家税务总局关于土地增值税清算有关问题的通知》（国税函〔2010〕220号）。

● 模糊地带1　税法行政解释主体多元，由谁协调？

从横向看，我国税法的行政解释权并不专属于某一个行政机关，而是由国务院及其所属关税税则委员会、海关总署、财政部、国家税务总局、各省级人民政府及其所属财政税务部门共同享有的。如果税法的某一个条文，涉及金融领域等，那么行政解释的主体就更多了，包含中国人民银行、银保监会等。解释主体的多元化，容易引起因立场不同造成的解释混乱。

比如，关于小额贷款公司是否属于金融企业的问题，中国人民银行将小额贷款公司纳入金融机构范围，给予其金融机构的定位；财政部明确小额贷款公司执行《金融企业财务规则》；银保监会却因小额贷款公司没有取得"金融许可证"，不将它归属于金融机构；湖北省人民政府和江苏省人民政府都认为小额贷款公司是新型农村金融组织。国家税务总局的态度前后反复，《国家税务总局关于企业所得税核定征收若干问题的通知》（国税函〔2009〕377号）第一条第（四）款明确小额贷款公司与银行、信用社、保险公司等一起归属于金融企业；而《财政部 税务总局关于金融机构小微企业贷款利息收入免征增值税政策的通知》（财税〔2018〕91号）指出，本通知所称金融机构，是指经人民银行、银保监会批准成立的已通过监管部门上一年度"两增两控"考核的机构，以及经人民银行、银保监会、证监会批准成立的开发银行及政策性银行、外资银行和非银行业金融机构。也就是说，没有包含小额贷款公司。[①]可见，仅仅对一个小额贷款公司的归属，就存在着几种不同的解释。

又如，对于小微企业的认定，《工业和信息化部 国家统计局 国家发展和改革委员会 财政部关于印发中小企业划型标准规定的通知》（工信部联企业〔2011〕300号）将企业分为大、中、小三个类型、十六种行业，而每个行业对小型、微型企业的标准又有所不同，如规定农、林、牧、渔业营业收入50万元及以上的为小型企业，营业收入50万元以下的为微型企业。而《企业所得税法实施条例》第九十二条对小型微利企业的认定是，年度应纳税所得额不超过30万元，从业人数不超过100人，资产总额不超过3000万元的工业企业，或者年度应纳税所得额不超过30万元，从业人数不超过80人，资产总额不超过1000万元的其他企业。

再从纵向看，关税税则委员会和海关总署只对关税、进口环节的增值税和

---

① 《最高人民法院关于上海金融法院案件管辖的规定》（法释〔2018〕14号），把小额贷款公司纳入金融机构的范围。不过，这属于司法解释。

消费税行使有限解释权，税法行政解释权主要归于财政部和国家税务总局。从解释频率、解释对象范围、解释权限及解释性文件的实际适用效力等角度看，国家税务总局均处于中心地位。国务院制定"实施条例"或"实施细则"，财政部、国家税务总局对"实施条例"或"实施细则"作出解释，在一些特殊情况下，省级财税部门再对"实施条例"或"实施细则"的解释进行解释。

● 模糊地带 2　税法行政解释是否具有法律效力？

根据《全国人民代表大会常务委员会关于加强法律解释工作的决议》和《国务院办公厅关于行政法规解释权限和程序问题的通知》，国家税务总局有权对税收法律、行政法规如何具体应用进行解释。这里的解释是一种抽象行政行为，形式为税务规范性文件。

税务规范性文件是指县以上税务机关依照法定职权和规定程序制定并发布的，规定纳税人、扣缴义务人等税务行政相对人的权利、义务，在本辖区内具有普遍约束力并在一定期限内反复适用的文件的总称。税务规范性文件在功能上可以对不特定对象反复、普遍适用，目的是提高税法条文的可操作性，具有一定程度上的立法性。

从形式上看，我国税法行政解释的名称过于繁多，有意见、通知、解释、解答、批复、办法、答复、函、规定、复函、补充通知等。如此众多的解释名称，一般人很难理解其是法律规范，给确认其效力带来困难。法规、规章在规定税法行政解释时也存在不规范现象。如在附则中有"由某单位负责解释""统一解释""授权解释"等，用语混乱，随意性大，造成了适用时的混乱。国家税务总局为规制这种权力，专门制定了规章①，税务规范性文件必须按照规章规定的形式、程序制定。

由于上级税务机关制定的税务规范性文件偏离实际，导致基层税务人员在税收执法中埋下隐患，而且相关文件易成为检察机关认定税务人员玩忽职守、渎职犯罪的依据。

有些税务行政解释在内容上超越授权限度，如消费税税率的调整。现行消

---

① 2019年11月26日，国家税务总局《关于修改〈税收规范性文件制定管理办法〉的决定》（国家税务总局令第50号）中，将"税收规范性文件"修改为"税务规范性文件"。

费税税率由全国人民代表大会授权国务院确定，国务院通过颁行《消费税暂行条例》的形式用行政法规将税率予以明确。换言之，财政部或国家税务总局在具体调整消费税税率的时候必须经过国务院的批准。但是《财政部 国家税务总局关于继续提高成品油消费税的通知》（财税〔2015〕11号）对消费税的税率进行调整，却没有"经过国务院批准"的表述，因此该文件存在超越职权之嫌。

有些税务规范性文件在制定时出于避免超越法定职权的考虑，使用"经过国务院领导同志批准"这种用语。如《国家税务局关于改变保险合同印花税计税办法的通知》（国税函发〔1990〕428号），直接将印花税暂行条例中关于保险合同的计税依据和税率作出了调整。其实，"经国务院批准"和"经过国务院领导同志批准"是两个截然不同的说法。

不少人把税收个案批复归类到税法行政解释中。税收个案批复是结合某个具体税案事实，对税法条款进行的解释，由此使具体个案与法律规范得以对接。从产生的权力根源来看，税收个案批复与税务规范性文件有本质的不同，因此无论个案批复对税法的理解是否恰当，都不应具有普遍适用性。

2015年10月8日，国家税务总局办公厅发出《关于进一步规范税收个案批复类文件办理工作的通知》（税总办发〔2015〕184号），对税收个案批复类文件的办理流程、拟明确事项普遍适用的程序等进一步明确和规范。然而，一些人在理解、执行税收个案批复制度中仍然存在问题，给相关的税务处理埋下了执法的风险。

### 5.4.2 引起的纠纷

#### 5.4.2.1 纠纷事件的描述

◎ 案例5-8 从一则土地增值税判例看税务规范性文件的适用 [①]

坚通投资有限公司（简称"坚通公司"）于2003年购买了北京市朝阳区1505号房屋，于2003年6月30日缴纳契税，2003年8月29日取得房产证。

由于该处房产属于用港币购买的外销楼，卖方当时未能提供购房发票，

---

① 朱红宇. 从一例土地增值税判例谈税收规范性文件的适用 [EB/OL]. [2021-12-09]. http://www.tax028.com/show-7-17-1.html.

原告在 2014 年拟出售该套房产时才发现需要发票，并于 2014 年 8 月向开发商要求补开发票。开发商于 2014 年 8 月 13 日补开发票，发票载明金额为 1706090.50 元。

2015 年 5 月 18 日，原告办理存量房买卖合同网上签约，将 1505 号房屋以 2860000 元的价格出售给案外人常某某。

北京市朝阳区地方税务局第六税务所（简称"第六税务所"）将出具补开发票的日期作为购房日期，直接按发票载明的金额作为计算土地增值税的扣除项目金额，认定原告应缴纳土地增值税税额为 323572.86 元。

坚通公司认为应按发票所载金额并从实际购买年度起至转让年度止每年加计 5% 计算扣除项目的金额，双方遂产生税务争议。

坚通公司在缴纳税款后向北京市朝阳区地方税务局（简称"区地税局"）申请行政复议。区地税局维持第六税务所的征税决定，坚通公司不服，向朝阳区人民法院起诉，请求撤销第六税务所的征税行为及区税务局的复议决定。

朝阳区人民法院审理认为，《财政部 国家税务总局关于土地增值税若干问题的通知》（财税〔2006〕21 号）第二条第一款规定，纳税人转让旧房及建筑物，凡不能取得评估价格，但能提供购房发票的，可按发票所载金额并从购买年度起至转让年度止每年加计 5% 计算。《国家税务总局关于土地增值税清算有关问题的通知》（国税函〔2010〕220 号）第七条规定，计算扣除项目时"每年"按购房发票所载日期起至售房发票开具之日止，每满 12 个月计一年；超过一年，未满 12 个月但超过 6 个月的，可以视同为一年。

本案中，坚通公司于 2015 年 5 月 20 日向第六税务所提交 2014 年 8 月 13 日出具的购房发票作为申报纳税依据，在这种情况下，第六税务所根据前述规范性文件认定，因购房发票载明的日期至坚通公司出售 1505 号房屋的时间尚未满一年，对购房发票所载金额不进行加计，认定事实清楚，适用法律正确，法院予以支持，遂判决驳回原告的诉讼请求。

◎ 案例 5-9　某房产开发公司要求某地税局退还已缴的城镇土地使用税

某房产开发公司（简称"甲公司"）于 2009—2014 年分别以公开拍卖的方式，取得了某湖湾 A、B、C、D、E 五宗土地，并取得了国有土地使用证，用作抵押贷款，已申报缴纳城镇土地使用税及滞纳金共计6571317.42元。

在办理开发手续过程中，甲公司发现拍卖取得的五宗土地均为林地，且林业部门已出具相关证明。甲公司提供了五宗土地未实际交付使用的现场照片。市地税局经实地核查发现，目前五宗土地上仍是杂草和树木。此外，当地政府于2016年1月出具办公室办文单，注明截至目前无法按净地标准，将土地交付给甲公司。国土部门重新出具正式补充协议延迟交地，分别延期至2016年9月30日前（A地块）、2017年5月30日前（B地块）、2017年5月30日前（C地块）、2017年5月30日前（D地块）、2017年12月30日前（E地块）。

甲公司以未实际取得交付土地，且未实际使用为理由，提出原申报的城镇土地使用税属于误缴，申请退还已经缴纳的城镇土地使用税及滞纳金6571317.42元。

### 5.4.2.2 对纠纷事件的点评

在案例5-8中，朝阳区人民法院作出判决的适用法律依据是否有误？《行政诉讼法》第六十三条第一款规定，人民法院审理行政案件，以法律和行政法规、地方性法规为依据。第三款规定，人民法院审理行政案件，参照规章。2004年5月18日，最高人民法院印发《关于审理行政案件适用法律规范问题的座谈会纪要》（法〔2004〕96号）明确规定，行政审判实践中，经常涉及有关部门为指导法律执行或者实施行政措施而作出具体应用解释和制定其他规范性文件，这些具体应用解释和规范性文件不是正式的法律渊源，对人民法院不具有法律规范意义上的约束力。但是，人民法院经审查认为被诉具体行政行为依据的具体应用解释和其他规范性文件合法、有效并合理、适当的，在认定被诉具体行政行为合法性时应承认其效力；人民法院可以在裁判理由中对具体应用解释和其他规范性文件是否合法、有效、合理进行评述。可见，规范性文件必须经过人民法院审查，合法、有效并合理、适当的才承认其效力并作为判断具体行政行为合法性的参考。

上述"财税〔2006〕21号"及"国税函〔2010〕220号"属于税务规范性文件，既不是法律、行政法规，也不是规章，不能作为人民法院审理案件的依据。"财税〔2006〕21号"文件规定"可按发票所载金额并从购买年度起至转让年度止每年加计5%计算"。"国税函〔2010〕220号"文件将"购买年度"的认定限缩性解释为"购房发票所载日期"。案例5-8中，购房发票开具时间比实际购房时间晚了11年，如果按照"购房发票所载日期"确定原告的购房年度，显然与事实不符，并且也将导致原告不能享受加计扣除，从而导致原告多缴纳土地增值税，也明显不合理、不适当。因此，"国税函〔2010〕220号"文件不能作为判断税务机关征税行为合法性的参考。相应的，本案中第六税务所的征税行为及区税务局的复议决定也就缺乏法律依据，应当依法予以撤销。

案例5-9中，甲公司虽然取得了国有土地使用证，却未实际取得交付土地，是否应该缴纳城镇土地使用税？城镇土地使用税是以实际占用的土地面积为计税依据，对拥有土地使用权的单位和个人征收的一种税。城镇土地的所有权归属于国家，单位和个人对占用的土地只有使用权，因此城镇土地使用税实质上是对占用的土地资源或占用行为课税，甲公司没有按照国有土地出让合同约定的时间取得应交付的土地，也未能实际使用这些土地，所以国土部门出具了延期交付的补充协议。

《财政部 国家税务总局关于房产税、城镇土地使用税有关政策的通知》（财税〔2006〕186号）规定，以出让或转让方式有偿取得土地使用权的，应由受让方从合同约定交付土地时间的次月起缴纳城镇土地使用税；合同未约定交付土地时间的，由受让方从合同签订的次月起缴纳城镇土地使用税。在实务操作中，国土部门承认延期交付土地并签订补充合同的，按照《合同法》相关规定，一般情况下，补充合同与原合同具有同等法律效力，纳税义务时间可以按照延期交付时间确定。本案的证明材料显示，该地块并未提前使用，按照政策执行统一口径，城镇土地使用税的纳税义务时间应按照延期交付时间判定。可见，城镇土地使用税的"暂行条例"本身存在一定的缺陷，而税法行政解释也不够清楚明确，才导致上述争议的发生。

### 5.4.3 学理的探析

税收法律调整的范围广泛、内容丰富、变动多、变化快，加之税收法律规范通常具有抽象性、概括性，也存在一定程度上的模糊性，具体适用到行政执法过程中，解释是一个不可或缺的步骤。税法行政解释的目的是保证税法的正确实施，提高税收效率，实现税法的价值。

我国的税法行政解释主要是指财政部、国家税务总局在其职权范围内对税法所作的解释，以及海关总署依法在其职权内对有关税的法律规范所作的解释；也包括地方政府和地方税务机关依授权对税收法律规范和地方性税收法规的解释。财政部有税政司和条法司等内设机构，一直分享着税法解释权。与财政部相比，国家税务总局行使税法行政解释权具有更大的优势。国家税务总局统领全国税收工作，最熟悉税法的疑点和实施障碍，由其行使税法行政解释权可以保证问题解释的及时性和专业性。如果说"行政解释之所以存在，很大一部分因素是专业知识所致"，那么国家税务总局行使税法行政解释权、创制税务规范性文件便是最好的诠释。

### 5.4.3.1 四种税收法律法规形式的比较

目前我国的税收法律体系，是由四个部分组成的：税收法律、税收法规、税收规章和税务规范性文件。它们在制定主体、规范事项及名称上存在较大的区别（见表5-1）。

表5-1 四种税收法律法规形式的比较

| 法律法规 | 制定主体 | 规范事项 | 名称 |
|---|---|---|---|
| 税收法律 | 全国人民代表大会及其常务委员会行使国家立法权 | 制定法律事项。税种的设立、税率的确定和税收征收管理等税收基本制度 | "法""决定"等。如《中华人民共和国企业所得税法》《中华人民共和国税收征收管理法》《关于惩治虚开、伪造和非法出售增值税专用发票的决定》 |
| 税收法规 | ①国务院根据宪法和法律，制定行政法规 | ①行政法规：为执行法律的规定需要制定行政法规的事项；《中华人民共和国宪法》第八十九条规定的国务院行政管理职权的事项 | 一般称"条例""决定""规定""暂行条例""办法"等。如《中华人民共和国企业所得税法实施条例》《中华人民共和国增值税暂行条例》《海南省税收保障条例》 |
| 税收法规 | ②省、自治区、直辖市的人民代表大会及其常务委员会在不与宪法、法律、行政法规相抵触的前提下，可以制定地方性法规 | ②地方性法规：为执行法律、行政法规的规定，需要根据本行政区域的实际情况作具体规定的事项；属于地方性事务需要制定地方性法规的事项 | 一般称"条例""决定""规定""暂行条例""办法"等。如《中华人民共和国企业所得税法实施条例》《中华人民共和国增值税暂行条例》《海南省税收保障条例》 |

续表

| 法律法规 | 制定主体 | 规范事项 | 名称 |
|---|---|---|---|
| 税收规章 | ①国务院各部、委员会、中国人民银行、审计署和具有行政管理职能的直属机构，可以根据法律和国务院的行政法规、决定、命令，在本部门的权限范围内，制定部门规章 | ①部门规章：规定的事项应当属于执行法律或者国务院的行政法规、决定、命令的事项 | 一般称"规定""办法"，但不得称"条例"。如《增值税防伪税控系统管理办法》《网络发票管理办法》 |
| | ②省、自治区、直辖市和设区的市、自治州的人民政府，可以根据法律、行政法规和本省、自治区、直辖市的地方性法规，制定地方政府规章 | ②地方政府规章：为执行法律、行政法规、地方性法规的规定需要制定规章的事项；属于本行政区域的具体行政管理事项 | 如《浙江省人民政府关于贯彻执行〈中华人民共和国车船税法〉的通知》 |
| 税务规范性文件 | 县以上（含本级）税务机关依照法定职权和规定程序制定并公布的，规定纳税人、扣缴义务人及其他税务行政相对人（统称"税务行政相对人"）权利、义务，在本辖区内具有普遍约束力并反复适用的文件。县税务机关制定税务规范性文件，必须依据法律、法规、规章或省以上（含本级）税务机关税务规范性文件的明确授权；没有授权又确需制定税务规范性文件的，应当提请上一级税务机关制定 | 不得设定：税收开征、停征、减税、免税、退税、补税事项，行政许可，行政审批，行政处罚，行政强制，行政事业性收费以及其他不得由税收规范性文件设定的事项。经国务院批准的设定减税、免税等事项除外 | 可以使用"办法""规定""规程""规则"等名称，也有使用"公告""意见""函""批复"等。如《关于停止使用货物运输业增值税专用发票有关问题的公告》《关于落实〈企业所得税优惠政策事项办理办法〉的实施意见》 |

### 5.4.3.2 税法行政解释的合法性

根据《全国人民代表大会常务委员会关于加强法律解释工作的决议》[①]，行政解释主要适用于两种场合：其一，"不属于审判和检察工作中的其他法律、法令如何具体应用的问题"，解释权归属于国务院及主管部门；其二，"凡属于地方性法规如何具体应用的问题"，解释权归由省、自治区、直辖市人民政府主管部门。

---

① 1981 年 6 月 10 日第五届全国人民代表大会常务委员会第十九次会议通过。

　　《国务院办公厅关于行政法规解释权限和程序问题的通知》（国办发〔1999〕43号）进一步明确，"凡属于行政条文本身需要进一步明确界限或者作补充规定的问题，由国务院作出解释。凡属于行政工作中具体应用行政法规的问题，有关行政主管部门在职权范围内能够解释的，由其负责"。

　　税法行政解释必须恪守合法的"解释"限度，不应突破应有的"解释"定位。实践中，有突破"解释"限度导致税率调整的现象，如2014年11月28日至2015年1月12日间成品油消费税税率三次提高。[①]也有突破"解释"限度致使征税范围扩大的现象，如自2015年2月1日起电池、涂料被纳入消费税征税范围。[②]

　　税法行政解释是一种"应用性"解释，即对税务行政工作中如何具体应用法律、法规和规章的问题所进行的阐述和说明。这种解释大致分为两种情形：一种是制定解释，如国家税务总局对自己制定的部门规章的含义和应用作出阐释；另一种是执行解释，如国家税务总局对全国人民代表大会及常务委员会制定的税收法律、法规和规章如何具体应用作出解释。如《中华人民共和国城镇土地使用税暂行条例》第五条规定，省、自治区、直辖市人民政府，应当在本条例第四条规定的税额幅度内，根据市政建设状况、经济繁荣程度等条件，确定所辖地区的适用税额幅度。

　　执行解释主要以两种形式呈现：第一，税务机关基于税收法律、法规、规章的适用疑难而作出具有普遍指导意义的解释。如针对《土地增值税暂行条例》第八条中免征土地增值税的"普通标准住宅"，财政部、国家税务总局发布《关于土地增值税若干问题的通知》（财税〔2006〕第21号）。第二，税务机关就普遍应用税收法律、法规、规章问题作出系统性的具有规范性的解释。如根据《税收征收管理法》及其实施细则、《耕地占用税暂行条例》及其实施细则等的规定，国家税务总局发布《关于〈耕地占用税管理规程（试行）〉的公告》（国家税务总局公告2016年第2号）。

---

① 参见《关于提高成品油消费税的通知》（财税〔2014〕94号）、《关于进一步提高成品油消费税的通知》（财税〔2014〕106号）、《关于继续提高成品油消费税的通知》（财税〔2015〕11号）。
② 参见《关于对电池涂料征收消费税的通知》（财税〔2015〕16号）。

## 5.4.4 明确的界定

### 5.4.4.1 税法行政解释已有制度性约束

2018年12月4日，国务院办公厅发布《关于全面推行行政规范性文件合法性审查机制的指导意见》（国办发〔2018〕115号），第一次从国家层面对行政规范性文件合法性审查机制的主体、范围、程序、职责、责任等作出全面、系统的规定，是清理行政规范性文件工作的重要组成部分。

2017年5月16日，国家税务总局发布《税收规范性文件制定管理办法》。2019年11月26日，《国家税务总局关于修改〈税收规范性文件制定管理办法〉的决定》（国家税务总局令第50号）。将"税收规范性文件"修改为"税务规范性文件"。

国家税务总局制定的税务部门规章，不属于本办法所称的税务规范性文件。税务规范性文件不得设定税收开征、停征、减税、免税、退税、补税事项，不得设定行政许可、行政处罚、行政强制、行政事业性收费以及其他不得由税务规范性文件设定的事项。县税务机关制定税务规范性文件，应当依据法律、法规、规章或者省以上税务机关税务规范性文件的明确授权；没有授权又确需制定税务规范性文件的，应当提请上一级税务机关制定。各级税务机关的内设机构、派出机构和临时性机构，不得以自己的名义制定税务规范性文件。税务规范性文件可以使用"办法""规定""规程""规则"等名称，但是不得称"条例""实施细则""通知""批复"等。上级税务机关对下级税务机关有关特定税务行政相对人的特定事项如何适用法律、法规、规章或者税务规范性文件的请示所作的批复，需要普遍适用的，应当按照本办法规定的制定规则和制定程序另行制定税务规范性文件。

### 5.4.4.2 进一步完善税法行政解释制度的建议

（1）税法行政解释的立场

在税法行政解释中，常常面临"税收国库主义"与"纳税人主义"的权衡。前者是指在是否课税、怎样课税拿不准时，首先要对国库有利；后者是指在是否课税、怎样课税拿不准时，首先要对纳税人有利。

按照我国传统的观念，国家为税收法律关系的权利人，故税法行政解释的价值取向应该偏向国家税收。但从税收是人们消费公共产品的代价、税收必须公平和正义等角度看，税法行政解释更应坚持"纳税人主义"。

英国历史上的"威斯敏斯特公爵案"有一定的借鉴意义。1936年，英国威斯敏斯特公爵（Duke of Westminster）以契约的形式将支付给园丁的工资转换成年金，因为按照当时的税法，年金被允许在税前扣除，工资却不行。税务当局认为，公爵这样的安排等同于避税，没有允许他这么做。公爵不服，遂将时任税务局局长告上法庭。由于初审结果和上诉结果不一致，官司一直打到当时的最高法院上议院，上议院判定公爵胜诉。其中一位法官汤姆林勋爵（Lord Tomlin）写了一段著名的判词："在可能的情况下，每个人都有权利安排自己的事务，并依据相应的法律减少自己所负担的税款。如果他成功地实现这一结果，不管是税务局长还是其他纳税人，无论多么不认同，也不能强迫其缴纳另外的税款。"[①] 这一案例说明，凡是税法不确定性的利得，应当归纳税人所有。这样做的好处是，促使立法者及时修订法律的不完善之处，制定颁行更为清晰明确的法律。

法律解释的立场，在《民法典》中已有很好的体现。《民法典》第四百九十八条规定，对格式条款的理解发生争议的，应当按照通常理解予以解释。对格式条款有两种以上解释的，应当作出不利于提供格式条款一方的解释。格式条款和非格式条款不一致的，应当采用非格式条款。例如，某房地产公司为了促销房屋，所提供的房屋买卖合同中，有格式条款为，"……当天买房子送家具"。该合同条款的意思是模糊的，到底是房地产公司对当天购房的人赠送家具，还是当天免费帮购房人把家具运送到新房，这就是有两种以上解释的格式条款。按照第四百九十八条的规定，应该作出不利于提供格式条款的一方（房地产公司）的解释，即应该解释为对当天购房的人赠送家具。

在现行体制中，税务机关在税务行政解释中居于中心地位。这样的安排能很好地体现出专业性，但是税务机关是税法的主要执行者，同时又是税法行政解释的主体，集执法、解释等职能于一体，既执行规则，又解释规则，存在着违背公平原则的风险。虽说《民法典》第四百九十八条属于私法领域，但是，属于公法领域的税法直接关系到纳税人利益，税法行政解释可以借鉴上述规

① 胡巍."如果税法不明确，利得应归纳税人所有"——基于"公爵案"的思考[N].中国税务报，2019-12-24.

定，凡遇到税法不确定性时，应当更倾向于信奉"纳税人主义"。

（2）税法行政解释的程序

第一，征求意见。程序的公正能极大地保证结果的公正，人们由于对程序的参与而更加相信结果的公正性，从而接受并乐于遵从税法，自觉履行纳税义务，减少政府与公众之间的摩擦。税法行政解释应当兼顾税务机关权力与纳税人权利、兼顾税收效率与税收公平，所以，必须全面倾听纳税人提供的陈述与申辩意见，形成一个相对合意的税收法律解释文本。如果由于专业知识的局限性，解释主体在起草税务规范性文件时让某行业主管部门提供意见，这样，就有可能出现"订单式"的解释文本。例如，在起草股权转让的涉税解释性文本时，证券业监督管理委员会和证券商有关人士的意见建议可能会起决定性作用。与之形成反差的是，对分散、小众的纳税人有利的解释性文本较少，如小微企业、再就业人员等。因此，解释主体在起草解释性文本时应当征求社会公众意见，尤其要尽可能地听取关联当事人的意见。从行政解释的专业度、认可度等角度看，税法行政解释主体应当听取三类人的意见建议：来自基层业务部门、政策法规部门中具有丰富实践经验的税务人员，税收、法律等领域的专家学者，各行各业的纳税人代表。

令人欣喜的是，近几年我国在由"暂行条例"上升到单行税法的过程中，财政部和国家税务总局都陆续发布"征求意见稿"，如 2019 年 7 月 16 日财政部、国家税务总局发布《中华人民共和国土地增值税法（征求意见稿）》，向社会公开征求意见；同年 11 月 27 日，财政部、国家税务总局发布《中华人民共和国增值税法（征求意见稿）》，向社会公开征求意见。期望未来在作出税法行政解释之前也能向社会公开征求意见。

第二，公开机制。美国法学家伯尔曼说"没有公开则无所谓正义。"缺乏公开机制，广大纳税人参与税法行政解释只是"镜中花、水中月"。以往，我国绝大部分的税法行政解释文件是按照公文处理程序进行的，故一般都是上级对下级的指导、指示和意见，解释文件以自上而下、层层转发的形式予以下达，带有明显的税务系统内部化色彩，缺乏应有的透明度。根据行政公开原则，税法行政解释主体要将相关的依据、过程和结果向税务行政相对人甚至向社会公众公开。可以向特定当事人公开，也可以向不特定社会公众公开，明确公开的具体范围、公开的程度、公开的形式等，同时要有信息反馈渠道、信息处理方法、信息处理结果等。

第三，说明理由。《国家税务总局关于深化行政审批制度改革，切实加强事中事后管理的指导意见》（税总发〔2016〕28号）指出，增强同一税种政策调整的前后衔接，增强不同税种政策调整的相互协调。为了实现明确性和协调性，税法行政解释尤其是重大解释性文件或者关联问题出现解释冲突时，应当建构说明理由制度，具体包括：说明理由的一般条件和不需要说明理由的例外情形；说明理由的类型以及理由的基本构成；说明理由的法定方式与时间；不说明理由的法律后果或者说明理由存在瑕疵的补救方式。既要做到"答案"无误，又要实现"说理"透彻。

## 5.5 因价格明显偏低且无正当理由的税收核定

"价格明显偏低且无正当理由，主管税务机关有权核定其计税价格或应纳税额。"这是在税收法律、法规或规范性文件中经常出现的一个条款。对"价格明显偏低""无正当理由"，都是用"且"或者"又"来表述的，说明两者是一个递进关系：同时具备这两个条件，税务机关才有权核定计税依据。问题是，国家税务总局颁布的各类规范性文件，并未对"价格明显偏低"作出一个明确的认定，也没有明确规定哪些属于"正当理由"、哪些属于"不正当理由"。

### 5.5.1 模糊的边界

据不完全整理，下列税收法律、法规或规范性文件中都有"价格明显偏低且无正当理由"或类似的表述（见表5-2）。

● 模糊地带1 价格明显偏低的标准是什么？

2010年8月9日，有税务工作者在国家税务总局网站上提交纳税咨询。问：《税收征收管理法》第三十五条规定，纳税人有下列情形之一的，税务机关有权核定其应纳税额……⑥纳税人申报的计税依据明显偏低，又无正当理由的。对这一条款，我们基层税务机关在执行时有两个困难：一是"计税依据明显偏低"，有没有具体的比例？二是何谓正当理由，有没有列举？另外，出现这种情况后是否可以认定为偷税?

表5-2　含有"价格明显偏低且无正当理由"的法律、法规或规范性文件

| 法律法规 | 条款或文号 | 情形 | 税务处理 |
|---|---|---|---|
| 税收征收管理法 | 第三十五条 | 申报的计税依据明显偏低又无正当理由 | 税务机关有权核定其应纳税额 |
| 增值税暂行条例 | 第七条 | 价格明显偏低并无正当理由 | 主管税务机关核定其销售额 |
| 消费税暂行条例 | 第十条 | 纳税人应税消费品的计税价格明显偏低并无正当理由 | 主管税务机关核定其计税价格 |
| 白酒消费税最低计税价格核定管理办法（试行） | 国税函〔2009〕380号 | 白酒生产企业消费税计税价格低于销售单位对外销售价格70%以下 | 核定最低计税价 |
| 契税法 | 第四条 | 纳税人申报的成交价格、互换价格差额明显偏低且无正当理由的 | 由税务机关依照《中华人民共和国税收征收管理法》的规定核定 |
| 土地增值税暂行条例 | 第九条 | 转让房地产的成交价格低于房地产评估价格，又无正当理由 | 按照房地产评估价计算征收 |
| 车辆购置税法 | 第七条 | 纳税人申报的应税车辆计税价格明显偏低，又无正当理由 | 税务机关核定其应纳税额 |
| 企业所得税核定征收办法（试行） | 第三条 | 申报的计税依据明显偏低，又无正当理由的 | 核定征收企业所得税 |
| 个人所得税法实施条例 | 第八条 | 无凭证的实物或者凭证上所注明的价格明显偏低 | 参照市场价核定应纳税所得额 |
| 营业税改征增值税试点实施办法 | 财税〔2016〕36号 | 价格明显偏低或者偏高且不具有合理商业目的的 | 顺序确定销售额 |
| 股权转让所得个人所得税管理办法（试行） | 税务总局公告2014年第67号 | 申报的股权转让收入明显偏低且无正当理由 | 核定转让收入 |
| 关于推进应用房地产评估技术加强存量房交易税收征管工作的通知 | 财税〔2010〕105号 | 申报价格低于计税参考值 | 以计税参考值为计税价格 |
| 关于个人住房转让所得征收个人所得税有关问题的通知 | 国税发〔2006〕108号 | 申报的住房成交价格明显低于市场价格且无正当理由 | 核定转让收入 |

针对上述提问，国家税务总局作出两点回复意见：第一，对"计税依据明显偏低"的界定，可以按《税收征收管理法实施细则》第四十七条规定的各种核定税额的方式作为参照，通过比较予以判断。在税务机关作出认定其计税偏低的情形下，纳税人又不能对比作出合理合法的解释说明，可以按《税收征收管理法》第三十五条的规定，核定其应纳税额，因为具体问题具体对待，《税收征收管理法》中没有将判断标准的数字形式予以量化，这也是《税收征收管理法》赋予税务机关一定自由裁量权的体现。第二，对"计税依据明显偏低，又无正当理由"的情形，如果没有《税收征收管理法》第六十三条所列情节的证据，不能将其定性为偷税。

显然，第一点的回复中，有"通过比较予以判断""具体问题具体对待"等意思，这个解释依然是模糊的。不仅如此，还把这种模糊性说成是税收征收管理法"赋予税务机关一定自由裁量权的体现"。

● 模糊地带2  何谓"正当理由"或"不正当理由"？

关于"正当理由"的认定，容易引发征纳双方的争议。如果所有申报价格明显偏低的交易，都依赖于税务机关逐一核实是否有正当理由，这是不可能的。由于"正当理由"没有具体的标准，实践中只能依靠税务机关根据实际情况酌情认定。但是，"正当理由"与"非正当理由"之间的边界不清，税务机关的认定往往使纳税人难以心服口服。这里以房地产交易为例。

为了规避房产交易所引起的税费，一些买卖当事人签订了"阴阳合同"。"阴阳合同"是指在存量房交易中，买卖双方签订两份交易价格不同的合同。专供登记（备案）或纳税使用的低价合同叫"阳合同"，双方私下留存并实际履行的高价合同叫"阴合同"。一份对外，一份对内，其中对外的一份并不是双方的真实意思表示，只是以逃避税费为目的；对内的一份是双方的真实意思表示。《民法典》第一百四十六条规定，行为人与相对人以虚假的意思表示实施的民事法律行为无效。以虚假的意思表示隐藏的民事法律行为的效力，依照有关法律规定处理。这就是说，"阳合同"中通过虚假手段降低合同标的，欺骗行政主管部门，从而少缴或不缴税费，这样的价格条款应属无效合同条款，不具有确定双方权利义务关系的效力。相反，"阴合同"中真实的价格条款，才是确定双方民事权利义务关系的基础。阴阳合同具有违法的性质，如果偷税数额较大、次数较多，则有可能构成刑事犯罪。

针对存量房交易中的这个问题，近年来，浙江、湖南、江苏、河南等省的财政税务部门发布了相关文件，罗列的"正当理由"有相同之处，如房屋质量问题，直系亲属之间的交易，司法裁决、仲裁，公开拍卖等；也存在一些差异，如河南省将因存量房曾发生火灾、凶杀、爆炸等重大事件导致低价出售的，列为正当理由，但是另外三个省均没有明确列举（见表5-3）。

表5-3　部分地方性文件中构成"正当理由"的具体情形

| 发布单位 | 文件名称 | 构成"正当理由"的具体情形 |
|---|---|---|
| 浙江省财政厅、地方税务局 | 关于实行房屋交易最低计税价格管理办法的通知 | ①因房屋本身质量问题，纳税人申报的交易价格低于房屋交易最低计税价格的，经征收机关核实，按核定的价格作为计税价格；②由法院裁定、判决和仲裁机构裁决的房屋权属，以司法裁定的价格为计税价格；③税收法规另有专门规定的 |
| 湖南省地方税务局 | 存量房交易计税价格异议处理办法 | ①由法院裁定、判决和仲裁机构裁决的存量房转移价格；②通过具有合法资质的拍卖机构依法公开拍卖的存量房转移价格；③交易双方为直系亲属的；④存量房曾发生重大意外事件或者存在功能性结构缺失、破损等严重质量问题的；⑤主管地税机关认可的其他情形 |
| 江苏省地方税务局 | 关于进一步加强存量房评估工作的通知 | ①法院判决；②亲属（三代以内直系血亲）间交易；③房屋客观上有明显缺损等严重质量问题；④税务机关认定的其他情形 |
| 河南省地方税务局 | 关于存量房评估工作有关问题的通知 | ①人民法院判决、裁定或仲裁机构裁决的存量房权属转移，以生效法律文书载明的存量房价格作为计税依据；法律文书中没有载明价格的，应对其进行核定征收。②具有合法资质的拍卖机构依法拍卖的价格。③存量房曾发生火灾、凶杀、爆炸等重大事件导致低价出售的。应提供消防、公安等部门出具的曾发生火灾、凶杀、爆炸等重大事件的证明文件。④存量房存在功能性结构破损等严重质量问题的，应提供住建、质检等部门出具的质量问题报告。⑤交易双方为父母与子女；祖父母、外祖父母与孙子女、外孙子女；兄弟姐妹关系的。这类交易需要公安部门提供具有以上关系证明文件。⑥税务机关确认的其他情况 |

尽管河南省地方税务局对"正当理由"的列举比较详细、具体，然而，实际情况远不止上述六种。比如，为解决老国有企业退休职工的住房困难、化解社会矛盾，导致房屋交易价格明显偏低，应当属于"正当理由"。

## 5.5.2　引起的纠纷

### 5.5.2.1　纠纷事件的描述

◎ **案例5-10　新疆瑞成房产公司以低于市场价格20%的价格销售房产案** [①]

2011年7月1日，新疆维吾尔自治区地方税务局稽查局（简称"稽查局"）对新疆瑞成房地产开发有限公司（简称"瑞成房产公司"）立案进行税务稽查。

2012年10月31日，稽查局对瑞成房产公司作出"新地税稽罚（2012）12号税务行政处罚决定"，要求瑞成房产公司补缴少缴的2009—2010年营业税、城市维护建设税、印花税、房产税、城镇土地使用税、土地增值税，合计1610002.80元，并处以少缴税款一倍的罚款计1610002.80元。对瑞成房产公司应扣未扣个人所得税102565.72元处以一倍的罚款计102565.72元。以上应缴款项共计1712568.52元。

2012年11月7日，稽查局将该处罚决定送达瑞成房产公司。瑞成房产公司对稽查局认定的结果存有异议。其中，稽查局认定瑞成房产公司于2010年以低于市场价格20%的价格销售房产给某投资发展有限公司的老职工，应按同期市场价格进行调整，调整金额2494258.77元，少缴营业税124712.94元。瑞成房产公司称，公司是根据上级主管部门的文件，为解决老职工住房困难，化解信访矛盾，经董事会研究决定，给老职工售房价格让利20%。稽查局以价格明显偏低为由对瑞成房产公司进行处罚没有依据。

瑞成房产公司向乌鲁木齐市水磨沟区人民法院提起诉讼。一审法院认为：据调查，瑞成房产公司与某投资发展有限公司均为新疆某集团公司下属控股公司。某投资发展有限公司是改制的国有企业，老职工收入低，住房条件差，相关部门及领导均要求妥善处理此事。瑞成房产公司在接到上级主管单位——自治区供销社的同意批复后，以低于同期市场销售价格20%的价格，向某投资发展有限公司老职工优惠售房，此应属于正当理由。稽查局以瑞成房产公司按低于市场价格销售给某老职工住宅为由，直接以同期市场价格对瑞成房产公司的售房价格进行调整，调整金额2494258.77元，并据此认定瑞成房产公司少

---

[①]　参见新疆维吾尔自治区乌鲁木齐市中级人民法院行政判决书（2014）（乌中行终字第95号）。

缴营业税 124712.94 元。该决定对瑞成房产公司处以 124712.94 元营业税罚款，属于事实不清，主要证据不足。

乌鲁木齐市水磨沟区人民法院作出"（2013）水行初字第 25 号行政判决书"，撤销新疆维吾尔自治区地方税务局稽查局 2012 年 10 月 31 日作出的"新地税稽罚（2012）12 号税务行政处罚决定"。新疆维吾尔自治区地方税务局稽查局不服判决，向乌鲁木齐市中级人民法院提起上诉。

乌鲁木齐市中级人民法院经审理，认为瑞成房产公司要求撤销税务局作出的"新地税稽罚（2012）12 号税务行政处罚决定"的诉讼请求成立，应予支持。

◎ 案例 5-11　广州德发公司诉市地税局稽查局处罚不当案①

2004 年 11 月 30 日，广州德发房产建设有限公司（简称"德发公司"）与广州穗和拍卖行有限公司（简称"穗和拍卖行"）签订委托拍卖合同，委托穗和拍卖行拍卖其自有的位于广州市人民中路 555 号"美国银行中心"的房产。

委托拍卖的房产包括地下层车库、商铺、写字楼等，总面积为 63244.7944 平方米。德发公司在拍卖合同中对上述房产估值金额为 530769427.08 港元。2004 年 12 月 2 日，穗和拍卖行发布拍卖公告，称将于 2004 年 12 月 9 日举行拍卖会，竞投者须在拍卖前将拍卖保证金 6800 万港元转到德发公司指定的银行账户内。2004 年 12 月 19 日，盛丰实业有限公司（香港公司）通过拍卖，以底价 1.3 亿港元（兑换人民币为 1.38255 亿元）竞买了上述部分房产，面积为 59907.0921 平方米。

上述房产拍卖后，德发公司按 1.38255 亿元的拍卖成交价格，先后向税务机关缴纳了营业税 6912750 元及堤围防护费 124429.5 元，并取得了由广州市荔湾区地税局出具的完税凭证。

2006 年间，广州市地税局第一稽查局（简称"广州税稽一局"）检查德发公司 2004—2005 年税费缴纳情况。经调取德发公司委托拍卖房产所在的周边房产的交易价格情况进行分析，广州税稽一局认为，德发公司以 1.38255 亿元出售房产，拍卖成交单价格仅为 2300 元 / 平方米，不及市场价的一半，价格严

---

① 根据谢德明. 最高法税务行政诉讼第一案 [EB/OL]. （2017-04-18）[2022-01-26]. http://blog.sina. com.cn/s/blog_62083e2c0102x54c.html 编写。

重偏低。遂于 2009 年 8 月 11 日依据《税收征收管理法》第三十五条及《税收征收管理法实施细则》第四十七条的规定，作出税务检查情况核对意见书，核定德发公司委托拍卖的房产的交易价格为 311678775 元，并以 311678775 元为标准核定应缴营业税及堤围防护费。德发公司应补缴营业税 8671188.75 元及堤围防护费 156081.40 元。该意见书同时载明了广州税稽一局将按规定加收滞纳金及罚款的情况。

德发公司于 2009 年 8 月 12 日收到上述税务检查情况核对意见书后，于同月 17 日向广州税稽一局提交了复函，认为广州税稽一局对其委托拍卖的房产价值核准为 311678775 元缺乏依据。

广州税稽一局没有采纳德发公司的陈述意见，于 2009 年 9 月 14 日作出"穗地税稽一处（2009）66 号税务处理决定"，认为德发公司存在违法违章行为并决定：①依据《税收征收管理法》第三十五条，《税收征收管理法实施细则》第四十七条，《中华人民共和国营业税暂行条例》第一条、第二条、第四条的规定，决定追缴德发公司未缴纳的营业税 8671188.75 元，并依据《税收征收管理法》第三十二条的规定，对德发公司应补缴的营业税加收滞纳金 2805129.56元。②依据广州市人民政府《广州市市区防洪工程维护费征收、使用和管理试行办法》（穗府〔1990〕88 号）第二条、第三条、第七条及广州市财政局、广州市地方税务局、广州市水利局《关于征收广州市市区堤围防护费有关问题的补充通知》（财农〔1998〕413 号）第一条规定，决定追缴德发公司少申报的堤围防护费 156081.40 元，并加收滞纳金 48619.36 元。

德发公司不服广州税稽一局的处理决定，向广州市地方税务局申请行政复议。广州市地方税务局经复议后于 2010 年 2 月 8 日作出"穗地税行复字（2009）8 号行政复议决定"，维持了广州税稽一局的处理决定。

德发公司对这一税务处理决定不服，向广州市天河区人民法院提起诉讼，被驳回；又向广州市中级人民法院提起上诉，再被驳回；向广东省高级人民法院申请再审，仍被驳回再审申请。

2013 年，德发公司向最高人民法院提出再审申请。请求：①依法撤销广州市天河区人民法院"（2010）天法行初字第 26 号行政判决"和广州市中级人民法院"（2010）穗中法行终字第 564 号行政判决"；②依法撤销被申请人于 2009

年 9 月 16 日作出的"穗地税稽一处（2009）66 号税务处理决定"；③判令被申请人退回违法征收的申请人营业税 8671188.75 元及滞纳金人民币 2805129.56 元，退回违法征收的申请人堤围防护费 156081.40 元及滞纳金人民币 48619.36 元，以及上述款项从缴纳之日起至实际返还之日止按同期银行贷款利率计算的利息。

2015 年 6 月 29 日，最高人民法院公开开庭审理本案，认为：广州税稽一局核定德发公司应纳税额，追缴 8671188.75 元税款，符合《税收征收管理法》第三十五条、《税收征收管理法实施细则》第四十七条的规定；追缴 156081.40 元堤围防护费，符合《广州市市区防洪工程维护费征收、使用和管理试行办法》的规定。不过，广州税稽一局认定德发公司存在违法违章行为没有事实和法律依据；责令德发公司补缴上述税费产生的滞纳金属于认定事实不清且无法律依据。

2017 年 4 月 7 日，最高人民法院就德发公司与广州税稽一局再审案作出判决：①撤销广州市中级人民法院"（2010）穗中法行终字第 564 号行政判决"和广州市天河区人民法院"（2010）天法行初字第 26 号行政判决"；②撤销广州税稽一局"穗地税稽一处（2009）66 号税务处理决定"中对德发公司征收营业税滞纳金 2805129.56 元和堤围防护费滞纳金 48619.36 元的决定；③责令广州税稽一局在本判决生效之日起 30 日内返还已经征收的营业税滞纳金 2805129.56 元和堤围防护费滞纳金 48619.36 元，并按照同期中国人民银行公布的一年期人民币整存整取定期存款基准利率支付相应利息；④驳回德发公司其他诉讼请求。一、二审案件受理费 100 元，由德发公司和广州税稽一局各负担 50 元。

#### 5.5.2.2　对纠纷事件的点评

案例 5-10 中，瑞成房产公司向新疆某投资发展有限公司离退休职工让利销售房屋，是否属纳税人申报的计税依据"明显偏低且又无正当理由"呢？瑞成房产公司应其上级主管部门的要求，为解决企业老职工住房困难，化解信访突出问题，经上级主管部门批准、瑞成房产公司董事会研究决定给老职工售房价格让利 20%，可以说证据确凿、事实清楚。

《税收征收管理法》第三十五条第六款规定，纳税人申报的计税依据明显偏低，又无正当理由的，税务机关有权核定其应纳税额。该条款虽然规定纳税人申报的计税依据明显偏低，又无正当理由的，税务机关有权核定其应纳税额，但法律法规对"计税依据明显偏低"没有具体的标准，对"无正当理由"也没有明确的界定。

况且，某投资发展有限公司的前身为供销社运输公司，作为改制的国有企业，离退休职工收入低，住房条件长期得不到改善，在某投资有限公司退休职工多次到新疆维吾尔自治区人民政府和自治区供销社上访，要求改善住房条件的情况下，瑞成房产公司以低于同期销售价格 20% 向某投资发展有限公司离退休职工优惠售房并无不当，此举应视为瑞成房产公司解决老国企退休职工住房困难，防止群体事件发生，化解社会矛盾的善意之举。自治区地方税务局稽查局简单地将此认定为"明显低于市场价格且无正当理由"，并以此为由对瑞成房产公司处以 124712.94 元营业税罚款，显属错误。

案例 5-11 中德发公司将涉案房产拍卖形成的拍卖成交价格作为计税依据纳税后，广州税稽一局可以在税务检查过程中以"计税依据价格明显偏低且无正当理由"为由核定补征税款。但是，德发公司按照拍卖成交价申报纳税并取得主管税务机关出具的完税凭证，没有税法违法违章行为，广州税稽一局责令德发公司补缴与税费相关的滞纳金，属于认定事实不清且无法律依据。

但是，案例 5-11 中有一个问题值得探讨。通过拍卖行公开拍卖存量房的价格，是否属于正当理由？德发公司认为，从委托拍卖合同签订，到刊登拍卖公告，再到竞买人现场竞得并签署成交确认单，整个过程均依照《中华人民共和国拍卖法》（简称《拍卖法》）进行，成交价格 1.3 亿港元亦未低于拍卖保留价。拍卖价格是市场需求与拍卖物本身价值互相作用的结果。拍卖前，申请人银行债务 1.3 亿港元已全部到期，银行已多次发出律师函追收，本案拍卖是再审申请人为挽救公司而不得已采取的措施。但拍卖遵循的是市场规律，成交价的高低非再审申请人所能控制，本案拍卖成交价虽然不尽如人意，但不影响拍卖效力，再审申请人只能也只应以拍卖成交价作为应纳税额申报缴纳税款。

另外，有的地方税务机关认定，通过拍卖行公开拍卖存量房的价格属于正当理由。如湖南省地税局规定，"通过具有合法资质的拍卖机构依法公开拍卖的存量房转移价格"属于正当理由；河南省地税局也规定，"具有合法资质的拍卖机构依法拍卖的价格"属于正当理由。

### 5.5.3 学理的探析

#### 5.5.3.1 价格明显偏低的定性分析

关于"价格明显偏低"的认定，理论界存在不同的观点。

观点一认为，除了《中华人民共和国反不正当竞争法》（简称《反不正当竞争法》）列举的情况外，如果税务机关能够证明纳税人应税行为的计税依据低于同期同类市场交易价 70% 的，应能认定其为计税依据明显偏低。理由是，《反不正当竞争法》第十一条规定，下列情形不属于不正当竞争行为：销售鲜活商品；处理有效期限即将到期的商品或其他积压的商品；季节性降价销售商品；因清偿债务、转产、歇业降价销售商品。最高人民法院《关于适用〈中华人民共和国合同法〉若干问题的解释（二）》（法释〔2009〕5 号）第十九条规定，转让价格达不到交易时交易地的指导价或者市场交易价百分之七十的，一般可以视为明显不合理的低价。据此，若售价低于市价百分之七十，则应视为明显偏低。

观点二认为，应结合产品销售目的、产品质量以及公允价格等因素综合衡量，对低于成本价格销售的可视为价格明显偏低且无正当理由。理由是，《反不正当竞争法》第十一条规定，经营者不得以排挤竞争对手为目的，以低于成本的价格销售商品。《中华人民共和国价格法》第八条规定，经营者定价的基本依据是生产经营成本和市场供求状况。

观点三认为，税务机关有足够证据证明经济交易行为是虚假的，可按偷税处理，否则不容置疑其真实性。在交易行为真实的情况下，如能证明是关联交易，则按照一定的方法认定价格是否明显偏低，并按相关规定处理；如不能证明是关联交易，无论交易价格与市场价格相差多少，是否低于成本价，均不能视为价格明显偏低。理由是，法律法规并未赋予税务机关核定销售价格的权力，但赋予了税务机关在特定情形下核定计税价格的权力。从依法行政的角度出发，税务机关认定"价格明显偏低且无正当理由"应做到事实清楚、证据充分，并负有举证责任。

上述三种观点，其实差异性并不大。"观点一"和"观点二"主张以低于同期同类市场交易价的百分之七十或者以低于成本价作为判别依据，这种看法值得肯定。反不正当竞争法和价格法都属于经济法，税法有经济法的属性。税法与经济法之间有紧密的联系，如经济法中的许多法律、法规是制定税法的重要依据，经济法中的一些概念、规则、原则也在税法中大量应用。当事人的经济交易行为必须先接受经济法的规范，这是前一环节的规范。但是，税法又具有行政法的属性，如调整的是国家机关与法人或自然人之间的法律关系；体现着国家单方面的意志，不需要双方意思表示一致；法律关系中纷争的解决按照行政复议程序和行政诉讼程序进行。当事人的经济交易行为必须接受税法的规范，税法赋予当事人纳税的义务，这是后一环节的规范。所以，税法对计税依据的确认，应当以尊重反不正当竞争法和价格法对交易价格的规范为前提。正如"观点三"所言，法律法规并未赋予税务机关核定销售价格的权力，只是赋予了税务机关在特定情形下核定计税价格的权力。

另外，虽然在《民法典》生效的同时，原《合同法》已废止，但并不意味着原《合同法》的司法解释就当然废止，在没有出台新的司法解释或废除原司法解释的决定前，原《合同法》的司法解释，在与《民法典》不冲突的情况下，依然具有适用价值。

### 5.5.3.2 价格明显偏低的量化判断标准

（1）最高人民法院的标准

最高人民法院《关于适用〈中华人民共和国合同法〉若干问题的解释（二）》（法释〔2009〕5号）第十九条规定，对于合同法第七十四条规定的"明显不合理的低价"，人民法院应当以交易当地一般经营者的判断，并参考交易当时交易地的物价部门指导价或者市场交易价，结合其他相关因素综合考虑予以确认。转让价格达不到交易时交易地的指导价或者市场交易价百分之七十的，一般可以视为明显不合理的低价；对转让价格高于当地指导价或者市场交易价百分之三十的，一般可以视为明显不合理的高价。债务人以明显不合理的高价收购他人财产，人民法院可以根据债权人的申请，参照合同法第七十四条的规定予以撤销。

这个量化指标出现在最高人民法院的司法解释中，至少从法律上具有普遍的适用性。但是，该法律解释适用于人民法院处理合同纠纷，对于税务机关的税收征管工作是否具有约束力仍存争议。

（2）国家税务总局的标准

国家税务总局发布的税务规范性文件，只对白酒消费税最低计税价格有明确的比例规定。2009年7月17日，《国家税务总局关于加强白酒消费税征收管理的通知》（国税函〔2009〕380号）发布了，该通知所附的《白酒消费税最低计税价格核定管理办法（试行）》第八条第二款规定，白酒生产企业销售给销售单位的白酒，生产企业消费税计税价格低于销售单位对外销售价格70%以下的，消费税最低计税价格由税务机关根据生产规模、白酒品牌、利润水平等情况在销售单位对外销售价格50%至70%范围内自行核定。其中生产规模较大，利润水平较高的企业生产的需要核定消费税最低计税价格的白酒，税务机关核价幅度原则上应选择在销售单位对外销售价格60%至70%范围内。

（3）河南省地税局和江苏省地税局的标准

《河南省地方税务局转发关于土地增值税清算有关问题的通知》（豫地税函〔2010〕202号）第二条规定，《河南省地方税务局关于明确土地增值税若干政策的通知》（豫地税发〔2010〕28号）第三条第二款第六项中，"申报的计税价格明显偏低，又无正当理由的，按核定征收率8%征收土地增值税"，该处的"明显偏低"是指低于该项目当月同类房地产平均销售价格的10%，如当月无销售价格的应按照上月同类房地产平均销售价格计算；无销售价格的，主管税务机关可参照市场指导价、社会中介机构评估价格、缴纳契税的价格和实际交易价格，按孰高原则确定计税价格。

《江苏省地方税务局关于土地增值税有关业务问题的公告》（苏地税规〔2012〕1号）第三条第三款规定，对纳税人申报的房地产转让价格低于同期同类房地产平均销售价格10%的，税务机关可委托房地产评估机构对其评估。纳税人申报的房地产转让价格低于房地产评估机构评定的交易价，又无正当理由的，应按照房地产评估机构评定的价格确认转让收入。

由此可见，目前只是在局部领域有判断价格明显偏低的量化标准，并没有系统化的标准。即便是存量房交易价格，各地的做法也不一致。这是税收法律规范需进一步完善之处。

### 5.5.3.3　哪些理由属于正当理由

对于增值税的纳税人销售货物的价格明显偏低且无正当理由，《四川省国家税务局关于印发〈增值税问题解释之四〉的通知》（川国税函发〔1997〕2号）中有一个解释：对纳税人销售货物的价格明显偏低且无正当理由的界定，在国家税务总局没有正式明确规定之前，各地可参照《反不正当竞争法》的有关规定处理，除此之外，对纳税人之间经营或销售货物，价格明显偏低且无正当理由或采取相互压低价格（主要是指以低于成本价或进价销售货物），造成国家税款流失的，均可按照《增值税暂行条例实施细则》第十六条和《国家税务总局关于印发〈增值税若干具体问题的规定〉的通知》（国税发〔1993〕154号）第二条第四款执行，由主管国税机关核定销售额征收增值税。不难看出，在这个答复中，四川省国税局的意见是：价格明显偏低主要是指以低于成本价或进价销售货物；正当理由则参照《反不正当竞争法》，主要包含两个方面，一是货物本身的原因，如处理有效期限即将到期的商品或者其他积压的商品；二是企业本身的原因，如因偿债、转产、歇业降价销售商品。

对于自然人转让股权价格明显偏低的正当理由，《股权转让所得个人所得税管理办法（试行）》（国家税务总局公告2014年第67号）第十三条规定，符合下列条件之一的股权转让收入明显偏低，视为有正当理由：①能出具有效文件，证明被投资企业因国家政策调整，生产经营受到重大影响，导致低价转让股权；②继承或将股权转让给其能提供具有法律效力身份关系证明的配偶、父母、子女、祖父母、外祖父母、孙子女、外孙子女、兄弟姐妹以及对转让人承担直接抚养或者赡养义务的抚养人或者赡养人；③相关法律、政府文件或企业章程规定，并有相关资料充分证明转让价格合理且真实的本企业员工持有的不能对外转让股权的内部转让；④股权转让双方能够提供有效证据证明其合理性的其他合理情形。

对于土地增值税清算时房地产转让价格明显偏低的正当理由，《江苏省地方税务局关于土地增值税有关业务问题的公告》（苏地税规〔2012〕1号）第三条第三款规定，对以下情形的房地产转让价格，即使明显偏低，可视为有正当理由：①法院判定或裁定的转让价格；②以公开拍卖方式转让房地产的价格；③政府物价部门确定的转让价格；④经主管税务机关认定的其他合理情形。

### 5.5.4 明确的界定

#### 5.5.4.1 价格比对和拍卖价格的有效性

在税收核定中,"价格明显偏低"是无正当理由的前提,正因为"交易价格明显偏低",才引起税务机关对有无正当理由的怀疑。如果交易价格在正常波动范围内甚至明显偏高,税务机关就不会去怀疑。

(1)价格比对

价格比对即将涉案货物或财产的交易价格与其他类似货物或财产的交易价格进行比较,从而判断该货物或财产的交易价格是否合理。

《税收征收管理法实施细则》第四十七条规定,纳税人有税收征管法第三十五条或者第三十七条所列情形之一的,税务机关有权采用下列任何一种方法核定其应纳税额:①参照当地同类行业或者类似行业中经营规模和收入水平相近的纳税人的税负水平核定;②按照营业收入或者成本加合理的费用和利润的方法核定;③按照耗用的原材料、燃料、动力等推算或者测算核定;④按照其他合理方法核定。采用前款所列一种方法不足以正确核定应纳税额时,可以同时采用两种以上的方法核定。该规定非常明确,税务机关在进行税收核定时,对于计税依据是否偏低、有无正当理由进行判断时,可以选择比对的方法。

结合前述案例5-11,广州税稽一局在调查过程中首先将德发公司的房产交易价格与周边同一时期楼盘的交易价格进行比对,发现其交易价格明显低于涉案房产周边的写字楼、商铺和车库等类似房产的最低交易价格。在此基础上,还作了另一种比对,即德发公司在拍卖该房产时设置的保留价(约2300元/平方米)远远低于其委托第三方所作的评估价(约8400元/平方米)和自行委托专业机构作出的审计价(约7100元/平方米),同样属于"明显不合理的低价"。这就是最高人民法院支持广州税稽一局核定德发公司应纳税额并追缴营业税和堤围防护费的原因。

(2)判断拍卖行为的正当性

在市场经济条件下,依照意思自治原则,市场主体的交易方式多种多样,法律一般不对交易方式作过多的限制。但在资源、房产的转让上,常常采用拍卖这种竞价性方式。

拍卖价格的形成机制较为复杂，因受到诸多不确定因素的影响，相同商品的拍卖价格可能会出现较大差异。依照法定程序进行的拍卖活动，由于经过公开、公平的竞价，不论拍卖成交价格的高低，都是充分竞争的结果，较之一般的销售方式更能客观地反映商品价格，可以视为市场的公允价格。

如果没有法定机构依法认定拍卖行为无效或者违反《拍卖法》的禁止性规定，原则上税务机关应当尊重作为计税依据的拍卖成交价格，不能以拍卖价格明显偏低为由进行核定征收。

广州市地方税务局发布的《存量房交易计税价格异议处理办法》（2013年修订）明确规定，通过具有合法资质的拍卖机构依法公开拍卖的房屋权属转移，以拍卖对价为计税价格的，可以作为税务机关认定的正当理由。

因此，对于一个明显偏低的计税依据，并不一定要由税务机关重新核定，尤其是该价格是通过拍卖方式形成时，税务机关一般应予认可和尊重，不宜轻易启动核定程序，以行政认定取代市场竞争形成的计税依据。

案例5-11的关键在于，在没有法定机构认定涉案拍卖行为无效，也没有充分证据证明涉案拍卖行为违反《拍卖法》的禁止性规定的情况下，税务机关能否以涉案拍卖行为只有一个竞买人参加竞买即一人竞拍为由，不认可拍卖形成的价格作为计税依据，直接核定应纳税额。

一人竞拍的法律问题较为特殊和复杂，《拍卖法》虽然强调拍卖的公开竞价原则，但并未明确禁止一人竞拍行为，在法律或委托拍卖合同对竞买人数量没有作出限制性规定的情况下，否定一人竞买的效力尚无明确法律依据。但对于拍卖活动中未实现充分竞价的一人竞拍，在拍卖成交价格明显偏低的情况下，即使拍卖当事人对拍卖效力不持异议，因涉及国家税收利益，该拍卖成交价格作为计税依据并非绝对不能质疑。

德发公司的涉案拍卖行为的确存在一人竞拍、保留底价偏低的事实，拍卖成交价格不能反映正常的市场价格，而且德发公司未能合理说明上述情形并未对拍卖活动的竞价产生影响。在这一前提下，广州税稽一局依法核定德发公司的应纳税款，并未违反法律规定。

### 5.5.4.2 "不具有合理商业目的"的判断

"价格明显偏低且无正当理由"与"不具有合理商业目的"相联系。

《企业所得税法》第四十七条最先引入"不具有合理商业目的的安排"这一提法，企业实施其他不具有合理商业目的的安排而减少其应纳税收入或者所得额的，税务机关有权按照合理方法调整。《企业所得税法实施条例》第一百二十条对此进行了解释，不具有合理商业目的，是指以减少、免除或者推迟缴纳税款为主要目的。

2015年，《国家税务总局关于非居民企业间接转让财产企业所得税若干问题的公告》（国家税务总局公告2015年第7号）首次对"不具有合理商业目的"列出四条判别标准。该公告第四条规定，与间接转让中国应税财产相关的整体安排同时符合以下情形的……应直接认定为不具有合理商业目的：①境外企业股权75%以上价值直接或间接来自于中国应税财产；②间接转让中国应税财产交易发生前一年内任一时点，境外企业资产总额（不含现金）的90%以上直接或间接由在中国境内的投资构成，或间接转让中国应税财产交易发生前一年内，境外企业取得收入的90%以上直接或间接来源于中国境内；③境外企业及直接或间接持有中国应税财产的下属企业虽在所在国家（地区）登记注册，以满足法律所要求的组织形式，但实际履行的功能及承担的风险有限，不足以证实其具有经济实质；④间接转让中国应税财产交易在境外应缴所得税税负低于直接转让中国应税财产交易在中国的可能税负。

《财政部 国家税务总局关于全面推开营业税改征增值税试点的通知》（财税〔2016〕36号）之附件1——《营业税改征增值税试点实施办法》第四十四条规定，纳税人发生应税行为价格明显偏低或者偏高且不具有合理商业目的的，或者发生本办法第十四条所列行为而无销售额的，主管税务机关有权按照下列顺序确定销售额：①按照纳税人最近时期销售同类服务、无形资产或者不动产的平均价格确定。②按照其他纳税人最近时期销售同类服务、无形资产或者不动产的平均价格确定。③按照组成计税价格确定。该文件进一步解释，不具有合理商业目的，是指以谋取税收利益为主要目的，通过人为安排，减少、免除、推迟缴纳增值税税款，或者增加退还增值税税款。

归结起来，"不具有合理商业目的"的安排应该满足三个条件：一是人为设计一系列行动或者交易；二是获取税收利益是行动或交易的唯一或最主要的目的，看企业是否主要出于商业目的而从事交易；三是企业从该行为或交易中获取"税收利益"，即通过规划或交易可以减少企业应纳税额或应纳税所得额。只有当这些条件获得满足，一项经济行为才可以被认定为不具有合理商业目的。

那么什么是"正当、合理"呢？从有关税收规范性文件的表述看，税务机关关注的是有没有对税款产生影响。比如《财政部 国家税务总局关于企业重组业务企业所得税处理若干问题的通知》（财税〔2009〕59号）第五条有关于"具有合理的商业目的，且不以减少、免除或者推迟缴纳税款为主要目的"的表述，重心在于对税款的影响上。再如，《特别纳税调整实施办法》第三十条，实际税负相同的境内关联方之间的交易，只要该交易没有直接或间接导致国家总体税收收入的减少，原则上不作转让定价调查、调整。这就是说，如果企业的定价安排最终影响了税款征收，就是不正当、不合理的理由。

对于税务机关来说，判断企业所提供的理由是否正当、合理是其职责所在；对于企业来说，如果价格不符合比例范围，就要有正当理由，而且要承担举证责任。假如企业搞促销活动，如开业后三天内以低价获取客户等，是否属于价格明显偏低且无正当理由？这种情况应属于"交易价格明显偏低却有正当理由"，因为这样做的主要目的是扩大销售而非减少、免除或者推迟缴纳税款，所以属于具有合理的商业目的。因此，企业应保存搞促销活动的内部审批方案，促销活动的方案、海报、图片等资料，证明低价销售货物有正当理由，避免被税务机关认定为"交易价格明显偏低，且无正当理由"，进而补缴税款及滞纳金。

# 税收司法的模糊性与明确性

## 6.1 "暴力虚开"增值税专用发票行为的责任认定

近年来,我国"暴力虚开"增值税专用发票犯罪现象时有所见。"暴力虚开"增值税专用发票的企业是专门为从事违法活动而成立的组织,不从事真实的生产、经营活动,仅仅是犯罪团伙进行虚开发票非法牟利的工具。"暴力虚开"增值税专用发票行为的发生,是否意味着税收法律规范还不够明确,这是应当值得关注的问题。

### 6.1.1 模糊的边界

● 模糊地带 1 对"暴力虚开"增值税专用发票的行为怎样进行刑事定性?

纳税人虚开增值税专用发票的行为,既涉及行政责任,又涉及刑事责任。虚开增值税专用发票行为的行政定性是比较明确的。《发票管理办法》第二十二条第一款规定,开具发票应当按照规定的时限、顺序、栏目,全部联次一次性如实开具,并加盖发票专用章;第二款规定,任何单位和个人不得有下列虚开发票行为:①为他人、为自己开具与实际经营业务情况不符的发票;②让他人为自己开具与实际经营业务情况不符的发票;③介绍他人开具与实际经营业务情况不符的发票。从第二款的表述中可以看出,行政定性中的虚开发票行为,是指违反规定开具"与实际经营业务情况不符的发票"。至于为何开具这种发票及造成何种损害结果等不予过问。因此,行政法意义的虚开增值税专用发票行为有两个构成要件:一是行为人存在为他人虚开、为自己虚开、让他人为自己虚开和介绍他人虚开的主观故意;二是存在开具与实际经营业务情况不符发票的违法行为。即使开票人的目的不是通过虚开以非法获得税收利益或协助他人非法获得税收利益，或者没有造成损害结果，也不影响行政定性。

比较模糊的是虚开增值税专用发票行为的刑事定性。2017年修正的《刑法》第二编"分则"中的第三章是"破坏社会主义市场经济秩序罪"，对于发票犯罪的惩治，集中体现在该章第六节"危害税收征管罪"中（见表6-1）。

表6-1  《刑法》涉及发票犯罪的条款与罪名

| 条款 | 罪名 |
| --- | --- |
| 第二百零五条 | 虚开增值税专用发票、用于骗取出口退税、抵扣税款发票罪 |
| 第二百零五条之一 | 虚开发票罪 |
| 第二百零六条 | 伪造、出售伪造的增值税专用发票罪 |
| 第二百零七条 | 非法出售增值税专用发票罪 |
| 第二百零八条 | 非法购买增值税专用发票、购买伪造的增值税专用发票罪 |
| 第二百零九条 | 非法制造、出售非法制造的用于骗取出口退税、抵扣税款发票罪 |

按照这一递进关系，刑事定性中的虚开增值税专用发票必须满足犯罪客体的构成条件，即"破坏社会主义市场经济秩序"。但是，在审判实务中，司法机关在一定程度上倾向于将行为人不具有骗税目的，客观上不造成国家税款流失的虚开增值税专用发票行为不认定为犯罪。如为虚增营业额及夸大业绩虚增销售环节的对开或环开行为，为夸大企业经济实力虚增固定资产发票金额但不抵扣税款，"发票流"与"资金流"一致的挂靠代开行为，即使虚开发票的税额较大，亦不认定为犯罪。也即，司法实践中满足犯罪客体的构成要件是"国家税款的损失"。

那么，满足犯罪客体的构成条件是"破坏社会主义市场经济秩序"还是"国家税款的损失"？

● 模糊地带2  "暴力虚开"增值税专用发票的企业是否需要补缴税款？

"空壳企业"开具虚开增值税专用发票后未申报税收便走逃，税务机关在对其定性为虚开增值税专用发票行为的同时，是否应当追缴其未申报缴纳的增值税？这一点亟待予以明确。

《国家税务总局关于纳税人虚开增值税专用发票征补税款问题的公告》（国

家税务总局公告 2012 年第 33 号）规定，纳税人虚开增值税专用发票，未就其虚开金额申报并缴纳增值税的，应按照其虚开金额补缴增值税；已就其虚开金额申报并缴纳增值税的，不再按照其虚开金额补缴增值税。

实务界对于"国家税务总局公告 2012 年第 33 号"有两种不同的理解：

一种理解是，"国家税务总局公告 2012 年第 33 号"的规定与《中华人民共和国增值税暂行条例》（简称《增值税暂行条例》）第一条和第五条规定的"增值税纳税人""销项税额"等概念相违背，因为，"暴力虚开"企业未实际销售货物或者提供劳务，不产生增值税纳税义务。按照法律优位原则，该公告属于下位法违反了上位法。

另一种理解是，"国家税务总局公告 2012 年第 33 号"没有违反上位法，纳税人虚开增值税专用发票，未就其虚开金额申报并缴纳增值税的，应当按照其虚开金额补缴增值税，这是一种必要的惩戒。

那么，纳税人虚开增值税专用发票，究竟有没有纳税义务？这一点也亟待予以明确。

## 6.1.2　引起的纠纷

### 6.1.2.1　纠纷事件的描述

◎ 案例 6-1　浙江省绍兴市警方破获特大虚开增值税专用发票案 [①]

2019 年 8 月，浙江省绍兴市警方接到税务部门移送的绍兴鹤利商贸有限公司等企业涉嫌虚开增值税专用发票的线索，随后联合税务、人民银行等部门组建工作专班，一个虚开发票的犯罪团伙渐渐浮出水面。

原来，犯罪团伙主要成员为广东潮州饶平人，其从网上招募一批闲散人员，由他们出面到几个地方的便民服务中心实名认证注册成立公司，进行税务登记、申领发票。犯罪团伙获得公司营业执照、公章、金税盘和空白发票后，到上海、广州、重庆等大城市的窝点，专门出售发票。"空壳公司"多达 28000 余家，遍及全国各地。

---

① 马剑. 浙江绍兴警方破获特大虚开增值税专用发票案 涉案金额 4800 余亿元 [EB/OL].（2019-12-18）[2021-12-09]. http://www.gov.cn/xinwen/2019-12/19/content_5462241.htm.

这些"公司"一开始就不打算纳税，若被税务机关查获，就关门逃之夭夭。换个地方之后，重新招募一批人员，再注册新的"空壳公司"。发票买卖方通过网络进行信息互通，也有提供中介服务的票贩子。平台内每日发布开票信息，形成了一个虚开发票的"空中超市"。嫌疑人抽取的费用，普通发票为每张400～600元；增值税专用发票为开票金额的6%～8%。

通过对接受发票企业的调查，警方发现发票中有很大部分流向专门骗取出口退税的贸易公司。这些公司的实际控制人虚开发票给自己控制的其他公司，又通过地下钱庄换取外汇转账到公司，造成出口贸易假象，达到骗取出口退税的目的。

警方抓获了143名犯罪嫌疑人，缴获大批电脑、营业执照、金税盘、公司印章、空白发票等涉案物品，涉案金额4800余亿元。

◎ 案例6-2 湖北省咸宁市A企业虚开增值税专用发票案 [①]

国家税务总局咸宁市税务局对A企业自设立之日至2018年12月31日期间的涉税情况进行检查，发现该企业在2018年11月中旬纳税申报期结束后未进行纳税申报，主管税务机关根据"金三系统"实名登记的信息，多次电话联系企业有关人员，但均无法接通，后按照企业登记的地址上门实地核查，最后确认该企业注册地址为虚构，而且证实该企业已走逃（失联）。于是，检查人员通过主管税务机关在"金三系统"查询该企业自登记以来的纳税申报情况，系统显示该公司均为零申报。然而，检查发现该企业2018年共领购增值税专用发票50份，开具有效的增值税专用发票50份，金额4517518.5元，税额645345.13元，价税合计5162863.63元。开具这些增值税专用发票后A企业均未申报纳税。

为谨慎起见，检查人员履行相关手续对A企业开具的增值税专用发票上所载开票方银行账号进行查询，发现为虚假账号，银行查无此户，并无销售货物及"资金流"的真实证明资料。进一步调查发现，该企业在注册经营地根本没有实际生产经营，而法人和财务负责人的电话号码均处于无人接听或已停机状

---

① 虚开发票没有纳税义务？下游企业财务人员可得注意 [EB/OL].（2019-10-23）[2021-12-09]. https://www.sohu.com/a/348927390_120333121.

态。这一系列事实进一步证实，A 企业的销售行为是虚假的。

2019 年 1 月，咸宁市税务局正式出具了"税务处理决定书"：你公司开具增值税专用发票 50 份，是以虚开发票牟取非法利益为目的，没有真实的生产经营业务，本质上并没有增值税应税行为的发生，因此不产生相应的增值税纳税义务。依据《发票管理办法》第二十二条第二款和第三十七条之规定，你公司开具发票的行为是虚开增值税专用发票的违法行为，且涉嫌犯罪，移送公安机关。

与 A 企业类似的企业还有两家。2019 年 1 月份，咸宁市税务局出具的"税务处理决定书"都明确，"没有真实生产经营业务，本质上并没有增值税应税行为的发生，因此不产生相应的增值税纳税义务。虽说这三家企业都涉嫌犯罪，案件被移送公安机关，但是，它们都不需要缴纳税款。

### 6.1.2.2　对纠纷事件的点评

案例 6-1 是典型的"暴力虚开"增值税专用发票案件。有人认为，近几年"暴力虚开"现象频发，可能有其特定的背景。一是开办企业的准入门槛放低，被不法分子钻了"空子"。为了鼓励"大众创业、万众创新"，营造良好的营商环境，市场准入的门槛大幅度降低，办理营业执照的手续不断简化且实现流程电子化。2014 年 3 月 1 日，修订后的《公司法》生效，注册公司实行认缴制，只要承诺出资就行，先注册后出资。除法律、行政法规以及国务院决定对特定行业注册资本最低限额另有规定的以外，取消了原有的限制。[①] 放宽市场准入的条件，释放了市场活力，但也导致涉税案件的频发。不法分子通过注册虚假的公司、虚假的场地使用证明、虚假的设立批文、虚假的股东身份和虚假的股东签名等手段，套取增值税专用发票，然后顶格开具，兜售发票牟取暴利。二是取消了虚开增值税专用发票罪死刑的规定。虚开增值税专用发票罪是"危害税收征管罪"中的一个重罪，最高法定刑为死刑。十一届全国人民代表大会常务委员会第十九次会议于 2011 年 2 月 25 日通过的《中华人民共和国刑法修正案（八）》，对《刑法》作了重要的修改和补充，重点是完善死刑法律规定，适当减少死刑罪名，调整死刑与无期徒刑、有期徒刑之间的结构关系。虚开增值税专用发票用于骗取出口退税、抵扣税款发票罪，伪造、出售伪造的增值税专

---

① 以前注册一家公司需要实际出资，如有限责任公司最低注册资本 3 万元、一人有限责任公司最低注册资本 10 万元、股份有限公司最低注册资本 500 万元。

用发票罪就是其中的几种犯罪。虚开增值税专用发票罪的最高法定刑为十年以上有期徒刑或者无期徒刑。

也有人认为，"暴力虚开"现象的频发，与"门槛"降低没有必然联系。因为与此同时，"信用惩罚"明显加大了。《国家税务总局关于发布〈重大税收违法失信案件信息公布办法〉的公告》（国家税务总局公告2018年第54号）规定，虚开增值税专用发票或者虚开用于骗取出口退税、抵扣税款的其他发票的，虚开普通发票100份或者金额40万元以上的，将由税务机关依照本办法的规定，向社会公布重大税收违法案件信息，并将信息通报相关部门，共同实施严格监管和联合惩戒。同时，纳税信用级别直接判为D级，适用相应的D级纳税人管理措施。如果虚开发票不申报、不缴税，然后就"跑路"，该企业就被认定为非正常户，其法定代表人、财务人员、购票人员等会被列入黑名单，所谓"一处失信，处处受限"。下游企业取得这类非正常企业开具的发票，税务机关规定不能作税前扣除。如果下游企业要抵扣销项税额，必须根据国家税务总局发布的《企业所得税税前扣除凭证管理办法》第十四条规定补开、换开发票。其实，即使提供了必备材料可以税前扣除，仍会被列入重大嫌疑接受严格的检查。

案例6-2折射出一个问题："暴力虚开"增值税专用发票的企业，即使被判定为要补缴税款，它们也没有补缴税款的能力。税务机关立案时，被查"暴力虚开"企业往往已人去楼空，稽查人员无法通过查阅账簿或者询问的方式进行核查，但税务征管系统中企业登记、申报和开票的大数据、对下游受票企业的协查，"暴力虚开"企业的违法行为仍然有据可查。此类企业存续期短，经营期一般为几个月或半年。不在税务机关办理银行账户登记，增值税专用发票上记载的开户银行基本为虚假账户。在税务机关登记的法定代表人、财务人员电话也基本为虚假号码，企业法定代表人、财务人员均无法联系。发票往往按照上限领取并顶格开具，进项税额一般有三种情况：一是无进项税额，增值税专用发票认证抵扣系统中无认证抵扣信息；二是通过过路费、过桥费抵扣，并在申报表"其他抵扣凭证"栏次填列；三是取得进项税额发票，但购销严重不匹配。税务机关在对被查企业的下游企业进行协查时，往往也能取得证据加以印证。但是，这里存在一个悖论。税务机关认定其虚开发票时，在证据上已否认了其业务的真实性，若依然对其适用《国家税务总局关于纳税人虚开增值税专用发票征补税款问题的公告》（国家税务总局公告 2012 年第 33 号）的补税规定，似有不妥。而且，虚开方并无购销业务，且未就其开具的发票申报纳税，受票方自然无法完成认证抵扣。按常理，受票方发现无法认证的发票，出于税务风险的规避，一般不会将其作为税前扣除的凭证，也即并未造成国家税款的损失。税务机关若要求开票方补税，而受票方应当对取得的发票作进项税转出，在逻辑上便承认了开票方存在真实的销售业务，客观上反而造成了增值税链条的混乱。

## 6.1.3  学理的探析

### 6.1.3.1  "暴力虚开"最明显的特征是行为主体往往走逃（失联）

"暴力虚开"增值税专用发票行为与以往的虚开增值税专用发票行为相比有什么不同？

虚开增值税专用发票，是指没有商品购销或者没有提供、接受劳务、服务而开具增值税专用发票，或者虽有商品购销或者提供、接受了劳务、服务，但开具数量或金额不实的增值税专用发票的行为。

按照《刑法》和《发票管理办法》的界定，具有下列行为之一的，属于"虚开增值税专用发票"：①没有货物购销或者没有提供或接受应税劳务而为他人、为自己、让他人为自己、介绍他人开具增值税专用发票；②有货物购销或者提供或接受了应税劳务但为他人、为自己、让他人为自己、介绍他人开具数量或者金额不实的增值税专用发票；③进行了实际经营活动，但让他人为自己代开增值税专用发票。

在现有税收概念体系中，并没有"暴力虚开"的说法。如果说"暴力虚开"是指开具的发票价税顶格开票、数额巨大，那以往的虚开也有这种情况。例如，1998 年破获的金华县虚开增值税专用发票案，价税合计 63.1 亿元。[①] 在 2019 年 7 月 31 日公安部召开的新闻发布会上，国家税务总局稽查局负责人对"暴力虚开"增值税专用发票现象有一个描述。[②]"空壳企业"成为虚开发票攫取

---

① 如果考虑通货膨胀因素，1998 年的 1 万元约等于 2019 年的 17.5 万元，即 1998 年的 63 亿元约等于 2019 年的 1102 亿元。

② 国税总局 . "暴力虚开"成虚开团伙大肆违法犯罪主要方式 [N]. 新京报，2019-07-31.

非法利益的主要载体。对外虚开发票的源头企业，主要是没有任何经营活动的"空壳企业"，大多是不法分子通过骗用、租用、借用、盗用他人的身份信息成立的。"走逃（失联）"成为不法分子逃避打击的主要方法。不法分子滥用简化注销程序等服务措施，通过注销逃避检查的现象也非常突出。

"暴力虚开"增值税专用发票行为，主要特征有两个：第一，虚开之前就没有真实的生产经营业务。以往的虚开行为，企业有真实的生产经营业务，至少有部分业务，也就是说，开具的发票与实际业务之间可能是脱节的，"货物流""发票流""资金流"难以一致，但是，企业是真实存在的。"暴力虚开"的行为主体，其实是"空壳公司"。第二，虚开之后就走逃（失联）。《国家税务总局关于走逃（失联）企业开具增值税专用发票认定处理有关问题的公告》（国家税务总局 2016 年第 76 号公告）第一条第二款规定，根据税务登记管理有关规定，税务机关通过实地调查、电话查询、涉税事项办理核查以及其他征管手段，仍对企业和企业相关人员查无下落的，或虽然可以联系到企业代理记账、报税人员等，但其并不知情也不能联系到企业实际控制人的，可以判定该企业为走逃（失联）企业。"暴力虚开"增值税专用发票的行为，符合这一判定标准。

### 6.1.3.2 "暴力虚开"增值税专用发票未必被认定为虚开增值税专用发票罪

虚开增值税专用发票行为表现较为复杂，除了为骗取税款而"虚开"外，还有其他目的的"虚开"情况，如有的是为了平账需要，有的是出于虚增营业额、扩大业绩的需要。

对于虚开增值税专用发票罪的性质认定，学者们至今还各执己见。

（1）目的犯说。《刑法》中，虚开增值税专用发票罪放在"危害税收征管罪"的罪名之下，该罪的发生应要求行为人主观上有偷逃税款的目的。对于"对开""环开""如实代开"等行为，主观上不具有偷逃税款的故意，客观上未造成国家税款的流失，不应将其认定为虚开增值税专用发票罪。

（2）行为犯说。《刑法》第二百零五条并没有强调主观上"以偷逃国家税款为目的"，只要存在虚开增值税专用发票的行为，即使是虚开一份发票、涉及一分钱，无论是否给国家造成税款流失，都构成虚开增值税专用发票罪。也就是说，只要实施了虚开增值税专用发票的行为即构成犯罪，并不以造成国家税款的被骗或流失为构成要件。

（3）结果犯说。以虚开增值税专用发票行为实际造成国家税款损失并达到法定数额才构成犯罪。此罪并不局限于偷逃国家税款的主观故意，也包括为达到其他非法目的而造成国家税款流失的虚开。

（4）危险犯说。在判断是否构成虚开增值税专用发票罪时，必须以是否具有骗取国家税款的可能性为依据。要根据行为发生时的具体情况判断，是否具有造成国家税款流失的危险，如果没有造成危险，则不适用该罪。

上述几种观点，目的犯说考量行为人主观上是否有偷逃税款的目的；行为犯说考量行为人是否有实施虚开增值税专用发票的行为；结果犯说考量行为人的虚开行为是否造成国家的实际税款损失并达到了法定数额；危险犯说考量行为人虚开行为是否具有骗取国家税款的可能性。

20世纪90年代中期，我国刚实行增值税制度，一些不法分子利用增值税专用发票抵扣税款的功能，虚开增值税专用发票，骗取国家税款。为此，1995年10月30日，全国人民代表大会常务委员会发布《关于惩治虚开、伪造和非法出售增值税专用发票犯罪的决定》，首次将这种行为规定为犯罪，并设置了最高可判处死刑的法定刑。该《决定》第一条第二款规定，有前款行为骗取国家税款，数额特别巨大、情节特别严重、给国家利益造成特别重大损失的，处无期徒刑或者死刑，并处没收财产。在当时特定的时代背景下，虚开增值税专用发票行为均是以骗取国家税款为目的。

随着增值税发票制度的推行，实践中出现了不以骗取税款为目的，客观上也不可能造成国家税款损失，但又与增值税专用发票所记载内容不相符的有真实交易的"虚开"行为。如相互对开、环开未骗税，虚增销售业绩未骗税，虚增固定资产未骗税，挂靠开票有实际交易等（见表6-2）。

这些行为虽然客观上破坏了增值税专用发票的管理制度，但是不具有骗取国家税款的目的，未造成国家税款损失，与拿虚开的增值税专用发票用于骗取出口退税，或者拿虚开的增值税专用发票用于抵扣销项税额的行为相比，具有质的区别。在司法实践中，虚开增值税专用发票行为既可以是以骗取国家税款为目的，也可以是不以骗取国家税款为目的，但两者的社会危害性相差甚大，如果不加区分，都按照同样的定罪刑标准追究行为人的刑事责任，有失公平。

表6-2 几种未造成国家税款损失的"虚开"行为

| 行为 | 描述 |
|---|---|
| 相互对开、环开未骗税 | A、B、C三家公司为虚增营业额、扩大销售收入、制造虚假繁荣,相互对开、环开增值税专用发票,但并未造成国家税款损失 |
| 虚增销售业绩未骗税 | D公司为夸大销售业绩,虚增货物的销售环节,虚开增值税专用发票,但依法缴纳增值税,并未造成国家税款损失 |
| 虚增固定资产未骗税 | E公司为夸大企业经济实力,通过虚开进项增值税专用发票虚增企业的固定资产,但并未利用增值税专用发票抵扣税款,并未造成国家税款损失 |
| 挂靠开票有实际交易 | 张三挂靠F公司从事货车运输,以F公司名义对外签订运输合同,张三提供货物运输业务,由F公司收取运费,开具增值税专用发票、依法缴纳增值税,并未造成国家税款损失 |

2004年最高人民法院在苏州召开会议形成《经济犯罪案件审判工作座谈会纪要》,对于"虚开增值税专用发票罪"达成共识:主观上不以偷骗税为目的,客观上也不会造成国家税款损失,不应认定为犯罪。其中明确提到,对于实践中为虚增营业额、扩大销售收入或者制造虚假繁荣,相互对开或环开增值税专票的行为,一般不宜认定为虚开增值税专用发票犯罪。2020年7月22日,《最高人民检察院关于充分发挥检察职能服务保障"六稳""六保"的意见》明确,注意把握一般涉税违法行为与以骗取国家税款为目的的涉税犯罪的界限。对于有实际生产经营活动的企业为虚增业绩、融资、贷款等非骗税目的且没有造成税款损失的虚开增值税专用发票行为,不以虚开增值税专用发票罪定性处理,依法作出不起诉决定的,移送税务机关给予行政处罚。

从最高人民法院和最高人民检察院的司法解释中可以看出,即便是"暴力虚开"增值税专用发票,能否按照虚开增值税专用发票罪定性处理,仍要看是否给国家税款造成了损失。但是,因为增值税专用发票有记录经济活动、维护市场经济秩序的功能,因此,应当按照《发票管理办法》进行处罚。

### 6.1.3.3 虚开增值税专用发票罪与逃税罪的关系

在这个问题上,同样存在观点的分歧。

(1)牵连犯说。认为行为人利用虚开的增值税专用发票进行偷逃税款,是手段与目的的牵连关系,应依照牵连犯的处罚原则,从一重罪论处。

(2)数罪并罚说。认为行为人分别出于虚开增值税专用发票与逃税的故意，而实施了两个不同的行为，因此应当认定为虚开增值税专用发票罪与逃税罪数罪并罚。

（3）法条竞合说。认为行为人虚开增值税专用发票与逃税犯罪属于法条竞合，虚开增值税专用发票行为与逃税行为之间属交叉关系，应按特别法、实害法、重法处理。

（4）吸收犯说。认为行为人虚开增值税专用发票与逃税犯罪属于吸收犯，虚开增值税专用发票的行为被逃税罪所吸收，以逃税罪论处。

（5）加重行为说。认为虚开增值税专用发票本身就构成犯罪，再利用虚开的增值税专用发票骗取国家税款，属于加重行为。

客观地说，虚开增值税专用发票的行为不等同于逃税。开票方虚开了增值税专用发票，只要进行了纳税申报，就不能被认定为逃税。开票方既虚开增值税专用发票，又取得虚开的增值税专用发票，会造成少缴税款的事实，应被认定为逃税。对于受票方而言，利用他人虚开的增值税专用发票抵扣税款，会导致国家税收的流失，应被认定为逃税。如果受票方有留抵税款，未造成税款流失，暂时不能被定性为逃税。如果受票方与开票方之间有真实的交易，而且对于开票方虚开增值税专用发票的行为不知情，属于善意取得虚开的增值税专用发票，这时也不能被认定为逃税。总之，虚开增值税专用发票只是一种行为，能否被定性为逃税，还要看是否存在不缴或少缴税款的结果。

同样是危害税收征管的犯罪，逃税罪可以通过补缴税款不追究刑事责任，但虚开增值税专用发票罪却不能，因为两罪在认定主体，确定金额，危害后果上均有不同，虚开增值税专用发票的侵害程度更高。

一般认为，逃税的金额需由税务机关认定。其主要依据是 1999 年公安部《如何理解〈刑法〉第二百零一条规定的"应纳税额"问题的批复》，"应纳税额"是指某一法定纳税期限或者税务机关依法核定的纳税期间内应纳税额的总和。逃税行为首先违反了税法，当数额和比例达到一定程度时才构成刑事犯罪，即只有当行政处罚不足以惩罚行为人，才需要对其追究刑事责任。同时，逃税罪的认定不仅涉及金额，还应当确定逃税金额占应纳税额的比例。逃税金额和应纳税额的确定涉及不同税种，分子和分母的确定均需要办案人员具备专业的税务稽查经验。

虚开增值税发票罪的认定主体是司法机关，认定依据是鉴定意见。尽管虚开增值税专用发票的最终损失是国家税款，但这是一种特殊的逃税行为。逃税的认定依据以"虚开税款数额""税款被骗取数额""税款损失数额"。[1] 认定虚开增值税发票金额的重点与难点在于判断哪些发票属于虚开，这需要进一步判明哪些交易是虚假的，哪些交易的开票金额与实际货物、劳务金额不一致，税务机关可以通过对企业营业金额与缴税金额的异常比值初步判断企业是否有虚开行为，但若要进一步认定准确金额则难度较大。常见的做法是，税务机关先出具初核报告，再由公安机关立案，通过讯问、勘察等侦查措施，确定哪些交易是虚假或部分虚假的，再由鉴定机构根据发票情况得出意见，最终金额还需要结合言辞证据、银行流水、发票、合同、出入库单等多种证据综合认定。

然而，目前这两个罪名的法定刑轻重恰好相反（见表6-3）。

表6-3　目前《刑法》中虚开增值税专用发票罪重于逃税罪

| 逃税罪 | 虚开增值税专用发票罪 |
|---|---|
| 第二百零一条 | 第二百零五条 |
| 纳税人采取欺骗、隐瞒手段进行虚假纳税申报或者不申报，逃避缴纳税款数额较大并且占应纳税额百分之十以上的，处三年以下有期徒刑或者拘役，并处罚金；数额巨大并且占应纳税额百分之三十以上的，处三年以上七年以下有期徒刑，并处罚金。处三年以下有期徒刑或者拘役，并处罚金。 | 虚开增值税专用发票或者虚开用于骗取出口退税、抵扣税款的其他发票的，处三年以下有期徒刑或者拘役，并处二万元以上二十万元以下罚金；虚开的税款数额较大或者有其他严重情节的，处三年以上十年以下有期徒刑，并处五万元以上五十万元以下罚金；虚开的税款数额巨大或者有其他特别严重情节的，处十年以上有期徒刑或者无期徒刑，并处五万元以上五十万元以下罚金或者没收财产。 |

对于表6-3中"虚开的税款数额"，各地的理解并不一致。有的经济发达省份以虚开税款1万元、致使国家税款被骗5000元为定罪起点标准；10万元为虚开税款"数额较大"起点，被骗税5万元为"有其他严重情节"；50万元为"数额巨大"起点，被骗税30万元以上为"有其他特别严重情节"；100万元为

---

[1] 虚开税款数额是指行为人虚开的增值税专用发票上所载明的税额；税款被骗取数额是指受票人利用虚开的增值税专用发票作为进项税额抵扣销项税额从而减少的应纳税额；税款损失数额是指在侦查终结前被骗取的税款中仍无法追回的数额。

"数额特别巨大"起点，被骗税 50 万元以上并在侦查终结无法追回的，属于"给国家利益造成特别重大损失"。

## 6.1.4 明确的界定

### 6.1.4.1 将"真实的货劳交易"与"走逃（失联）"作为"暴力虚开"的判别标准

真实的货劳交易，有两种情况：一是买卖双方完全没有货物购销而进行的虚开。此种情形是典型的虚开，买方虚构购买货物，以获得增值税专用发票，以进项税款抵扣销项税额，实现逃税的目的；卖方则通过开具增值税专用发票收取按票面金额一定比例的手续费。实际上买卖双方均发生虚假行为。二是双方有真实的货劳交易，但卖方不具备开具增值税专用发票的资格。于是买方找到另一家可以开具增值税专用发票的企业，以此当作卖方"开具的增值税专用发票"。这种情形下，买方的行为属于立法解释中规定的让他人为自己虚开。由于确实存在真实的货劳交易，只因卖方不具备开票的主体资格而被替换，买方虽有让他人为自己虚开的情节，但建立在真实货物交易的基础上，不宜认定为虚开。《国家税务总局关于废旧物资回收经营业务有关税收问题的批复》（国税函〔2002〕893 号）明确，此种经营方式是由目前一些行业的经营特点决定的，在开具增值税专用发票时买方确实收取了同等金额的货款，并确有同等数量的货物销售，因此，买卖双方开具增值税专用发票的行为不违背有关税收规定，不应定性为虚开。

走逃（失联）主要表现为企业注册信息虚假，包括开票方企业经营地址、开户银行、法定代表人、办税人员（财务人员）的注册信息，领取开具发票持续时间短，一般不超过半年，顶格开具，只对外开具发票，开完票后就"查无此人、查无该户"；或者，办税人员仅为临时代办领票，领完票便与"空壳公司"无任何关联，对交易、发票的使用情况一无所知。

### 6.1.4.2 建议将虚开增值税专用发票行为定性为违法，将以虚开的增值税专用发票抵扣税款或骗取出口退税定性为犯罪

在设置法定刑时，应该考虑行为对社会危害的程度。通常，虚开行为是逃税行为的预备行为，实行行为的社会危害性大于预备行为的社会危害性。逃税罪的实行行为所产生的社会危害性应大于虚开增值税专用发票这种逃税罪预备

行为的社会危害性，因此，逃税罪的法定刑应重于虚开增值税专用发票罪。如果虚开增值税专用发票的行为不造成国家税款的损失，则不宜认定为虚开增值税专用发票罪。

《刑法》第二百零五条第一款"虚开增值税专用发票、用于骗取出口退税、抵扣税款发票罪"，这是《刑法》中的选择罪名，包含虚开增值税专用发票罪、虚开增值税专用发票用于骗取出口退税罪和虚开增值税专用发票用于抵扣税款发票罪，只要犯其中一个就构成这个罪，但这几个都不能单独构成一个罪种，定罪量刑的时候犯哪个就会写哪个，不会全写，类似于拐卖妇女、儿童罪，也是一个选择罪名。

实际上，"虚开增值税专用发票罪"和"虚开增值税专用发票用于骗取出口退税罪""虚开增值税专用发票用于抵扣税款发票罪"之间是有一定区别的。

"虚开增值税专用发票用于骗取出口退税罪"和"虚开增值税专用发票用于抵扣税款发票罪"都是由于虚开增值税专用发票给国家税款造成了损失，入罪毋庸置疑。但是，如果只发生虚开增值税专用发票行为，未给国家税款造成损失，仅仅是违反《发票管理办法》的行为，不应当以罪论处。

为避免减轻对虚开增值税专用发票行为，尤其是"暴力虚开"增值税专用发票行为的惩罚力度，应考虑把虚开增值税专用发票行为定性为破坏发票管理秩序，而且调整相应的惩罚标准。如果行为人通过虚开增值税专用发票进行虚假纳税申报或者不申报，逃避缴纳税款，按《刑法》第二百零一条的逃税罪论处。

同时，把"虚开增值税专用发票用于骗取出口退税罪""虚开增值税专用发票用于抵扣税款发票罪"改为"以虚开增值税专用发票用于骗取出口退税罪""以虚开增值税专用发票用于抵扣税款罪"。也就是要把虚开增值税专用发票行为与利用虚开的增值税专用发票用于骗取出口退税，或者利用虚开的增值税专用发票用于抵扣销项税额区分开来。

至于对"虚开的税款数额"如何分档，最高人民法院已经有一个明确的解释。2018年8月22日，《最高人民法院关于虚开增值税专用发票定罪量刑标准有关问题的通知》（法〔2018〕226号），人民法院在审判工作中不再参照执行《最高人民法院关于适用〈全国人民代表大会常务委员会关于惩治虚开、伪造和非法出售增值税专用发票犯罪的决定〉的若干问题的解释》（法发〔1996〕30号）第一条规定的虚开增值税专用发票罪的定罪量刑标准。在新的司法解释颁行前，对虚开增值税专用发票刑事案件定罪量刑的数额标准，可以参照《最高人民法院关于审理骗取出口退税刑事案件具体应用法律若干问题的解释》（法释〔2002〕30号）第三条的规定执行，即虚开的税款数额在五万元以上的，以虚开增值税专用发票罪处三年以下有期徒刑或者拘役，并处二万元以上二十万元以下罚金；虚开的税款数额在五十万元以上的，认定为《刑法》第二百零五条规定的"数额较大"；虚开的税款数额在二百五十万元以上的，认定为《刑法》第二百零五条规定的"数额巨大"。

## 6.2　企业取得虚开的增值税专用发票行为的责任认定

无论是在刑事审判程序还是行政程序中，取得虚开的增值税专用发票与虚开增值税专用发票都是相伴而生的。如果当事人是在不知情的情况下接受虚开的增值税专用发票，是否也按照虚开增值税专用发票行为处理？这个问题有必要予以明确。

### 6.2.1　模糊的边界

● 模糊地带 1　善意取得虚开的增值税专用发票应承担什么责任？

第一，对于纳税人善意取得虚开的增值税专用发票行为，是否予以罚款？

对于这个问题，存在两种不同的认识。一种观点认为，对纳税人善意取得虚开的增值税专用发票行为不按照偷税或骗取出口退税处罚，但是并不等同于对纳税人不予处罚。无论纳税人是否善意取得虚开的增值税专用发票，这种行为本身已经违反了《发票管理办法》，属于未按照规定取得发票。根据《发票管理办法》第三十六条的规定，由税务部门责令限期改正，没收非法所得，并处一万元以下的罚款。另一种观点认为，既然现行税收法律条文中有纳税人"善意取得虚开的增值税专用发票"这一提法，税务机关就不应当按照偷税或骗取出口退税处罚。也就是说，是否被税务机关判定为"善意取得"，成为是否予以罚款的先决条件。

第二，对于纳税人善意取得虚开的增值税专用发票行为，是否不以偷税或骗取出口退税论处？也不加收滞纳金？

如果销售方主管税务机关已证实销售方虚开增值税专用发票，购买方主管税务机关收到销售方税务机关发出的"已证实虚开通知单"，但是，购买方税务机关通过检查，没有发现在"资金流""货物流""发票流"等方面存在问题的证据，那么，对购买方是否不以偷税或骗取出口退税论处？也不加收滞纳金？

不以偷税或骗取出口退税论处的法律依据是，《国家税务总局关于纳税人善意取得虚开的增值税专用发票处理问题的通知》（国税发（2000）187号）。该通知规定，购货方与销售方存在真实的交易，销售方使用的是其所在省（自治区、直辖市和计划单列市）的专用发票，专用发票注明的销售方名称、印章、货物数量、金额及税额等全部内容与实际相符，且没有证据表明购货方知道销售方提供的专用发票是以非法手段获得的，对购货方不以偷税或者骗取出口退税论处。但应按有关法规不予抵扣进项税款或者不予出口退税；购货方已经抵扣的进项税款或者取得的出口退税，应依法追缴。

不加收滞纳金的法律依据是，《国家税务总局关于纳税人善意取得虚开的增值税专用发票已抵扣税款加收滞纳金问题的批复》（国税函（2007）1240号）。该批复规定，纳税人善意取得虚开的增值税专用发票被依法追缴已抵扣税款的，不加收滞纳金。另外，《国家税务总局关于纳税人虚开增值税专用发票征补税款问题的公告》（国家税务总局公告2012年第33号）规定，纳税人取得虚开的增值税专用发票，不得作为增值税合法有效的扣税凭证抵扣其进项税额。

● 模糊地带2 纳税人取得虚开的增值税专用发票将被如何定性和定罪？

第一，国家税务总局对于同一问题的处理意见前后不一。

1995年、1997年、2000年和2007年，国家税务总局先后发布了五个规范性文件，其中对于纳税人取得虚开的增值税专用发票行为作如何处理，相关规定前后不一（见表6-4）。

表 6-4　对于纳税人取得虚开的增值税专用发票的处理办法

| 文件名 | 文号 | 规定 |
|---|---|---|
| 《国家税务总局关于加强增值税征收管理若干问题的通知》 | 国税发〔1995〕192 号 | 对纳税人取得虚开代开的增值税专用发票，不得作为增值税合法的抵扣凭证抵扣进项税款 |
| 《国家税务总局关于纳税人取得虚开的增值税专用发票处理问题的通知》 | 国税发〔1997〕134 号 | 受票方利用他人虚开的专用发票，向税务机关申报抵扣税款进行偷税的，应当依照《中华人民共和国税收征收管理法》及有关法规追缴税款，处以偷税数额五倍以下的罚款；利用虚开的专用发票进行骗取出口退税的，应当依法追缴税款，处以骗税数额五倍以下的罚款 |
| 《国家税务总局关于〈国家税务总局关于纳税人取得虚开的增值税专用发票处理问题的通知〉的补充通知》 | 国税发〔2000〕182 号 | 购货方从销售方取得第三方开具的专用发票，无论购货方（受票方）与销售方是否进行了实际的交易，增值税专用发票所注明的数量、金额与实际交易是否相符，购货方向税务机关申请抵扣进项税款或者出口退税的，对其均应按偷税或者骗取出口退税处理 |
| 《国家税务总局关于纳税人善意取得虚开的增值税专用发票处理问题的通知》 | 国税发〔2000〕187 号 | 对善意受票人不以偷税或者骗取出口退税论处。但应按有关规定不予抵扣进项税款或者不予出口退税；购货方已经抵扣的进项税款或者获得的出口退税，应依法追缴 |
| 《国家税务总局关于纳税人善意取得虚开增值税专用发票已抵扣税款加收滞纳金问题的批复》 | 国税函〔2007〕1240 号 | 纳税人善意取得虚开的增值税专用发票被依法追缴税款的，不属于未按规定期限缴纳税款的行为，不适用加收滞纳金 |

表 6-4 中"国税发〔1997〕134 号"第一条规定，受票方利用他人虚开的专用发票，向税务机关申报抵扣税款进行偷税的，应当依照《税收征收管理法》及有关法规追缴税款，处以偷税数额五倍以下的罚款。这是强调取得虚开的增值税专用发票申报抵扣税款构成偷税，按《税收征收管理法》作偷税处罚。第三条规定，纳税人以上述第一条、第二条所列的方式取得专用发票未申报抵扣税款，或者未申请出口退税的，应当依照《发票管理办法》及有关法规，按所取得专用发票的份数，分别处以一万元以下的罚款。这是强调取得虚开的增值税专用发票未申报抵扣税款或者未申请出口退税，按《发票管理办法》处罚。

《国家税务总局关于走逃（失联）企业开具增值税专用发票认定处理有关问题的公告》（国家税务总局公告 2016 年第 76 号）规定，接受异常增值税抵扣凭证的下游企业，在未经核实前，一律不得抵扣进项税金，或暂缓抵扣，或进项转出，或提供退税担保。经核实，符合规定的，可继续申报抵扣或解除担保。

第二，司法部门对入罪标准的把握不一致。

1997 年最高人民法院研究室在《关于对无骗税或偷税故意、没有造成国家税款损失的虚开增值税专用发票行为如何定性问题的批复》中明确，行为人虚开增值税专用发票，不论有无骗税或偷税故意、是否实际造成国家税收的损失，构成犯罪的，均应依照《刑法》第二百零五条的规定定罪处罚。但是，上海市高级人民法院刑庭、上海市人民检察院公诉处在《刑事法律适用问题解答》（2002 年 4 月）中指出，虚开增值税专用发票是整顿市场经济秩序中应予以重点打击的犯罪。这一犯罪的基本特征是，行为人明知自己的虚开或者非法抵扣行为会造成国家税款的流失，仍然实施虚开或者非法抵扣的行为。不具备这一主客观事实特征，不能认定本罪。显然，上海市人民法院、人民检察院强调恶意是定罪的前提条件。

## 6.2.2 引起的纠纷

### 6.2.2.1 纠纷事件的描述

◎ 案例 6-3 福建某公司从上海某贸易公司取得的发票是否属于"善意取得"？[①]

上海某贸易公司和福建某公司有交易往来，付款、发票和运输实现"三流一致"，没有任何问题。可是，上海某贸易公司的主管税务机关却给福建某公司的主管税务机关发了一封协查函，要求协查上海某公司给福建某公司开的发票是不是虚开的增值税专用发票（见图 6-1）。

上海税务机关对上海某贸易公司进行了检查，确认该公司为一家没有任何经营业务的开票公司。福建税务机关在接到上海税务机关的协查函后，立即对福建某公司开始进行稽查。

---

① 孟彬. 虚开发票如何界定善意与恶意？[EB/OL].（2018-04-06）[2021-12-09]. http://shuo.news.esnai.com/article/201804/172239.shtml.

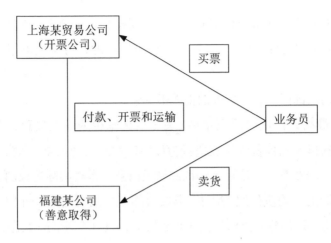

图 6-1 福建某公司善意取得上海某贸易公司的发票

结果福建税务机关给出了一个结论：福建某公司取得上海某贸易公司的发票为"善意取得"。为什么呢？从图 6-1 中可以看出，该业务往来中有物流，代表有真实的业务存在，也就是说"有货"，且福建某公司提供了合作前对上海某公司的调查资料。

一个没有任何业务的开票公司为什么会有货呢？它的货是从哪里来的呢？原来是从业务员那里来的！该业务员与图 6-1 中的福建某公司有销售货物业务，把货物卖给了福建某公司，然后该业务员找到上海的一家开票公司给福建某公司开具了发票。而整个业务的资金流也是通过上海某贸易公司完成的，福建某公司无从察觉其中的问题，自然不知道他取得的发票为业务员"非法取得"，所以福建某公司被定义为"善意取得"。

对于卖家来说，为了少缴税款，往往不想开具增值税专用发票；而对于买家来说，为了能抵扣税款，以及列支成本，必须索要发票。于是，上述"业务员"就通过自身的活动，满足买卖双方的需求。具体方式是，先以不需要增值税专用发票为由，从卖家以低于市场的价格买入货物，后以市场价或比市场价低的价格卖给买家，同时从专业票贩子那里购进增值税专用发票给买家，使买家可抵扣税款。通常是，买入货物后，将货物直接从卖家运至买家。

"业务员"对买家往往自称是增值税专用发票上所显示供货公司的业务员，提供带票送货上门服务。这样，对于买家来说，似乎公司、发票、货物都一致了。

◎ 案例6-4  纳税人既虚开增值税专用发票，又取得虚开的增值税专用发票，而且金额相同 [1]

2016年10月，D市国税局稽查局发现，A公司2011年8月存在增值税专用发票违法问题。A公司给B公司开具增值税专用发票110份，票面金额1000万元，税额170万元。经查实，它们之间无真实的货物交易，A公司从B公司取得开票手续费25万元。同月，A公司又从C公司取得增值税专用发票115份，金额1000万元，税额170万元，支付给C公司开票费10万元，与C公司也无真实的货物交易。当月A公司进行了纳税申报，并申报抵扣进项税款170万元。A公司取得的115份增值税专用发票被C公司主管税务机关认定为虚开行为。

关于此案的处理，税务机关出现两种不同的认识。一种观点认为，A公司是利用虚开增值税专用发票获利，涉嫌犯虚开增值税专用发票罪。该公司不存在逃避缴纳税款的动机，只需补缴税款及滞纳金。另一种观点认为，A公司对外虚开增值税专用发票，涉嫌犯虚开增值税专用发票罪，同时又取得C公司虚开的增值税专用发票以进项税额抵扣销项税额。这意味着，A公司存在逃避缴纳税款的目的，应该按偷税处理。

经过市国税局重大案件审理委员会集体审理，D市国税局稽查局按照第一种意见向A公司下达了"税务处理决定书"。该决定书指出，《增值税暂行条例》第九条规定，纳税人购进货物或者应税劳务，取得的增值税扣税凭证不符合法律、行政法规或者国务院税务主管部门有关规定的，其进项税额不得从销项税额中抵扣。《国家税务总局关于纳税人虚开增值税专用发票征补税款问题的公告》（国家税务总局公告2012年第33号）规定，纳税人取得虚开的增值税专用发票，不得作为增值税合法有效的扣税凭证抵扣其进项税额。据此，A公司应补缴2011年8月应缴增值税170万元。此外，根据《税收征收管理法》第三十二条的规定，纳税人未按照规定期限缴纳税款的，扣缴义务人未按照规定期限解缴税款的，税务机关除责令限期缴纳外，从滞纳税款之日起，按日加

---

① 徐松年.一个税务处理决定争议引发思考——进销项发票都是虚开的该如何定性[N].中国税务报，2017-08-01.

收滞纳税款万分之五的滞纳金。A 公司应缴纳相应的滞纳金。

因涉案人员涉嫌犯虚开增值税专用发票罪，D 市国税局稽查局作出税务处理决定后将案件移送至公安机关。

### 6.2.2.2　对纠纷事件的点评

案例 6-3 给征纳双方都带来了一定的风险。

纳税人的税务风险在于，认定为善意取得虚开的增值税专用发票予以抵扣的行为，不以偷税或者骗取出口退税论处，只是按有关规定不予抵扣进项税款或者不予出口退税；已经抵扣的进项税款或者取得的出口退税，依法予以追缴。与之相关的成本、费用及其他支出可以在企业所得税税前扣除。但是，认定为恶意取得的增值税专用发票，应按偷税或者骗取出口退税处理，相应的支出成本不允许在税前扣除。构成犯罪的，移送司法机关依法追究其刑事责任。

税务机关的执法风险在于，未依据上述标准对纳税人取得的虚开增值税专用发票进行认定，只是简单地认为没有证据证明，受票方是在不知情的前提下获得发票的，即不知道销货方是以非法手段开具增值税专用发票的，主观上不具有偷税意识且没有作出具体的偷税行为，就认定为受票方善意取得虚开增值税专用发票。从行为构成看，"善意"是指有货物销售行为，接受了与发生的销售额一致的虚开的增值税专用发票，主观上不知情；"恶意"是指没有货物销售行为，或虽有交易但专用发票从第三方取得或从销货地以外取得虚开的专用发票，向税务机关申报抵扣税款，主观上事先知道而且希望或放任这种行为发生。

《国家税务总局关于走逃（失联）企业开具增值税专用发票认定处理有关问题的公告》（国家税务总局公告 2016 年第 76 号）规定，经核实，符合现行增值税进项税额抵扣或出口退税相关规定的，企业可继续申报抵扣，或解除担保并继续办理出口退税。显然，即便纳税人举证证明自己业务的真实性，也要得到税务机关的确认方可继续抵扣。

但是，虚开与否的确很难查实。从事商品交易的当事人很难知道对方是否对其占有的物品拥有所有权，也很难进行查证。况且，在商机万变的信息时代，要求当事人对每一个交易对象的权利是否属实加以查证也不现实。业务真实性要经过核实确认后抵扣，而确认不是一件轻易能做到的事。

案例6-4中，税务处理决定可能存在依据不准确、不充足的问题。《国家税务总局关于纳税人取得虚开的增值税专用发票处理问题的通知》（国税发〔1997〕第134号）规定，受票方利用他人虚开的增值税专用发票，向税务机关申报抵扣税款进行偷税的，应当依照《税收征收管理法》及有关规定追缴税款。A公司利用虚开的增值税专用发票进行纳税申报，少缴税款170万元，符合《税收征收管理法》第六十三条规定的偷税构成要件，应定性为偷税。尽管该案已因涉嫌虚开增值税专用发票罪被移送到公安机关，但逃税罪（即偷税罪）与虚开增值税专用发票罪的责任主体、构成要件等都不尽相同，两者不能相互替代。

## 6.2.3 学理的探析

### 6.2.3.1 善意取得虚开的增值税专用发票应承担的责任

（1）对"善意"的界定

"善意取得虚开的增值税专用发票"是指购货方与销售方存在真实交易，且购货方不知取得的发票是以非法手段获得的。《国家税务总局关于纳税人善意取得虚开的增值税专用发票处理问题的通知》（国税发〔2000〕187号）中界定了"善意取得增值税专用发票"与"恶意取得增值税专用发票"两种行为。该文件第一款规定，购货方与销售方存在真实的交易，销售方使用的是其所在省（自治区、直辖市和计划单列市）的专用发票，专用发票注明的销售方名称、印章、货物数量、金额及税额等全部内容与实际相符，且没有证据表明购货方知道销售方提供的专用发票是以非法手段获得的，对购货方不以偷税或者骗取出口退税论处。但应按有关规定不予抵扣进项税款或者不予出口退税；购货方已经抵扣的进项税款或者取得的出口退税，应依法追缴。

可见，要认定为"善意"，必须符合如下几个条件：①购货方与销售方存在真实的交易；②销售方使用的是其所在省（自治区、直辖市和计划单列市）的专用发票；③专用发票注明的销售方名称、印章、货物数量、金额及税额等全部内容与实际相符；④没有证据表明购货方知道销售方提供的专用发票是以非法手段获得的。四个条件缺一不可，符合"善意"条件的，对购货方不以偷税或者骗取出口退税论处。但应按有关规定，不予抵扣进项税款或者不予出口退税；购货方已经抵扣的进项税款或者取得的出口退税，应依法追缴。

《国家税务总局关于纳税人对外开具增值税专用发票有关问题的公告》（国家税务总局公告 2014 年第 39 号）规定，符合三个条件则不属于虚开增值税专用发票，受票方可以抵扣进项税额。①纳税人向受票方纳税人销售了货物，或者提供了增值税应税劳务、应税服务；②纳税人向受票方纳税人收取了所销售的货物、所提供的应税劳务或者应税服务的款项，或者取得了索取销售款项的凭证；③纳税人按规定向受票方纳税人开具的增值税专用发票相关内容，与所销售货物、所提供应税劳务或者应税服务相符，且该增值税专用发票是纳税人合法取得、并以自己名义开具的。也就是说，开票方虚开增值税专用发票不代表其所有开具出去的发票就是虚开的，如果开票方让他人为自己开具发票，只是进项发票虚开，其开具出去的发票符合条件的，受票方不仅不属于虚开还可以抵扣进项税额。

对善意取得虚开的增值税专用发票的行为界定虽然有多个条件，但是，其首要条件是业务是真实发生的，即取得的货物成本或者支付的服务成本是真实的。

（2）法律责任

关于加收滞纳金。如果销售方已证实为虚开增值税专用发票，那么购买方就是取得虚开的增值税专用发票，购买方的税务机关稽查局就必须对取得虚开的增值税专用发票行为进行调查取证，并定性是善意取得或者恶意取得，分别按照适用的法律依据进行处理，而不能含糊其辞不予定性，或胡乱套用其他条文加收滞纳金。税务机关稽查局在查处时，选择适用"国家税务总局公告 2012 年第 33 号"的规定，纳税人取得虚开的增值税专用发票，不得作为增值税合法有效的扣税凭证抵扣其进项税额，就意味着认可为取得虚开的，却未能认定为恶意取得，而是认定为善意取得。同时又不适用"国税函（2007）1240 号"关于不加收滞纳金的特别规定，而是选择适用《税收征收管理法》第三十二条加收滞纳金的规定，这是风险较大的做法。

关于罚款。对于善意取得虚开的增值税专用发票的，除了对购货方不以偷税或者骗取出口退税论处外，后续处理分两种情况：一是，购货方能够重新从销售方取得防伪税控系统开出的合法、有效专用发票的，或者取得了销售方所在地税务机关已经或者正在依法对销售方虚开专用发票行为进行查处证明的，购货方所在地税务机关应依法准予抵扣进项税款或者出口退税。二是，购货方无法按照上述规定依法重新取得的，则应按有关规定不予抵扣进项税款或者不予出口退税；购货方已经抵扣的进项税款或者取得的出口退税，应依法追缴。根据《国家税务总局关于纳税人取得虚开的增值税专用发票处理问题的通知》（国税发〔1997〕134号）第一条的规定，受票方利用他人虚开的专用发票，向税务机关申报抵扣税款进行偷税的，应当依照《税收征收管理法》及有关规定追缴税款，处以偷税数额五倍以下的罚款。

### 6.2.3.2 善意取得虚开增值税专用发票承担的风险

民法上的"善意取得"是指无权处分人将动产或不动产处分给他人，善意受让人依法取得该动产或不动产的所有权或其他物权。如果受让人在取得该动产时出于善意，就可以依法取得对该动产的所有权，受让人在取得动产的所有权以后，原所有人不得要求受让人返还财产，而只能请求转让人（占有人）赔偿损失。

如果受让人不知道出让人无权转让该财产，而在交易完成后因出让人的无权处分而使交易无效，作为善意取得的第三人需退还所得的财产，就要推翻已形成的财产关系。为此，法律规定了善意取得制度。《民法典》第三百一十一条规定，无处分权人将不动产或者动产转让给受让人的，所有权人有权追回；除法律另有规定外，符合下列情形的，受让人取得该不动产或者动产的所有权：①受让人受让该不动产或者动产时是善意；②以合理的价格转让；③转让的不动产或者动产依照法律规定应当登记的已经登记，不需要登记的已经交付给受让人。受让人依据前款规定取得不动产或者动产的所有权的，原所有权人有权向无处分权人请求损害赔偿。当事人善意取得其他物权的，参照适用前两款规定。

如果税务机关只要求增值税专用发票的善意接受方承担损失责任，而不是由虚开方赔偿损失，或者善意接受方只能向不法转让人去追偿。这样，没有从根本上保护善意接受方的权益，国际通行的惯例都是从保护善意受让人为根本出发点，税务机关只能向不法转让人去追偿。

按照"国税发〔2000〕187号"文的规定，对于善意取得虚开发票的纳税人，国家仍然要求其补缴所抵扣的税款，唯一的补救措施是，购货方能够重新从销售方取得防伪税控系统开出的合法、有效专用发票的，或者取得手工开出的合法、有效专用发票且取得了销售方所在地税务机关已经或者正在依法对销售方虚开专用发票行为进行查处证明的，购货方所在地税务机关应依法准予抵扣进项税款或者出口退税。

### 6.2.3.3 遵循"择一重处"原则进行处罚

让他人为自己虚开增值税专用发票并用于抵扣自身真实发生的销项税款，构成《刑法》第二百零五条"虚开增值税专用发票、用于骗取出口退税、抵扣税款发票罪"。同时，这一行为也符合《刑法》第二百零一条逃税罪的构成要件，因为取得收入不开发票、设立内外账隐瞒销售收入，逃避缴纳税款。这种情况属于典型的一行为触犯两项罪名。

这就涉及法律上的想象竞合与法条竞合。两者都是行为人犯一罪而不是数罪。区别在于竞合犯触犯的法条之间是否存在重合或交叉关系。存在重合或交叉关系的是法条竞合，不存在重合或交叉关系的是想象竞合。想象竞合所触犯的数个罪名没有必然的联系，法条之间不存在相互包容和交叉的关系。

想象竞合犯触犯了不同罪名的数个法条，应在比较数个罪名法定刑的轻重后择一重处；法条竞合所涉及的不同种罪名的数个法条之间存在重合或交叉关系，故在数个法条中只能选择适用一个法条即特别法、实害法或重法对犯罪人予以处罚，而排斥普通法、危险法或轻法的适用。

行为人让他人为自己虚开增值税专用发票并用于抵扣增值税税款的，构成虚开增值税专用发票罪；同时，这一行为也符合逃避缴纳税款罪的构成要件。犯罪构成存在法条竞合。

逃税罪条款与虚开增值税专用发票罪条款是一般条款与特别条款的关系。依据特别条款优先适用于一般条款的原则，接受虚开的增值税专票并用于抵扣税款的行为，以虚开增值税专用发票罪论处。

先结合实际税案来说。2017年，某市国税局稽查局发现，A公司与16家走逃企业在无货交易的情况下，通过支付开票手续费、虚假材料入库和虚假资金支付的方式，收受虚开增值税专用发票237份，申报抵扣进项税额3741235.13元。在稽查立案前，该公司主动转出进项税额1214218.49元，实际造成少缴税款2527016.64元。此案该如何定性处罚？

审理人员意见不一。第一种观点认为，A 公司接受虚开的增值税专用发票后，申报抵扣进项税额，造成国家税款流失。应根据《国家税务总局关于纳税人取得虚开的增值税专用发票处理问题的通知》(国税发〔1997〕134 号)第一条的规定，按偷税定性处罚。该通知第一条规定，受票方利用他人虚开的增值税专用发票，向税务机关申报抵扣税款进行偷税的，应当依照《税收征收管理法》及有关规定追缴税款，处以偷税数额五倍以下的罚款；进项税金额大于销项税金额的，还应当调减其留抵的进项税额。利用虚开的增值税专用发票进行骗取出口退税的，应当依法追缴税款，处以骗税数额五倍以下的罚款。第二种观点认为，A 公司是在无货交易的情况下，通过支付开票手续费、虚假材料入库和虚假资金支付的方式取得增值税专用发票，破坏了国家发票管理秩序，违反了《发票管理办法》第二十二条的规定，应按虚开发票对其定性并进行处罚。第三种观点认为，视具体情况而定，涉案企业是否在立案前已作进项税转出处理。对于虚受发票案件，如果在立案前涉案企业已作进项税转出处理，结果未造成国家税款的流失，则按虚开发票对其定性并进行处罚。第四种观点认为，按"择一重处"原则处罚，若按偷税定性处罚，对 A 公司少缴的增值税2527016.64 元处以一倍的罚款，即 2527016.64 元；若按虚开发票定性处罚，根据《发票管理办法》第三十七条的规定，处罚上限为 50 万元。显然，按偷税定性处罚更严厉。

案件审理委员会的成员大多赞同第四种观点，即按"择一重处"原则处罚。最终，市国税局稽查局对 A 公司追缴少缴的增值税 2527016.64 元及滞纳金；按偷税定性对其处以少缴税款一倍的罚款；移送公安机关作进一步调查处理。

其实，观点一遵循"国税发〔1997〕134 号"的规定，即对造成偷税的，无论金额大小，均应按偷税予以处罚；观点四遵循"择一重处"原则。最终结果是一样的，即均须按《税收征收管理法》第六十三条的规定，对 A 公司处罚2527016.64 元。

## 6.2.4 明确的界定

### 6.2.4.1 及时修改"国税发〔1997〕134 号"文第三十七条规定

有人认为，《国家税务总局关于纳税人取得虚开的增值税专用发票处理问题的通知》（国税发〔1997〕134号）是1997年制定的，当时《发票管理办法》中还没有"虚开发票"的定义，也不存在对虚开发票行为处以罚款的规定，目前适用"国税发〔1997〕134号"文件是否合适？笔者认为，"国税发〔1997〕134号"文件没有废止，表明其仍有存在的价值，上述分析也说明了其对涉税牵连行为适用的原则体现了过罚相当的精神。

值得注意的是，"国税发〔1997〕134号"文第三条规定，对接受虚开发票未造成偷税的，按所取得专用发票的份数，分别处以一万元以下的罚款。

但是，2019年修改后的《发票管理办法》第三十七条规定，违反本办法第二十二条第二款的规定虚开发票的，由税务机关没收违法所得；虚开金额在1万元以下的，可以并处5万元以下的罚款；虚开金额超过1万元的，并处5万元以上50万元以下的罚款；构成犯罪的，依法追究刑事责任。所谓"本办法第二十二条第二款的规定"，是指任何单位和个人不得有下列虚开发票行为：①为他人、为自己开具与实际经营业务情况不符的发票；②让他人为自己开具与实际经营业务情况不符的发票；③介绍他人开具与实际经营业务情况不符的发票。

既然新的《发票管理办法》已经对虚开发票的行为单独规定了罚则，对接受虚开发票未造成偷税的情形，直接适用即可。同时，建议国家税务总局及时修改"国税发〔1997〕134号"文件第三条的规定，使其与《发票管理办法》第三十七条的罚则相一致。

### 6.2.4.2 完善"国家税务总局公告2016年第76号"

在税收征纳程序中，纳税人有协力义务。《税收征收管理法》第十九条规定，纳税人、扣缴义务人按照有关法律、行政法规和国务院财政、税务主管部门的规定设置账簿，根据合法、有效凭证记账，进行核算。

2009年11月30日，国家税务总局在官方网站上发布《关于纳税人权利与义务的公告》。其中，"您的义务"部分，第二条"依法设置账簿、保管账簿和有关资料以及依法开具、使用、取得和保管发票的义务"规定，"您应当按照有关法律、行政法规和国务院财政、税务主管部门的规定设置账簿，根据合法、有效凭证记账，进行核算；从事生产、经营的，必须按照国务院财政、税务主管部门规定的保管期限保管账簿、记账凭证、完税凭证及其他有关资料；账簿、记账凭证、完税凭证及其他有关资料不得伪造、变造或者擅自损毁。此外，您在购销商品、提供或者接受经营服务以及从事其他经营活动中，应当依法开具、使用、取得和保管发票。"

业务收入所对应的成本和费用支出，应当由纳税人自己举证，比如运输费用，不可能让税务机关逐个去询问从事交通运输业务的法人或自然人。如果纳税人不能提供合法、有效凭证来举证自己的成本、费用，那么在企业所得税处理中可能要承担不能税前扣除或者核定征收的后果，由于增值税实行凭票抵扣办法，所以，在增值税处理中可能要面临不能抵扣销项税额的后果。

《国家税务总局关于走逃（失联）企业开具增值税专用发票认定处理有关问题的公告》（国家税务总局公告 2016 年第 76 号）所规定的情形中，受票方已经有接受虚开增值税专用发票的嫌疑，税务机关应告知其陈述、申辩和提出证据的权利，并明确其不举证将承担的不利后果。

第一，纳税人应该举证说明其资金流、货物流和其他交易细节等情况，并承诺对其说明的真实性承担法律责任。经税务机关核实，没有发现异常，允许纳税人抵扣进项税金。

第二，纳税人对资金流、货物流、交易经办人等情况含糊其词，比如，巨额现金支付却又无提款记录、没有记录货物承运人及联系方式、交易经办人不知去向等，此类供述违背其法定记载义务，不合常理，可依据优势证据标准，在行政程序中认定其虚开，责令进项税金转出；视情况移交公安进一步处理。

第三，下游纳税人直接走逃，经公告送达通知书后，仍未到税务机关说明情况的，结合上下游已查实资金流等情况，可认定其虚开，公告送达税务处理通知书，强制执行其可执行财产；视情况移交公安进一步处理。

## 6.3 企业破产后的税收债权与税收优先权

破产是指债务人无力清偿到期债务时，为保护债权人和债务人的权益，由人民法院对债务人的全部财产进行公开分配的一种法律程序。从法院受理破产申请到宣告企业破产，再到企业注销，可能涉及相关的税务问题。

## 6.3.1　模糊的边界

● 模糊地带 1　《税收征收管理法》第四十五条与《企业破产法》第一百零九条、第一百一十三条之间是否存在冲突？

《税收征收管理法》第四十五条规定，税务机关征收税款，税收优先于无担保债权，法律另有规定的除外；纳税人欠缴的税款发生在纳税人以其财产设定抵押、质押或者纳税人的财产被留置之前的，税收应当先于抵押权、质权、留置权执行。纳税人欠缴税款，同时又被行政机关决定处以罚款、没收违法所得的，税收优先于罚款、没收违法所得。不难看出，第四十五条的规定有三层意思：一是当其他债权属于担保债权时，税收与担保债权处于平等地位，按各自发生的时间先后决定执行的顺序；二是当其他债权属无担保债权时，除法律另有明文规定的以外，税收优先执行；三是当其他债权属于其他行政机关决定处以的罚款、没收违法所得时，税收优先执行。

自 2007 年 6 月 10 日起施行的《企业破产法》第一百零九条规定，对破产人的特定财产享有担保权的权利人，对该特定财产享有优先受偿的权利。第一百一十三条第一款规定，破产财产在优先清偿破产费用和共益债务后，依照下列顺序清偿：①破产人所欠职工的工资和医疗、伤残补助、抚恤费用，所欠的应当划入职工个人账户的基本养老保险、基本医疗保险费用，以及法律、行政法规规定应当支付给职工的补偿金；②破产人欠缴的除前项规定以外的社会保险费用和破产人所欠税款；③普通破产债权。

有人认为，《税收征收管理法》与《企业破产法》发生了冲突，担保债权相对于税收债权应该享有绝对优先地位，而且从世界破产立法的基本趋势看，税收债权的优先性正在逐步淡化。

也有人认为，两者之间并无冲突。第一，《企业破产法》第一百零九条规定，对破产人的特定财产享有担保权的权利人，对该特定财产享有优先受偿的权利。这种"优先"应根据担保权利的性质、顺位等因素来具体确定。《民法典》第三百八十六条①规定，担保物权人在债务人不履行到期债务或者发生当事人约定的实现担保物权的情形，依法享有就担保财产优先受偿的权利，但法

---

① 该条款承袭了原《中华人民共和国物权法》第一百七十条。

律另有规定的除外。这里所说的"发生当事人约定的实现担保物权的情形",意思是当事人（如抵押人和抵押权人）之间自己可以约定在什么情况下可以实现这个担保物权。《税收征收管理法》第四十五条第一款的规定,应当属于《民法典》第三百八十六条规定的除外情形。第二,《企业破产法》第一百一十三条关于破产债权清偿顺序的规定,是对破产债权清偿顺序的一般性规定,并无排除适用《税收征收管理法》第四十五条第一款的可能。

● 模糊地带 2  《税收征收管理法》第四十五条与《企业破产法》第三十七条之间是否存在冲突?

从《税收征收管理法》第四十五条看,企业所欠税款与有抵押资产债权的顺位是根据业务发生的时间来认定的,也就是说发生欠缴的税款在前,则税收享有优先权,抵押权在税款债权之后;如果设定担保权在前,则抵押资产债权优先,税款债权在后。这就是说,税款债权与有担保债权处于同一级次,根据发生的先后时间确认哪个更为优先。而不能一概认定,发生在抵押、质押和留置之前的欠税要优先执行。

《企业破产法》第三十七条规定,人民法院受理破产申请后,管理人可以通过清偿债务或者提供为债权人接受的担保,取回质物、留置物。根据这一条规定,如果管理人为了取回质物、留置物先清偿了这部分债务,税务机关是否有权阻止? 回答应该是没有。因为破产是一种非常态的情形,破产法属于特别法,应优先适用。但是,在质押和留置两种担保方式下,如果管理人实施了清偿取回行为,那么,《税收征收管理法》第四十五条基本上就被"架空"了。似乎矛盾由此产生。

● 模糊地带 3  国家税务总局和最高人民法院对于滞纳金的优先权认定分歧较大。

《国家税务总局关于人民法院强制执行被执行人财产有关税收问题的复函》（国税函〔2005〕869 号）规定,对拍卖财产的全部收入,纳税人均应依法申报缴纳税款;税收具有优先权;鉴于人民法院实际控制纳税人因强制执行活动而被拍卖、变卖财产的收入,人民法院应当协助税务机关依法优先从拍卖收入中征收税款。

《国家税务总局关于税收优先权包括滞纳金问题的批复》（国税函〔2008〕

1084 号）明确，按照《税收征收管理法》的立法精神，税款滞纳金与罚款在征收和缴纳时顺序不同，税款滞纳金在征缴时视同税款管理，税收强制执行、出境清税、税款追征、复议前置条件等相关条款都明确规定滞纳金随税款同时缴纳。税收优先权等情形也适用这一法律精神，《税收征收管理法》第四十五条规定的税收优先权执行时包括税款及其滞纳金。这就是说，不管是破产案件受理前还是受理后产生的滞纳金都是优先债权，优先于普通债权清偿。

但是，《企业破产法》规定，破产企业在破产案件受理前，产生的税收滞纳金属于普通破产债权，不属于优先债权。《最高人民法院关于审理企业破产案件若干问题的规定》（法释〔2002〕23 号）第六十一条规定，行政、司法机关对破产企业的罚款、罚金以及其他有关费用和人民法院受理破产案件后债务人未支付应付款项的滞纳金不属于破产债权。《最高人民法院关于税务机关就破产企业欠缴税款产生的滞纳金提起的债权确认之诉应否受理问题的批复》（法释〔2012〕9 号）规定，在破产案件受理前因欠缴税款产生的滞纳金属于普通债权，对于破产案件受理后因欠缴税款产生的滞纳金，不属于破产债权。可见，在破产案件中，根据最高人民法院的批复，在破产案件受理前，滞纳金不是优先债权，仅是普通债权；在破产案件受理后，滞纳金不属于破产债权。

## 6.3.2　引起的纠纷

### 6.3.2.1　纠纷事件的描述

◎ 案例 6-5　宝尔电器公司与威海市国税局的涉税纠纷案 [①]

2012—2015 年间，宝尔电器公司出口商品给越南的客户，因产品质量问题，客户对商品作降价扣款处理。宝尔电器公司本应进行出口免税申报，但其未能及时进行出口免税申报，就视同出口转内销，按规定补缴增值税 4819302.59 元。

2016 年 12 月 7 日，宝尔电器公司被威海市中级人民法院裁定破产重整，山东省威海市国税局依法向宝尔电器公司管理人申报债权。

---

① 张新军. 最高院批复与国税总局批复大比拼，哪个胜出？——破产案件税款滞纳金是否具有优先权？ [EB/OL].（2018—12—08）[2021—12—09]. http://www.360doc.com/content/18/1208/00/819919_800111173.shtml.

2017 年 11 月 2 日，威海市国税局向宝尔电器公司管理人申报债权：增值税 4819302.59 元及滞纳金（从滞纳税款之日起，按照每日万分之五计算至实际缴纳或者解缴税款之日止）。

2017 年 11 月 21 日，宝尔电器公司管理人出具审查意见认为，增值税税款债权予以认定，滞纳金应计算至法院裁定宝尔电器公司重整之日（即 2016 年 12 月 7 日）计 1519939.09 元，滞纳金依法属于普通债权，应当按照普通债权清偿率清偿。

威海市国税局不服，提起诉讼，请求人民法院确认欠缴的税款滞纳金享有与税款同等的优先受偿权，滞纳金应计算至实际缴纳或者解缴税款之日止。

本案争议的焦点是：税款滞纳金是否属于普通破产债权？税款滞纳金计算日期应否截至实际缴纳之日或者解缴税款之日？

威海市国税局认为，依据《税收征收管理法实施细则》第七十五条的规定，滞纳金应当计算至宝尔电器公司实际缴纳或者解缴税款之日；此外，《国家税务总局关于税收优先权包括滞纳金问题的批复》（国税函〔2008〕1084 号）规定，税款滞纳金在征缴时视同税款管理，滞纳金随税款同时缴纳，税收优先权执行时包括税款及其滞纳金。据此，税款滞纳金应被确认为优先债权，而非普通破产债权，且计算至宝尔电器公司实际缴纳或者解缴税款之日。

宝尔电器公司认为，第一，税款滞纳金属于普通债权，不具有优先权。《最高人民法院关于税务机关就破产企业欠缴税款产生的滞纳金提起的债权确认之诉应否受理问题的批复》（法释〔2012〕9 号）指出，破产企业在破产案件受理前因欠缴税款产生的滞纳金属于普通债权，对于破产案件受理后因欠缴税款产生的滞纳金，人民法院应当按照《关于审理企业破产案件若干问题的规定》（法释〔2002〕23 号）第六十一条规定处理，即不属于破产债权。第二，税款滞纳金应计算至破产重整之日（即 2016 年 12 月 7 日）。法律依据是，最高人民法院《关于审理企业破产案件若干问题的规定》（法释〔2002〕23 号）第六十一条规定，人民法院受理破产案件后，债务人未支付应付款项的滞纳金不属于破产债权。据此，税款滞纳金应一分为二，在破产案件受理前产生的属于普通破产债权，在破产案件受理后不属于破产债权；滞纳金应计算至破产重整之日（即 2016 年 12 月 7 日）。

受理此案的人民法院认为，本案中，宝尔电器公司破产重整日（即 2016 年 12 月 7 日）之前欠缴税款产生的税款滞纳金属于普通破产债权，之后的部分依法不属于破产债权。由于宝尔电器公司进入破产程序，欠缴税款产生的滞纳金应当按照《企业破产法》及相关司法解释的规定处理。法院遂判决驳回威海市国税局的诉讼请求。

◎ 案例 6-6　中国农业银行绍兴越城支行与绍兴柯桥区国税局的涉税纠纷案 ①

2014 年 9 月 28 日，绍兴市柯桥区人民法院裁定受理绍兴金宝利纺织有限公司（简称"金宝利公司"）破产清算申请，并指定浙江大公律师事务所担任破产管理人。

2014 年 11 月 5 日，中国农业银行绍兴越城支行向金宝利公司管理人申报 1410 万元有财产担保债权；2014 年 11 月 26 日，金宝利公司管理人确认中国农业银行绍兴越城支行 1410 万元债权为有财产担保债权，但是同时认定绍兴市柯桥区国税局 37419373.07 元税收优先权优先于中国农业银行绍兴越城支行有财产担保的债权。

柯桥区国税局的税收债权由两部分组成，一部分是 2006 年 1 月至 2010 年 7 月之间欠缴的应追回违规出口退税款 33714135.87 元；另一部分是 2010 年 6 月和 7 月欠缴的应补提销项税额 3705237.2 元。两者合计为 37419373.07 元。

然而，中国农业银行绍兴越城支行 1410 万元的担保债权的形成时间为 2013 年 6 月，晚于柯桥区国税局税收债权的形成时间。

中国农业银行绍兴越城支行不服，向人民法院提请诉讼。

一审法院认为，该案应当优先适用《税收征收管理法》第四十五条的规定，发生在先的税收债权优于担保债权。

中国农业银行绍兴越城支行表示不服，提起上诉。二审法院认为，该案应当优先适用《企业破产法》第一百一十三条的规定，担保债权优先于税收债权。

本案争议的焦点是：中国农业银行绍兴越城支行有抵押担保的债权与柯桥区国税局的税收债权在破产程序中就抵押物变现款受偿的顺序问题。

---

① 参见绍兴市中级人民法院，绍兴金宝利纺织有限公司民事判决书（2017）（浙 06 民终 1119 号）。

一审法院认为，成立在先的税收债权应当优先于担保债权有限受偿。

第一，中国农业银行绍兴越城支行的案涉有财产担保债权发生时间及其抵押权的设立时间均晚于柯桥区国税局的案涉税收债权，该要件事实符合《税收征收管理法》第四十五条第一款关于税收债权优先于担保物权的规定，故应按《税收征收管理法》第四十五条确定两者案涉债权的先后顺位。

第二，从立法规范、沿革、目的、体系及精神看，《税收征收管理法》第四十五条第一款之规定，应当作为认定中国农业银行绍兴越城支行与柯桥区国税局各自案涉债权的优先性之依据。从规范本身看，税收债权优先于担保物权系附有条件，即需税收债权发生在担保物权设定之前；从立法沿革看，《税收征收管理法》自1992年颁行，经过1995年、2001年及2013年三次修订，其第四十五条之规定自2001年修订增加后，2013年修订时仍予保留，可见在立法上具有一贯性（2015年修订时继续保留）。中国农业银行绍兴越城支行的案涉债权对于案涉抵押物优先受偿之权利劣后于柯桥区国税局的税收债权，并不违背《中华人民共和国物权法》及《企业破产法》第一百零九条之规定。

二审法院认为，依据《企业破产法》第一百零九条、第一百一十三条的规定，破产程序中，有抵押担保的债权在抵押物范围内优先于破产费用、共益债务、职工债权、税收债权和普通债权等清偿。依据《税收征收管理法》第四十五条的规定，税收债权与有抵押担保的债权并存时，应比较税收债权发生时间和抵押权设立时间，税收债权先于抵押权发生的，税收债权优先受偿；抵押权先于税收债权设立的，有抵押担保的债权优先受偿。

本案中，中国农业银行绍兴越城支行有抵押担保的债权就抵押物而言，应当优先于柯桥区国税局主张的税收债权清偿，税收债权产生时间与抵押权设立时间的先后顺序对此并无影响。因为税收债权发生时间距绍兴金宝利纺织有限公司进入破产程序已有多年，且税务机关于2012年5月31日作出的"税务处理决定书"显示，其已知悉绍兴金宝利纺织有限公司欠税的情形。

二审法院最终判决：撤销浙江省绍兴市柯桥区人民法院（2016）浙0603民初10874号民事判决；撤销绍兴金宝利纺织有限公司管理人于2014年11月26日作出的《债权审查确认单》中关于柯桥区国税局享有的37419373.07元税收债权优先于中国农业银行绍兴越城支行有财产担保的1410万元债权的认

定；确认中国农业银行绍兴越城支行对绍兴金宝利纺织有限公司名下的房地产经折价或拍卖、变卖所得的价款，在债权金额 1410 万元范围内享有优先受偿权，且优先于柯桥区国税局主张的 37419373.07 元税收债权受偿。

#### 6.3.2.2 对纠纷事件的点评

对于案例 6-5，破产案件受理前欠缴的税款滞纳金依法属于普通破产债权，不享有税收优先权，破产案件受理后欠缴税款产生的滞纳金不属于破产债权。

《最高人民法院关于税务机关就破产企业欠缴税款产生的滞纳金提起的债权确认之诉应否受理问题的批复》（法释〔2012〕9 号）规定，税务机关就破产企业欠缴税款产生的滞纳金提起的债权确认之诉，人民法院应依法受理。依照《企业破产法》《税收征收管理法》的有关规定，破产企业在破产案件受理前因欠缴税款产生的滞纳金属于普通破产债权。对于破产案件受理后因欠缴税款产生的滞纳金，人民法院应当依照《最高人民法院关于审理企业破产案件若干问题的规定》（法释〔2002〕23 号）第六十一条的规定处理。即人民法院受理破产案件后债务人未支付应付款项的滞纳金，包括债务人未执行生效法律文书应当加倍支付的迟延利息和劳动保险金的滞纳金，不属于破产债权。

对于案例 6-6，应分析《税收征收管理法》和《企业破产法》相应条款的调整范围。

《企业破产法》优先适用于《税收征收管理法》。因为《税收征收管理法》调整的是全体纳税人的税款征缴事项，其第四十五条规定，调整任何状态下企业的税收债权与有担保债权的清偿顺序问题，涵盖企业破产情形和企业正常经营情形。《企业破产法》第一百零九条、第一百一十三条规定，调整范围仅限于破产情形下企业的税收债权与有担保债权的清偿顺序问题。两者相比较，《税收征收管理法》第四十五条规定的调整范围要宽于《企业破产法》第一百零九条、第一百一十三条规定的调整范围，《企业破产法》应在本案中优先适用。

### 6.3.3 学理的探析

#### 6.3.3.1 税收债权的概念

税收债权是指税务机关和海关等税收债权人请求作为税收债务人的纳税人

履行给付税款的权利。税收债权是公法上的权利，它所体现的不是平等主体之间的交易关系，而是管理者与被管理者之间的税收征纳关系。

税收债权可分为破产主税收债权和破产从税收债权两种，前者是指破产企业符合税法构成要件所发生的税款；后者是指因破产主税收债权附带产生的债权，如企业欠税产生的滞纳金、罚款等。

企业在破产前，税收债权产生的依据是债务人的生产经营活动，其纳税主体是债务人；破产宣告后，债务人进入破产程序，税收债权产生的依据主要是清算组变卖债务人的财产及维持债务人必要的产品销售等经营性活动，其纳税主体是清算组。

破产管理人，又称破产清算组，是指在破产案件中，受法院的指挥和监督，全面接管破产财产并对其保管、清理、估价、处理和分配的专门机构。企业进入破产程序后，财产、印章和账簿、文书等资料由管理人接管，内部管理事务由管理人决定，财产由管理人管理和处分。

### 6.3.3.2　税收债权的范围

税收债权的范围涉及欠税、欠税滞纳金、税收罚款等。

（1）欠税

欠税属于破产债权。根据《企业破产法》第一百一十三条的规定，破产财产在优先清偿破产费用和共益债务后的清偿顺序为：①职工工资等职工债权；②欠缴的社会保险费和欠税；③普通破产债权。税款优先于无担保债权，这是无疑的。那么，是否优先于担保债权呢？由于破产宣告前的税款本身是基于破产宣告前的经营行为而形成的，属于破产债权，因此，也应优先于担保债权。

（2）欠税滞纳金

欠税滞纳金也是税收债权，但是这里的滞纳金仅指欠税滞纳金，不包括行政强制法上所说的滞纳金。两种滞纳金在性质上有一定的差异，税款滞纳金依据欠缴行为产生，从欠缴之日起计算；行政强制执行滞纳金是逾期不履行义务而产生的，从法律文书载明日期届满后开始计算。

（3）税收罚款

罚款不属于破产债权。《最高人民法院关于审理企业破产案件若干问题的规定》（法释〔2002〕23号）第六十一条规定，行政、司法机关对破产企业的罚款、罚金以及其他有关费用，都不属于破产债权。这条"规定"将罚款界定为除斥债权，不予清偿。

除斥债权是指因特定原因被排斥于破产程序外，不得作为破产债权从破产财产中受偿的债权，也即是不具有清偿资格的债权。与除斥债权相类似的是劣后债权。所谓劣后债权，是指企业破产法规定的、后于普通债权受偿的债权。为了维护国家利益，可以把破产宣告前形成的罚款作为劣后债权，在破产清偿顺序上劣后于普通债权，破产债务人先以财产清偿普通破产债权等前顺位债权，再将剩余的财产作为破产财产进项分配。

在债务人进入破产程序后，无论是税款本身还是滞纳金和罚款，都是清算组在破产财产的管理、变价和分配中产生的，是清算组合法或违法行为的结果，应当视为破产费用或共益债务。共益债务是指破产管理人为全体债权人的共同利益，管理、变价和分配债务人财产而负担的债务。

综上，在破产清算中，享有税收优先权的税收债权仅指在破产宣告前形成的欠缴税款。

### 6.3.3.3　债权清偿顺位的比较

《税收征收管理法》与《企业破产法》均由全国人民代表大会常务委员会制定，两部法律的效力位阶相同。根据《立法法》第九十二条的规定，特别法优于一般法，即对于同一位阶的一般法和特别法[①]在对同一问题都有规定的情形下，特别法优先适用于一般法。《企业破产法》属于特别法，《税收征收管理法》属于一般法，故在企业破产程序中，《企业破产法》优先适用于《税收征收管理法》，税款债权在企业破产清算案件中作为第二清偿顺序优先受偿（见表6-5）。

在"税收债权"与"担保债权"之间，哪个具有优先权？应当认为，企业在正常的生产经营状态下，税收债权和担保债权发生冲突时，债权清偿顺位的确定适用《税收征收管理法》第四十五条的规定。债务人企业一旦进入破产程序，则应当适用《企业破产法》第一百零九条和第一百一十三条的规定。原因有三：

---

① 一般法是指适用于全国，对所有主体均具有法律效力并对一般事项均有效的法律；特别法是指适用于特别法律关系主体、特别时间、特别地区的法律。

表 6-5　债权清偿顺位

| 债权清偿顺位 | 《税收征收管理法》第四十五条 | 《企业破产法》第一百零九条、一百一十三条 |
| --- | --- | --- |
| 1 | 税收债权 | 担保物权 |
| 2 | 担保债权 | 破产费用、共益债务 |
| 3 | 破产费用、共益债务 | 职工债权 |
| 4 | 职工债权 | 税收债权 |
| 5 | 普通债权 | 普通债权 |

第一，在破产背景下，如果适用《税收征收管理法》第四十五条的规定，必将使得破产债权的清偿体系发生混乱。

第二，《税收征收管理法》调整的是正常状态下的企业税收债权与有担保债权的清偿顺位问题;《企业破产法》调整的是债务人企业进入破产程序后，对各种不同性质的破产债权制定清偿规则。两者相比较，《税收征收管理法》第四十五条规定的调整范围要宽于《企业破产法》第一百零九条和第一百一十三条规定的调整范围，后者具有特别规定的属性，应在破产程序中优先适用。

第三，从权利位阶看，弱者权利可优先保护。担保债权是私权，而税收债权属于公权、债权人是国家，从"不与民争利"角度出发，既然《企业破产法》已经确定了税收债权优先于普通债权，若再确定优先于担保债权，则不仅有过分保护公权、"与民争利"的嫌疑，且必然损害担保制度。

### 6.3.4　明确的界定

#### 6.3.4.1　税款优先权

税款优先权，是指当企业破产后，税收债权与其他债权并存时，税款享有优先受偿权。税款优先权包括绝对税收优先权和相对税收优先权。前者是指在破产清算中，税收债权应当享有优先于所有其他债权受偿的权利;后者是指在破产清算中，税收债权仅享有优先于民事普通债权（民事无担保债权）受偿的权利。

（1）税款优先于无担保债权（法律另有规定的除外）

税款优先于无担保债权，是指纳税人发生纳税义务，又有其他应偿还的债务，而纳税人的未设置担保物权的财产，不足以同时缴纳税款又清偿其他债务的，税务机关在征收税款时，可以优先于其他债权人取得纳税人未设置担保物权的财产。但是，法律另有规定的除外，如在破产程序中，职工的工资属于债权，考虑到职工基本生活的保障这一更高的人权宗旨，职工的工资可以优先于税款而得到清偿。

（2）税款优先于发生在其后的抵押权、质权、留置权

即纳税人欠缴的税款发生在纳税人以其财产设定抵押、质押或者纳税人的财产被留置之前的，税款应当先于抵押权、质权、留置权执行。这里包含两层含义：

一是税款优先于发生在其后的抵押权、质权、留置权，执行额度以纳税人应纳的税款为限。例如，税务机关处置纳税人的抵押财产后，抵押财产的处置价值超过纳税人的应纳税额、滞纳金和必要的处置费用的，超出部分应该退还纳税人；纳税人抵押的财产价值不足以缴纳税款和滞纳金的，税务机关应要求纳税人以其他财产补足。

二是欠税的纳税人，可以以其财产设定抵押、质压，其财产也可能被留置，但是此时的抵押、质押等担保物权，不能影响税款，即根据税收优先的原则，对有欠税的纳税人，税务机关对其设置抵押、质押或被留置的财产有优先处置权，以保障国家依法取得税收收入。

（3）税款优先于罚款、没收违法所得

纳税人在生产经营活动中，如果违反了法律、法规，市场监督、公安等行政机关可以依法予以罚款、没收违法所得等行政处罚。虽说罚款、没收违法所得也应上交国库，但如果此时纳税人有欠缴的税款，则税款的征收应优先于罚款、没收违法所得。

### 6.3.4.2　税收债权的清偿顺序适用企业破产法的规定

2019 年 12 月 12 日发布且于 2020 年 3 月 1 日起施行的《国家税务总局关于税收征管若干事项的公告》（国家税务总局公告 2019 年第 48 号）第四条第一款明确，企业破产清算程序中，税务机关在人民法院公告的债权申报期限内，向管理人申报企业所欠税款（含教育费附加、地方教育附加）、滞纳金及罚款。第四条第三款明确，企业所欠税款、滞纳金、因特别纳税调整产生的利息，税务机关按照企业破产法相关规定进行申报，其中，企业所欠的滞纳金、

因特别纳税调整产生的利息按照普通破产债权申报。

这一公告首次明确，在破产程序中，税收债权的清偿顺序应当适用《企业破产法》的规定，这与特别法优于一般法的法律适用规则相符。这样，税务机关在破产程序中申报债权有了明确的依据，无须担心未按照《税收征收管理法》申报可能承担的失职责任。

### 6.3.4.3  不同类别税收债权的清偿顺序

《企业破产法》第一百一十三条规定，税款债权应在破产费用及共益债务清偿后，顺位于职工债权之后受偿，但这仅限于"税款"，并不包括税收债权的其他部分。同属税收债权的其他债权，滞纳金、利息、罚款的清偿顺序与税款并不相同。

（1）税收滞纳金属于普通债权

在"国家税务总局公告 2019 年第 48 号"颁布之前，税务机关并不认同最高人民法院关于"在破产案件受理前，滞纳金仅为普通债权；在破产案件受理后，滞纳金不属于破产债权"的意见，认为《税收征收管理法》第四十五条、《国家税务总局关于税收优先权包括滞纳金问题的批复》（国税函〔2008〕1084号）均规定税收优先权执行的时候包括税款及滞纳金，因而认为滞纳金与税款同样具有优先性。"国家税务总局公告 2019 年第 48 号"第四条第三款规定，企业所欠税款、滞纳金、因特别纳税调整产生的利息，税务机关按照企业破产法相关规定进行申报，其中，企业所欠的滞纳金、因特别纳税调整产生的利息按照普通破产债权申报。这表明，国家税务总局遵循《企业破产法》的逻辑，规定滞纳金应作为普通债权申报。

（2）税收罚款属于劣后债权

税收罚款是否应当属于破产债权，经历了一个变化的过程。2002年《最高人民法院关于审理企业破产案件若干问题的规定》（法释〔2002〕23号）是对1986年《企业破产法（试行）》的解释，其中第六十一条规定"行政机关对企业的罚款"不属于破产债权。根据这一规定，因欠缴税款而产生的税收罚款属于行政机关罚款的范围，因此不应属于破产债权。

2018年3月最高人民法院印发的《全国法院破产审判工作会议纪要》（法〔2018〕53号）第二十八条规定，破产财产依照《企业破产法》第一百一十三条规定的顺序清偿后仍有剩余的,可依次用于清偿破产受理前产生的民事惩罚性赔偿金、行政罚款、刑事罚金等惩罚性债权。根据这一规定,税收罚款作为行政罚款,在普通债权得到清偿后,可以顺位于民事性赔偿金之后得到清偿,这就是所谓的劣后于普通债权的劣后债权。因此,因税收违法行为产生的罚款属于破产债权,但要劣后于普通债权受偿。"国家税务总局公告 2019 年第 48 号"对此并没有明确,但是在破产案件中,管理人仍应根据《企业破产法》的规定,将税收罚款认定为劣后债权。

### 6.3.4.4 欠税滞纳金的计算时间

《税收征收管理法实施细则》第七十五条规定,加收滞纳金的起止时间,为法律、行政法规规定或者税务机关依照法律、行政法规的规定确定的税款缴纳期限届满次日起至纳税人、扣缴义务人实际缴纳或者解缴税款之日止。在实践中,很多税务机关不依据《企业破产法》,而是按照《税收征收管理法实施细则》的规定,坚持将破产申请受理后产生的滞纳金也作为破产债权进行申报,认为如果不依此申报,可能存在渎职风险。

"国家税务总局公告 2019 年第 48 号"第四条第三款规定,企业所欠税款、滞纳金、罚款,以及因特别纳税调整产生的利息,以人民法院裁定受理破产申请之日为截止日计算确定。这样,就避免了税务机关与人民法院在欠税滞纳金计算截止日期认定上的不一致。

### 6.3.4.5 破产程序中新生税款的缴纳

破产程序中的新生税款,是指人民法院裁定受理破产申请后至破产程序终结这一期间企业发生应税行为而产生的税款。破产程序中新生税款的性质直接影响到债权清偿顺序。

"国家税务总局公告 2019 年第 48 号"第四条第二款规定,在人民法院裁定受理破产申请之日至企业注销之日期间,企业应当接受税务机关的税务管理,履行税法规定的相关义务。破产程序中如发生应税情形,应按规定申报纳税。这里所指的"规定",应为税收法律、法规、规章及相关规范性文件,也就是说国家税务总局明确,在破产程序中企业应当正常缴税。该公告特别提到,企业因继续履行合同、生产经营或处置财产需要开具发票的,管理人可以以企业名义按规定申领开具发票或者代开发票。上述行为可能产生增值税、印花税、土地增值税、契税等，均是企业需缴纳的税种。

在实践中，多数人认为，因继续履行合同、生产经营而产生的税款，属于《企业破产法》第四十二条第四款规定的因继续经营而产生的债务，因此属于共益债务；而处置资产（包括拍卖或抵债）产生的税款，属于《企业破产法》第四十一条第二款规定的因变价债务人财产而产生的费用，因此属于破产费用。不管是破产费用还是共益债务，都由债务人财产随时清偿。

税款债权的债权人系国家，属于公法债权，具有无偿性的显著特征，与私法债权明显不同。所以，不宜将新生税款与合同、侵权、无因管理、不当得利等私法债权纳入统一划分标准，否则有与民争利之嫌。进入破产程序的企业通常处于资不抵债的状况，无论是对继续经营还是处置资产征缴税款，实质都是对债权人可分配财产的分割。对于新生税款，不宜简单认定为破产费用或共益债务，随之而来的税款征缴也应当区分企业正常经营以及进入破产程序两种不同境况作区别对待，而区别对待又涉及多项法律法规及政策。

### 6.3.4.6　主管税务机关属于"已知债权人"

《企业破产法》第十四条第一款规定，人民法院应当自裁定受理破产申请之日起二十五日内通知已知债权人，并予以公告。那么，主管税务机关是否属于"已知债权人"？

人民法院受理企业破产后，会不会及时主动通知主管税务机关？这个有赖于人民法院和税务机关之间的合作机制。破产企业的主管税务机关是相对固定的，除了省市直属分局管辖的特定行业和大型企业之外，一般是按行政区划确定主管税务机关，人民法院很容易作出判断。推进破产审判工作，无论是进入破产程序前的税收债权申报、进入破产程序后的资产处置及税款征收，还是终结破产程序后的税务注销登记，都离不开税务机关的参与和支持。人民法院受理企业破产，应将主管税务机关视为"已知债权人"，互相支持、互相配合。

在浙江省温州市，税务机关和人民法院通过联合会议纪要的形式作出规定，"人民法院应当自裁定受理破产申请之日起二十五日内通知主管税务机关"。这一做法后来被推广到全省。2016 年 12 月，浙江省经济和信息化委员会办公室发出的《关于印发推进企业破产审判重点工作及任务分工方案的通知》规定，地方法院要加强与税务机关工作联动，税务机关依法参与破产程序后，税收债权未获全额清偿但已经过法院裁定终结破产程序，管理人自破产程序终结之日起十日内持法院裁定办理注销登记的，税务机关可按照《企业破产法》第一百二十一条的规定予以认可。税务机关应原则上在 15 个工作日内向破产管理人出具税务注销文书或清税证明，并积极创造条件加快破产企业税务注销进度。该通知明确破产企业的税收债权在依法受偿后，仍有未获清偿的欠缴税款、滞纳金、罚款的，税务机关可凭法院裁定书对企业予以税务注销。这就为破产企业欠税的核销扫除了障碍。

## 6.4　税务行政救济中的纳税前置和复议前置

　　为了保障国家税款及时足额入库，现行税收法律规定"先纳税后复议、先复议后诉讼"。实践中，对于"纳税人如果未按期缴纳税款，是否有权提起税务行政复议"等问题经常产生意见分歧，一些涉税案件失去被复议审查的机会。因此，应尽快解决这一模糊问题。

### 6.4.1　模糊的边界

● 模糊地带 1　对税务处理决定与税务行政处罚决定可否一并提起复议或诉讼？

　　《税收征收管理法》第八十八条第一款规定，纳税人、扣缴义务人、纳税担保人同税务机关在纳税上发生争议时，必须先依照税务机关的纳税决定缴纳或者解缴税款及滞纳金或者提供相应的担保，然后可以依法申请行政复议；对行政复议决定不服的，可以依法向人民法院起诉。这就是税务行政救济中的纳税前置和复议前置，简言之就是"先缴税后复议、先复议后诉讼"。

　　但是，《税收征收管理法》第八十八条又规定，当事人对税务机关的处罚决定、强制执行措施或者税收保全措施不服的，可以依法申请行政复议，也可以依法向人民法院起诉。这就是说，对于税务处罚等，不论其是否直接涉及税款，均采用选择复议方式，行政相对人可以直接依法向人民法院提请诉讼。这就是说，复议有必经复议与选择复议两种类型（见表 6-6）。

表6-6  必经复议与选择复议

| 类型 | 税务行政行为 | 具体范围 |
|---|---|---|
| 必经复议 | 税务机关作出的征税行为 | 确认纳税主体、征税对象、征税范围、减免退税、抵扣税款、适用税率、计税依据、纳税环节、纳税期限、纳税地点和税款征收方式等具体行政行为 |
| | | 征收税款、加收滞纳金 |
| | | 扣缴义务人、受税务机关委托的单位和个人代扣代缴、代收代缴、代征行为等 |
| 选择复议 | ①行政许可、行政审批行为 | 如不予核准延期申报、不予审批出口退税等 |
| | ②发票管理行为 | 包括发售、收缴等 |
| | ③税务机关作出的税收保全措施、强制执行措施 | 书面通知纳税人的开户银行或者其他金融机构冻结纳税人的相当于应纳税款的存款;扣押、查封纳税人的价值相当于应纳税款的商品、货物或者其他财产 |
| | ④税务机关作出的行政处罚行为 | 罚款;没收财物和违法所得;停止出口退税权 |
| | ⑤税务机关不依法履行职责的行为 | 颁发税务登记证;开具、出具完税凭证、外出经营活动税收管理证明;行政赔偿;行政奖励;其他不依法履行职责的行为 |
| | ⑥税务机关作出的资格认定行为 | 如不予认定一般纳税人 |
| | ⑦税务机关不依法确认纳税担保行为 | |
| | ⑧政府信息公开工作中的具体行政行为 | |
| | ⑨税务机关作出的纳税信用等级评定行为 | |
| | ⑩税务机关作出的通知出入境管理机关阻止出境行为 | |
| | ⑪税务机关作出的其他具体行政行为 | |

自2021年8月11日起施行的《税务稽查案件办理程序规定》(国家税务总局令第52号)第四十二条规定,审理部门区分下列情形分别作出处理:①有税收违法行为,应当作出税务处理决定的,制作税务处理决定书;②有税收违法

行为，应当作出税务行政处罚决定的，制作税务行政处罚决定书。

对于"税务处理决定书"，纳税人可以提起行政复议，但必须先缴纳税款或提供担保，也就是纳税前置；对于"税务行政处罚决定书"，纳税人无须纳税前置，可以直接提起复议或者诉讼。

若"税务处理决定书"是"税务行政处罚决定书"的基础，那么纳税人对"税务处理决定书"提出复议或诉讼，是否要先对"税务处理决定书"提出复议，待"税务处理决定书"确定违法后，再对"税务行政处罚决定书"提出异议？这明显是个悖论，也间接导致了纳税前置成为纳税人对"税务行政处罚决定书"提出异议的条件，不利于维护纳税人的正当权益。

就行政相对人而言，有的一并复议或起诉税务处理决定与税务行政处罚决定，有的因无法达到纳税前置的条件不能对税务处理决定申请复议，遂只复议或起诉税务行政处罚决定，意图一并推翻税务处理决定。这样，复议前置会落空。

在税收实务中，纳税人行使行政救济权的难度较大，表面上看是受困于"复议前置"程序，实际上，复议程序无法前置的根本原因在于"纳税前置"，即纳税人无力缴清税款和滞纳金或提供足额的纳税担保。

● 模糊地带 2　提起税务行政复议的时间点如何统一？

《税收征收管理法》第八十八条第一款的规定，意味着无能力缴税或无能力提供纳税担保的纳税人，不能就涉税争议提起行政复议。

国家税务总局于 2018 年发布的《税务行政复议规则》（国家税务总局令第 44 号）第三十三条第二款规定，申请人按照前款规定申请行政复议的，必须依照税务机关根据法律、法规确定的税额、期限，先行缴纳或者解缴税款和滞纳金，或者提供相应的担保，才可以在缴清税款和滞纳金以后或者所提供的担保得到作出具体行政行为的税务机关确认之日起 60 日内提出行政复议申请。不过，对于对该条款规定的有关复议期限，现实中仍有不同的理解。

一种理解是，该条规定对纳税人行使复议权利明确了"必须依照税务机关根据法律、法规确定的税额、期限……"的前提。由于"税务处理决定书"规定的缴税期限通常为 15 天，故如果纳税人未在收到"税务处理决定书"之日起 15 日内缴税或者提供担保，就失去了申请税务行政复议的机会。例如，辽宁省丹东市中级人民法院作出的"（2015）丹行终字第00062号"判决就持这种观点。该判决认为，上诉人在税务机关规定的15天期限内，没有缴纳税款和滞纳金，也没有提供相应的担保。根据上述规定，被上诉人对上诉人的税务处理决定复议申请作出不予受理决定并无不当。

另一种理解是，《中华人民共和国行政复议法》（简称《行政复议法》）第九条规定，公民、法人或者其他组织认为具体行政行为侵犯其合法权益的，可以自知道该具体行政行为之日起60日内提出行政复议申请；但是法律规定的申请期限超过60日的除外。由此可以判定，纳税人申请行政复议的期限应从"知道具体行政行为"之日起算，在其之后制定或修订的法律法规不应与之冲突。例如，河南省驻马店市驿城区人民法院作出的"（2014）驿行初字第75号"判决则采纳了第二种观点。该判决认为，原告虽然逾期缴纳税款和滞纳金，但仍是在行政复议法规定的60日内提起的复议申请，被告作出的不予受理决定书适用法律不准确，对该决定书应予撤销。

## 6.4.2 引起的纠纷

### 6.4.2.1 纠纷事件的描述

◎ 案例6-7 甲公司与盐城市地税局稽查局的涉税纠纷案 [①]

2001年7月，江苏省盐城市地方税务局稽查局（简称"市稽查局"）对甲公司作出"税务处理决定书"，向甲公司追缴税款及滞纳金1300万元。甲公司不服，向江苏省盐城市地方税务局（简称"市地税局"）提交财产担保书和行政复议申请书。

2001年9月21日，市地税局作出"不予受理行政复议申请决定书"，理由是甲公司必须先依照税务机关的纳税决定进行完税或者提供相应担保，然后才可以依法申请税务行政复议。

甲公司则认为，市稽查局曾于1999年12月1日将该公司122亩（8.13公顷）土地进行了查封，现其以被采取强制措施的土地作为担保财产，事实上已成就

---

① 刘天永."纳税前置"程序阻碍纳税人权利救济案[EB/OL].（2019-11-25）[2021-12-09]. https://www.sohu.com/a/355889616_665862.

了复议的前提条件。据此，甲公司对市地税局的不予受理决定向人民法院提起税务行政诉讼。人民法院审查后认为，市地税局对甲公司申请复议的条件未进行实质性审查即裁定不予受理，显属不当，判决撤销市地税局的不予受理决定。

2003 年 2 月，甲公司向市地税局重新提起税务行政复议申请，市地税局于 2 月 13 日受理，并对甲公司被查封的土地进行了估价。后市地税局向甲公司发出通知，以甲公司被查封的土地价值不足缴纳相应税款为由，要求其另行解缴或提供担保。5 月 9 日，市地税局以甲公司的复议申请不符合受理条件为由，作出"行政复议终止通知书"。之后，甲公司再次诉至法院，请求撤销市稽查局作出的原税务处理决定。人民法院审查后，以甲公司未完成复议前置程序，不符合提起行政诉讼的条件为由，判决驳回甲公司的起诉。

◎ 案例 6-8　河南金尚房地产公司与驻马店市地方税务局的涉税纠纷案 [①]

河南省驻马店市地方税务局稽查局（简称"驻马店地税局稽查局"）对河南省金尚房地产开发有限公司（简称"金尚公司"）2004 年 1 月 1 日至 2013 年 12 月 31 日履行纳税义务及代扣代缴义务情况进行了检查，于 2014 年 7 月 16 日作出"驻地税稽处（2014）19 号税务处理决定书"，该决定书认定金尚公司应补缴税款 7539362.49 元，限在 15 日内缴纳，并告知，"你单位若同我局在纳税上有争议，必须先依照本决定的期限缴纳税款及滞纳金或者提供相应的担保，然后可自上述款项缴清或者提供相应担保被税务机关确认之日起 60 日内，向驻马店市地方税务局或驻马店市人民政府申请行政复议。"该决定书于 7 月 18 日送达到原告。

同年 8 月 13 日，驻马店地税局稽查局又发出"驻地税通（2014）19 号税务事项通知书"，同日送达。金尚公司因财务困难，分别于同年 8 月 8 日、8 月 15 日、8 月 22 日、8 月 28 日、8 月 29 日分期缴纳了税务处理决定书中的税款和滞纳金。

9 月 11 日，金尚公司向驻马店地税局提起税务行政复议申请。9 月 16 日，驻马店地税局作出"驻地税复不受字（2014）1 号不予受理行政复议申请决定

① 两起相似情形的税务行政诉讼两种判决结果 [EB/OL].（2015-06-16）[2021-12-09]. http://blog.sina.com.cn/s/blog_4530f0210102vpz6.html.

书"，理由是金尚公司未在规定的期限内缴纳税款和滞纳金，而是逾期后才缴清税款和滞纳金。

金尚公司不服，向河南省驻马店市城区人民法院提起行政诉讼，请求判决撤销该"不予受理行政复议申请决定书"。法院经审理后作出判决，撤销驻马店地税局作出的"不予受理行政复议申请决定书"。

◎ 案例 6-9　恒丰房地产公司与衡阳市高新区地方税务局的涉税纠纷案 [①]

2017 年 11 月 13 日至 2018 年 1 月 30 日，湖南省衡阳市高新区地方税务局（简称"高新区地税局"）对衡阳市恒丰房地产开发有限公司（简称"恒丰公司"）在日鑫市场开发建设的 A 区 A1-A5 栋项目涉税情况进行检查。2018 年 4 月 9 日，高新区地税局对恒丰公司作出"衡高地税处（2018）9001 号税务处理决定书"。

恒丰公司收到"税务处理决定书"后向衡阳市地方税务局申请行政复议。

市地税局以申请不符合受理条件为由，驳回了行政复议申请。2018 年 4 月 19 日，市地税局对恒丰公司作出"衡高地罚（2018）9001 号税务行政处罚决定书"。

恒丰公司不服，向衡阳市蒸湘区人民法院提起行政诉讼，请求撤销"衡高地税处（2018）9001 号税务处理决定书"。恒丰公司认为，高新区地税局按普通建设开发项目向恒丰公司征收税款并作出处罚，没有事实和法律依据。

高新区地税局认为，恒丰公司在向法院提起行政诉讼前，没有对税务处理决定申请行政复议，故请求依法驳回原告的起诉。

一审法院认为，恒丰公司在收到高新区地税局作出的"税务处理决定书"后，虽然向衡阳市地税局提出了复议申请，但市地税局以恒丰公司复议申请不符合受理条件为由驳回恒丰公司的复议申请，应视为恒丰公司没有申请复议，恒丰公司向法院提起行政诉讼，不符合法律和司法解释的规定。

接到衡阳市一审法院的裁定后，恒丰公司表示不服，向衡阳市中级人民法院提出上诉。理由是，虽然恒丰公司不服税务处理决定书的起诉应以行政复

---

[①] 参见湖南省衡阳市中级人民法院行政裁定书（2020）（湘 04 行终 1 号）。

议为前置条件，但对于不服税务行政处罚决定书，可以依法直接向人民法院起诉。一审法院对于起诉的两种行政行为均驳回起诉，其中直接剥夺了不服税务行政处罚决定的诉权是明显不当的，请求依法改判。

衡阳市中级人民法院认为，恒丰公司起诉请求撤销的"衡高地税处（2018）9001 号税务处理决定书"及"衡开地罚（2018）9001 号税务行政处罚决定书"虽然均由高新区地税局作出，但认定事实、处理结果均不同，系两个不同的具体行政行为。一审认定的事实不清，程序违法，适用法律不当。最终裁定，撤销衡阳市蒸湘区人民法院（2018）湘 0408 行初 60 号行政裁定。

### 6.4.2.2　对纠纷事件的点评

案例 6-7 争议的焦点是：甲公司以税务机关已采取强制措施的财产作为担保，是否满足纳税前置条件，行政复议机关应否受理复议申请；甲公司第二次提起行政诉讼时，是否已经完成行政复议前置程序，是否已具备提起行政诉讼的前提条件。

甲公司认为，市稽查局查封了甲公司 122 亩（8.13 公顷）土地，甲公司以被采取强制措施的土地作为担保财产，已成就了提起复议的前提条件；第二次提起行政诉讼时，复议机关已受理过复议申请，虽然以复议终止的形式结束，但已经形成了复议前置的事实。

税务机关认为，甲公司未按规定缴纳或者解缴税款及滞纳金或者提供相应担保，无权申请行政复议；甲公司第二次提起行政诉讼时，因其提供的担保不符合要求而导致复议程序被终止，甲公司不具备提起诉讼的前提条件。

实际上，市地税局对甲公司申请复议的条件未进行实质性审查即裁定不予受理，显属不当；甲公司第二次提起行政诉讼时，应当前置的复议程序未完成，不符合提起行政诉讼的条件。

案例 6-8 中，金尚公司因财务困难，分期缴纳了税务处理决定书中的税款及滞纳金，但未在税务处理决定书中规定的期限内缴清税款及滞纳金。金尚公司缴清税款及滞纳金后，在法定期限内向复议机关提起了行政复议。法院判决驻马店地税局撤销不予受理行政复议的决定，是正确的。

第一，《行政复议法》第九条规定，公民、法人或者其他组织认为具体行政行为侵犯其合法权益的，可以自知道该具体行政行为之日起六十日内提出行政复议申请，但是法律规定的申请期限超过六十日的除外。法院据此认定金尚公司申请行政复议并未逾期。

第二，《税收征收管理法》第八十八条第一款规定，纳税人、扣缴义务人、纳税担保人同税务机关在纳税上发生争议时，必须先依照税务机关的纳税决定缴纳或者解缴税款及滞纳金或者提供相应的担保，然后可以依法申请行政复议，对行政复议决定不服的，可以依法向人民法院起诉。根据上述规定，从其立法本意出发，并不能得出纳税人在超出纳税处理决定规定的期限缴纳税款后，不享有复议申请权的结论。

第三，《税务行政复议规则》第三十三条和第四十四条是行政复议中针对行政相对人权利限制的特殊规定。但驻马店地税局稽查局在作出税务处理决定书时，未在其中告知纳税人如不依照税务机关的纳税决定期限解缴税款即丧失复议权的后果，应有的权利义务和责任没有完全告知纳税人，不符合法律救济的原则，因此复议机关适用该规定裁决不予受理的理由不能成立。

从金尚公司税案看，一些纳税人不对征税行为申请复议的原因，并不是不愿先缴税，而是没有能力缴税且提供不了纳税担保。往往涉税金额越大的争议，越难通过申请复议的途径来解决，纳税人"有苦难言"，只能任由救济权利灭失。

案例6-9中，恒丰公司在收到高新区地税局作出的"税务处理决定书"后，向市地税局提起了行政复议申请，但市地税局以不符合受理条件为由驳回了复议申请，导致客观上恒丰公司没有申请复议。

恒丰公司起诉请求撤销的涉案处理决定及处罚决定虽均由高新区地税局作出，但决定的认定事实、处理结果均不同，系两个不同的具体行政行为。依照《最高人民法院关于适用〈中华人民共和国行政诉讼法〉的解释》第六十八条第三款的规定，当事人未能正确表达诉讼请求的，人民法院应当要求其明确诉讼请求。恒丰公司将涉案两个不同的具体行政行为一并向一审法院起诉请求撤销，属于未能正确表达诉讼请求，一审法院应当向恒丰公司予以释明，由其择一对高新区税务局作出的两个具体行政行为提起诉讼。一审法院未向恒丰公司履行释明义务，并将恒丰公司提起的两个不同具体行政行为一并审理并作出裁定，违反了法律规定，程序违法。

### 6.4.3 学理的探析

税务行政救济，是指纳税人、扣缴义务人或者其他当事人在征纳税过程中与税务机关发生争议或者分歧，可以依照法律规定申请行政复议，或者向人民法院起诉，提起行政诉讼。如果合法权益被损害，则可以依法取得赔偿。

税务行政救济包括税务行政复议、税务行政诉讼和税务行政赔偿，与税务行政诉讼相比较，税务行政复议倡导"能和则和"。

#### 6.4.3.1 纳税前置和复议前置的初衷

纳税前置是为了平衡纳税人的救济权和国家的税款安全。由于当前税收立法还不完备、行政执法刚性不强、自由裁量空间较大等原因，一些纳税人的依法诚信纳税意识还不强，时有逃税的冲动和行为。"先纳税后复议"的程序有助于促进纳税人在享受法律救济的同时履行法定的税收义务。

复议前置是为了平衡纳税人寻求救济的成本与国家提供救济的成本。由于税收征管工作专业性强，法官很难在短时间内精通专业知识，所以法律规定纳税争议复议前置。"先复议后诉讼"的程序有助于及时化解纳税争议，减轻法院审案负担，节约司法资源，提高裁判效率。

一方面，"纳税前置"意味着在潜意识中已认定行为违法，必须承担法律责任，这样就混淆了法律义务与法律责任。法律要求当事人应为的行为，称为法律义务。如果不履行法律义务即发生责任。可见，法律责任以法律义务的存在为前提。无义务，即无责任。虽有义务存在，如果义务人能正确履行义务，也不发生责任。只有当义务人违反义务时，才发生责任。换言之，法律责任为违反法律义务的当事人应承担的法律后果。"纳税前置"程序使纳税人在尚不明确是否违反法律义务的前提下，就承担了法律责任。在国家税务机关面前，纳税人自觉或不自觉地成了弱势一方和过错一方。

另一方面，"纳税前置"程序使得税务行政救济的渠道被阻断。"纳税前置"程序将无力缴纳税款、滞纳金，又无法提供担保的纳税人挡在了救济的大门之外，税务行政救济的渠道被阻断。一些案例表明，由于"纳税前置"程序的存在，导致"复议前置"程序无法完成，进而无法进入诉讼程序，最终使得纳税人的权利既未得到行政复议的救济，也未能得到行政诉讼的救济。

### 6.4.3.2　税务处理决定和税务行政处罚决定的关系

《税收征收管理法》第六十三条规定，纳税人伪造、变造、隐匿、擅自销毁账簿、记账凭证，或者在账簿上多列支出或者不列、少列收入，或者经税务机关通知申报而拒不申报或者进行虚假的纳税申报，不缴或者少缴应纳税款的，是偷税。对纳税人偷税的，由税务机关追缴其不缴或者少缴的税款、滞纳金，并处不缴或者少缴的税款百分之五十以上五倍以下的罚款；构成犯罪的，依法追究刑事责任。扣缴义务人采取前款所列手段，不缴或者少缴已扣、已收税款，由税务机关追缴其不缴或者少缴的税款、滞纳金，并处不缴或者少缴的税款百分之五十以上五倍以下的罚款；构成犯罪的，依法追究刑事责任。

对于纳税人的偷税行为，法律后果有三个：一是由税务机关追缴其不缴或者少缴的税款、滞纳金；二是并处不缴或者少缴的税款百分之五十以上五倍以下的罚款；三是构成犯罪的，依法追究刑事责任。其中，第一个法律后果是税务处理，第二个法律后果是税务处罚，两个法律后果之间用的是"并处"，从法律条文的表述看，并没有任何关于两个法律后果之间是先后关系的意思表示。若税务机关查明纳税人伪造、变造、隐匿、擅自销毁账簿、记账凭证，或者在账簿上多列支出或者不列、少列收入，或者经税务机关通知申报而拒不申报或者进行虚假的纳税申报，不缴或者少缴应纳税款的，则将其定性为"偷税"，并基于同一个违法事实作了税务处理和税务处罚这样两个行政行为，两个行政行为之间是并列关系，而非先后关系。

但是，若税务机关依据《税收征收管理法》第六十八条的规定，纳税人、扣缴义务人在规定期限内不缴或者少缴应纳或者应解缴的税款，经税务机关责令限期缴纳，逾期仍未缴纳的，税务机关除依照本法第四十条的规定采取强制执行措施追缴其不缴或者少缴的税款外，可以处不缴或者少缴的税款百分之五十以上五倍以下的罚款。基于"纳税人、扣缴义务人在规定期限内不缴或者少缴应纳或者应解缴的税款"这个事实，税务机关作出行政处罚有一个前提，即"经税务机关责令限期缴纳"，此时的两个行政行为就不是并列关系，而是先后关系。

因此，不能简单地把税务处理和税务行政处罚认定为有先后关系的两个行政行为，尤其是涉及偷税违法行为的处理上，偷税违法事实是同一的，"税务处理决定书"和"税务行政处罚决定书"是基于同一个违法事实作出，前者是补缴税款和滞纳金的决定，后者是基于少缴税款的处罚决定，两种行为的前提是违法事实本身，而不存在以哪一个行为为前提。

## 6.4.4 明确的界定

### 6.4.4.1 应当取消"纳税前置"程序

"纳税前置"要求纳税人在对税务机关征税行为行使法律救济权利之前，要先行缴清税款及滞纳金或者提供相应的担保。法律之所以如此明确的规定，当事人只有在缴纳税款及滞纳金或提供担保后才能申请复议，主要是考虑到税款应该及时安全入库。其实，这一规定是不必要的。

第一，"纳税前置"条款"重"税权"轻"纳税人权益。纳税前置程序是对提起行政复议主体预先推定为犯法的一种"过错推定"。在清税义务前置的语境下，前置之纳税义务等同于为补偿在先的行为的违法性而承担的法律责任。税法领域的平等原则既体现在实体层面也体现在程序上。将无力缴纳税款、滞纳金，又无法提供担保的纳税人挡在了救济的大门之外，从而导致了当事人仅仅因为支付能力的差距而享有不同的救济权利。"无救济则无权利"，对于相当一部分无力缴纳税款的纳税人而言，良好的法律体系运行所需要具备的司法可及性被纳税前置的规定切断，因而使其获得救济的权利仅仅停留在纸面上。

第二，从征管条件看，征纳双方信息不对称的情况越来越少。随着税收征管系统的完善与电子化，税务机关已具备对税收信息实时监控的条件，征纳信息不对称的问题有望得到彻底解决，加上税务机关法治建设稳步推进，法律人才不断增加，司法机关涉税审判能力不断增强。因此，取消有关缴税前置的条件已经基本成熟。

实际上，从法律的角度看，复议或诉讼期间，原则上作为被申请人的税务机关作出的具体税务行政行为不停止执行。

《行政复议法》第二十一条规定，行政复议期间具体行政行为不停止执行；但是，有下列情形之一的，可以停止执行：①被申请人认为需要停止执行的；②行政复议机关认为需要停止执行的；③申请人申请停止执行，行政复议机关认为其要求合理，决定停止执行的；④法律规定停止执行的。

《行政诉讼法》第五十六条规定，诉讼期间，不停止行政行为的执行。但有下列情形之一的，裁定停止执行：①被告认为需要停止执行的；②原告或者利害关系人申请停止执行，人民法院认为该行政行为的执行会造成难以弥补的损失，并且停止执行不损害国家利益、社会公共利益的；③人民法院认为该行政行为的执行会给国家利益、社会公共利益造成重大损害的；④法律、法规规定停止执行的。当事人对停止执行或者不停止执行的裁定不服的，可以申请复议一次。

可见，税务机关作出的要求纳税人补缴税款及加收滞纳金的税务处理决定，在复议或诉讼期间，税务机关仍有权要求税款及时入库，税务机关完全可以进行强制执行。

### 6.4.4.2 谨慎处理关联行政行为

法律上的关联行政行为，是指同一行政机关或不同行政机关对同一行政相对人分别作出的行政行为，行政行为之间具有一定的关联性，主要表现为在后的行政行为需以在先的行政行为为依据，且行政行为的目的具有一致性。

在税收征管领域，普遍存在着关联行政行为。如税务机关认定纳税人存在违法行为并作出补税的税务行政处理决定后，当纳税人拒不履行补税责任的，税务机关依职权向纳税人作出税收强制措施或税收强制执行决定。税务机关作出的行政强制行为与其之前作出的税务行政处理行为即构成关联行政行为，表现为税务行政处理行为是税务行政强制行为的事实依据。

同一税务机关对同一相对人作出了税务处理决定与税务行政处罚决定也属于关联行政行为，因为两者所认定的违法事实相同，只是具有不同的阶段性。

"税务处理决定书"是税务机关责令纳税人、扣缴义务人补缴税款的一种税务法律文书。当税务机关作出"税务处理决定书"责令纳税人、扣缴义务人补缴税款时，是否就必然会对纳税人、扣缴义务人作相应的行政处罚——即作出"税务处理决定书"是否就必然会作出"税务行政处罚决定书"？要分两种不同的情况：

第一，如果因为纳税人、扣缴义务人主观上有恶意，触犯了《税收征收管理法》第六十三条的规定，被税务机关责令补缴少缴或未缴税款的，税务机关向纳税人、扣缴义务人发出"税务处理决定书"，责令纳税人、扣缴义务人限期缴纳税款及滞纳金的同时，还会对纳税人、扣缴义务人作出应缴未缴税款百分之五十以上五倍以下罚款的行政处罚。在这种情况下，税务机关作出"税务处理决定书"的同时，还会作出"税务行政处罚决定书"。

第二，如果不是因为纳税人、扣缴义务人主观上有恶意，而是纳税人善意取得增值税专用发票或者是税务机关的过失致使纳税人、扣缴义务人少缴未缴税款，后经税务机关调查，认为纳税人、扣缴义务人需补缴税款的。在此种情况下，税务机关一般仅向纳税人作出"税务处理决定书"，而不会对纳税人、扣缴义务人进行税务行政处罚。

在行政诉讼中，人民法院对行政机关作出的关联行政行为具有连带司法审查权。如《最高人民法院关于审理行政许可案件若干问题的规定》（法释〔2009〕20号）第七条规定，作为被诉行政许可行为基础的其他行政决定或者文书存在以下情形之一的，人民法院不予认可：①明显缺乏事实根据；②明显缺乏法律依据；③超越职权；④其他重大明显违法情形。因此，对于复议机关而言，对行政机关所作出的关联行政行为也同样具有连带审查的权限和职责。《行政诉讼法》第七十七条第一款规定，行政处罚明显不当，或者其他行政行为涉及对款额的确定、认定确有错误的，人民法院可以判决变更。

## 6.5 税收强制执行的权限与适用对象

税收保全和税收强制执行都是保证税款实现的行政强制手段，都包含扣押、查封等内容，在概念的引用和理解上经常被混淆。法律条文及规范性解释也存在一些模糊之处，如税收强制执行措施的主体和适用对象等，在税收强制执行过程中容易发生张冠李戴的现象。

### 6.5.1 模糊的边界

税收保全是税务机关常用的行政强制措施。《税收征收管理法》第三十八条规定，税务机关有根据认为从事生产、经营的纳税人有逃避纳税义务行为的，可以在规定的纳税期之前，责令限期缴纳应纳税款；在限期内发现纳税人有明显的转移、隐匿其应纳税的商品、货物以及其他财产或者应纳税的收入的迹象的，税务机关可以责成纳税人提供纳税担保。如果纳税人不能提供纳税担保，经县以上税务局（分局）局长批准，税务机关可以采取下列税收保全措施：①书面通知纳税人开户银行或者其他金融机构冻结纳税人的金额相当于应纳税款的存款；②扣押、查封纳税人的价值相当于应纳税款的商品、货物或者其他财产。可见，税收保全是税务机关对可能由于纳税人的行为，致使以后税款的征收难以保证时，临时采取的限制纳税人处理或转移财产的措施，目的在于保证未来税款的实现。

税收强制执行是当事人在规定期限届满仍不履行缴纳义务时，税务机关对其采取的强制抵缴欠税行为。《税收征收管理法》第四十条规定，从事生产、经营的纳税人、扣缴义务人未按照规定的期限缴纳或者解缴税款，纳税担保人未按照规定的期限缴纳所担保的税款，由税务机关责令限期缴纳，逾期仍未缴纳的，经县以上税务局（分局）局长批准，税务机关可以采取下列强制执行措施：①书面通知其开户银行或者其他金融机构从其存款中扣缴税款；②扣押、查封、依法拍卖或者变卖其价值相当于应纳税款的商品、货物或者其他财产，以拍卖或者变卖所得抵缴税款。可见，税收强制执行是行政强制执行在税收领域的体现，源于当事人对行政决定的不履行，目的在于通过限时交付，实现税收及时、足额地入库。

关于税收保全和税收强制执行的适用条件和法定程序，除了一般性规定之外，还有特别规定。主要体现在《税收征收管理法》第三十七条和第五十五条中。

《税收征收管理法》第三十七条规定，对未按照规定办理税务登记的从事生产、经营的纳税人以及临时从事经营的纳税人，由税务机关核定其应纳税额，责令缴纳；不缴纳的，税务机关可以扣押其价值相当于应纳税款的商品、货物。扣押后仍不缴纳应纳税款的，经县以上税务局（分局）局长批准，依法拍卖或者变卖所扣押的商品、货物，以拍卖或者变卖所得抵缴税款。

第三十七条的特别之处在于：作出税务处理决定后仍可对当事人采取税收保全措施。核定纳税人应纳税额的同时即责令缴纳，不缴纳的即采取保全措施；在采取扣押措施前，无须责成纳税人提供纳税担保，也不必经县以上税务局（分局）局长批准；在实施强制执行前，不再责令纳税人限期缴纳税款，经县以上税务局（分局）局长批准后直接实施。

但是，该条款的适用有严格的限定：一是只限于未按规定办理税务登记的从事生产、经营的纳税人，以及临时从事生产、经营的纳税人；二是应纳税额以核定的方式确定。对未进行税务登记的纳税人，通过简化程序及时进行税收保全和税收强制执行，目的是提高税务行政效率、避免国家税收的流失。

《税收征收管理法》第五十五条规定，税务机关对从事生产、经营的纳税人以前纳税期的纳税情况依法进行税务检查时，发现纳税人有逃避纳税义务行为，并有明显的转移、隐匿其应纳税的商品、货物以及其他财产或者应纳税的收入的迹象的，可以按照本法规定的批准权限采取税收保全措施或者强制执行措施。

第五十五条的特别之处在于：税务机关可以在作出税务处理决定前对当事人予以强制执行，税收保全之前不要求提供纳税担保，税收强制执行之前不责令限期缴纳税款，均在县以上税务局（分局）局长批准后直接实施。同样，该条款的适用有严格的限定：一是仅限于以前纳税期；二是如果不及时采取措施，则会有国家税收流失的风险。

● 模糊地带 1　如何区分税收强制执行措施中的扣押、查封行为与税收保全措施中的扣押、查封行为？

从《税收征收管理法》第三十八条和第四十条的规定看，扣押、查封行为既可能是税收保全措施也可能是税收强制执行措施，那如何区分呢？按照《税收征收管理法》第三十八条的规定，如果在规定的纳税期之前查封的，则查封属于税收保全措施。但问题是如何理解"规定的纳税期"，是指税收实体法（如企业所得税法等）规定的纳税期限，还是税务机关作出的"税务行政处理决定书"中规定的缴纳税款期限？第三十八条语焉不详，第四十条也存在同样的问题。

由于《税收征收管理法》第三十八条、第四十条语义模糊，只能根据启动时点的不同进行区分。即在作出"税务处理决定书"之前，采取税收保全措施；在其之后，采取税收强制执行措施。

● 模糊地带 2　税收强制执行措施的权限和适用对象是否明确？

《税务稽查案件办理程序规定》（国家税务总局令第 52 号）第五十条规定，

具有下列情形之一的，经县以上税务局局长批准，稽查局可以依法强制执行，或者依法申请人民法院强制执行：①纳税人、扣缴义务人未按照规定的期限缴纳或者解缴税款、滞纳金，责令限期缴纳逾期仍未缴纳的；②经稽查局确认的纳税担保人未按照规定的期限缴纳所担保的税款、滞纳金，责令限期缴纳逾期仍未缴纳的；③当事人对处罚决定逾期不申请行政复议也不向人民法院起诉、又不履行的；④其他可以依法强制执行的。

可见，按照《税务稽查案件办理程序规定》，税务稽查部门的强制执行权限具有两个特征：一是税务机关既可以对税款、滞纳金采取强制执行措施，又可以对罚款采取强制执行措施；二是无论何种情形，税务机关都可以选择自己执行或申请人民法院强制执行。

然而，《税务稽查案件办理程序规定》的上述规定与相关法律之间存在冲突。

第一，《税收征收管理法》第四十条规定，从事生产、经营的纳税人、扣缴义务人未按照规定的期限缴纳或者解缴税款，纳税担保人未按照规定的期限缴纳所担保的税款，由税务机关责令限期缴纳，逾期仍未缴纳的，税务机关可以采取下列强制执行措施：①书面通知其开户银行或者其他金融机构从其存款中扣缴税款；②扣押、查封、依法拍卖或者变卖其价值相当于应纳税款的商品、货物或者其他财产，以拍卖或者变卖所得抵缴税款。税务机关采取强制执行措施时，对前款所列纳税人、扣缴义务人、纳税担保人未缴纳的滞纳金同时强制执行。第四十一条又规定，本法规定的采取税收保全措施、强制执行措施的权力，不得由法定的税务机关以外的单位和个人行使。

这两个条款对税务强制执行的权限作了清晰的界定：一是法律只授予税务机关对税款和滞纳金采取税收强制执行措施的权限，而未授予罚款的强制执行权限；二是采取税收强制执行措施的权力只能由税务机关行使，税务机关不能委托或申请任何其他单位和个人行使，包括人民法院。

第二，《行政强制法》第十条第三款规定，法律、法规以外的其他规范性文件不得设定行政强制措施。《税务稽查案件办理程序规定》属于部门规章，但仍不能超出《税收征收管理法》的范围，给税务稽查部门设定对罚款的强制执行权限。第五十三条规定，当事人在法定期限内不申请行政复议或者提起行政诉讼，又不履行行政决定的，没有行政强制执行权的行政机关可以自期限届满之日起三个月内，依照本章规定申请人民法院强制执行。按照该条规定，申请人民法院强制执行的前提是行政机关对这一事项"没有行政强制执行权"。

根据上述规定，对于税务行政处罚事项，税务机关由于无强制执行权，可以申请人民法院强制执行；对于税款和滞纳金，税务机关需要自己强制执行，而不应申请人民法院执行。

税收强制执行措施，从具体内容看涉及两个方面：一是征收税款时所采取的强制执行措施，二是执行行政处罚时所采取的强制执行措施。从适用对象看，纳税人既包括从事生产、经营的纳税人，也包括从事非生产、经营的纳税人。从《税收征收管理法》的有关条款看，税务机关所采取的税收强制执行措施的对象，仅适用于"从事生产、经营的纳税人、扣缴义务人"和"纳税担保人"，不适用于从事非生产、经营的纳税人。但税务机关采取的罚款等行政处罚强制执行措施适用所有的纳税人。

## 6.5.2 引起的纠纷

### 6.5.2.1 纠纷事件的描述

◎ **案例 6-10 本应采取税收强制执行措施却采取了税收保全措施**[①]

2011 年 2 月 21 日，某市地税局第一稽查局（简称"稽查局"）对 A 公司 2000 年 6 月至 2010 年 12 月 31 日期间的涉税情况进行专案检查，并于 2012 年 8 月 14 日向 A 公司送达"地税一稽处（2012）13 号税务处理决定书"，要求 A 公司自收到该处理决定书之日起 15 日内补缴税费 48766553.12 元，加收滞纳金 44139672.77 元，合计 92906225.89 元。

因 A 公司均未依照期限缴纳上述应缴税款及滞纳金，亦未提供相应担保，稽查局于 2012 年 9 月 17 日作出"地税一稽通（2012）2 号税务事项通知书"，要求 A 公司必须依法执行税务处理决定，缴清所有税款，并告知 A 公司截至 9 月 8 日止已超过缴纳税款的期限，稽查局将按照《税收征收管理法》第四十条

① 张新军. 税收保全措施和税收强制执行措施，税务机关搞混了 [EB/OL].（2018-01-04）[2021-12-09]. http://blog.sina.com.cn/s/blog_5dc2e4200102yehz.html.

的规定采取强制执行措施。该通知书于同年 9 月 19 日送达 A 公司。

2012 年 10 月 16 日，稽查局作出"地税一稽保封（2012）1 号税收保全措施决定书"，决定从 2012 年 10 月 15 日起对 A 公司"国用（2007）第 009175 号国有土地使用证"项下的土地使用权及其地上建筑物予以查封。该决定于同月 17 日送达 A 公司。

A 公司未对"地税一稽保封（2012）1 号税收保全措施决定书"申请行政复议，亦未提起行政诉讼。

◎ 案例 6-11 税收保全、强制执行措施程序违法，税务机关败诉 [1]

2014 年 12 月 31 日至 2015 年 2 月 4 日，银川市国家税务局稽查局（简称"稽查局"）对银川盛升物资有限公司（简称"盛升公司"）2007 年 12 月 1 日至 2014 年 12 月 31 日的纳税情况进行检查，于 2015 年 3 月 25 日作出"银国税稽处（2015）33 号税务处理决定书"。盛升公司对该决定书不服，申请行政复议。宁夏回族自治区国家税务局于 2015 年 7 月 15 日作出"宁国税复决字（2015）1 号行政复议决定书"，撤销稽查局作出的"银国税稽处（2015）33 号税务处理决定书"，并责令银川市国税局在收到复议决定书之日起 60 日内重新作出具体行政行为。

2015 年 8 月 28 日，稽查局作出"银国税稽冻（2015）11 号冻结存款决定书"，决定对盛升公司以前纳税期的税款采取税收保全措施，冻结盛升公司在中国建设银行银川北门支行的存款 730000 元。2015 年 9 月 9 日，稽查局作出"银国税稽处（2015）133 号税务处理决定书"，责令盛升公司自收到该决定书之日起 15 日内到银川市兴庆区北区国税局缴纳企业所得税 384526.82 元，从滞纳税款之日起按日加收滞纳税款万分之五的滞纳金。

2015 年 9 月 21 日，稽查局将该决定书送达盛升公司法定代表人，并对送达事项进行公证。2015 年 10 月 15 日，经市国税局局长审批，稽查局于 2015 年 11 月 2 日制作"银国税扣通（2015）002 号扣缴税收款项通知书"，向盛升公司的开户银行中国建设银行银川北门支行送达，从该银行扣缴盛升公司被冻结的账户资金 600848.94 元缴入国库。同时制作"银国税稽解冻通（2015）002 号解

---

[1] 参见宁夏回族自治区银川市中级人民法院行政判决书（2016）（宁 01 行终 33 号）。

除冻结存款通知书"，解除对存款账户资金的冻结，向该银行送达。同日，稽查局向盛升公司法定代表人送达"银国税强扣（2015）002 号税收强制执行决定书"。盛升公司不服，起诉至人民法院，一审及二审法院均判决税务机关败诉。

### 6.5.2.2　对纠纷事件的点评

案例 6-10 中，稽查局于 2012 年 8 月 14 日向 A 公司送达"地税一稽处（2012）13 号税务处理决定书"；2012 年 10 月 16 日，稽查局作出"地税一稽保封（2012）1 号税收保全措施决定书"，查封 A 公司名下的土地使用权。查封时间在送达税务处理决定书之后，因此，查封应当属于税收强制执行措施。但本案中，稽查局却作出"税收保全措施决定书"，因此，税收保全措施违法。

案例 6-11 中，稽查局在解除涉案税收保全措施时，未向盛升公司送达"解除税收保全措施通知书"，在作出涉案强制执行决定前未履行法定的书面催告程序，剥夺了盛升公司陈述和申辩的权利，故判决确认银川市国家税务稽查局 2015 年 11 月 2 日作出的"银国税强扣（2015）002 号税收强制执行决定书"违法。

## 6.5.3　学理的探析

### 6.5.3.1　税收强制执行措施与税收保全措施的区别

税收保全措施，是指税务机关对可能由于纳税人的行为或者某种客观原因，致使以后税款的征收不能保证或难以保证的案件，采取限制纳税人处理和转移商品、货物或其他财产的措施。税收保全措施，是法律赋予税务机关的一种强制权力。

税收强制执行措施，是指纳税人、扣缴义务人不按照规定的期限缴纳或者解缴税款，纳税担保人不按照规定的期限缴纳所担保的税款，或者当事人不履行税收法律、行政法规规定的义务，税务机关依法采取的强制追缴手段（见表 6-7）。

税收保全措施在一定条件下转化为税收强制执行措施，体现在《税收征收管理法》第三十八条中。第三十八条第一款规定了税收保全的条件和程序；第二款规定，限期期满仍未缴纳税款的，经县以上税务局（分局）局长批准，税务机关可以书面通知纳税人开户银行或者其他金融机构从其冻结的存款中扣缴税款，或者依法拍卖或者变卖所扣押、查封的商品、货物或者其他财产，

表6-7 税收保全措施和税收强制执行措施的区别

| 区别 | 税收保全措施 | 税收强制执行措施 |
|---|---|---|
| 适用对象不同 | 从事生产经营的纳税人 | 从事生产经营的纳税人、扣缴义务人和纳税担保人 |
| 实施时间不同 | 在规定的纳税期之前、责令限期缴纳应纳税款的限期内 | 在规定的缴纳期限届满、经责令限期缴纳逾期之后 |
| 范围与目的不同 | 仅限于应纳税款，目的在于保证未来税款的实现 | 为应纳税款和滞纳金，目的在于实现欠缴税款及其占用税款费用的征收入库 |
| 衔接方式不同 | 在一定条件下可转化为后者 | 可不经前者直接实施 |
| 法律后果不同 | 只是对当事人财产的物理形态和价值予以封存，限制其变价和流转，是对财产处分权的限制，并未剥夺当事人的财产所有权 | 基于当事人已确定的缴纳义务，直接实现对其财产的交付，当事人的财产所有权发生转移 |

以拍卖或者变卖所得抵缴税款。这样就明确了税收保全与强制执行的衔接。

《国家税务总局关于税务机关实施税收保全措施有关问题的通知》（国税发〔2007〕24号）指出，税务机关在按照《税收征收管理法》第五十五条规定采取扣押、查封的税收保全措施过程中，对已采取税收保全的商品、货物、其他财产或者财产权利，在作出税务处理决定之前，不得拍卖、变卖处理变现。特殊情况下对采取税收保全措施的财物予以变卖，只能保存价款，继续实施税收保全措施，在依法作出税务处理决定后，才能办理税款、滞纳金或者罚款的入库手续，也即转入强制执行程序。若纳税人收到税务处理决定书后逾期不缴纳，税务机关应直接对其采取强制执行措施，不必在责令限期之前或之后增加税收保全程序。

### 6.5.3.2 税收保全措施与税收强制执行措施的属性

行政强制包括行政强制措施和行政强制执行两个方面。

行政强制措施，是指行政机关在行政管理过程中，为制止违法行为、防止证据损毁等情形，依法对公民的人身自由实施暂时性限制，或者对公民、法人或者其他组织的财物实施暂时性控制的行为。因其具有暂时性的特点，为防止行政机关采取强制措施后久拖不决，《行政强制法》第二十七条、第三十二条均规定，行政机关在采取查封、扣押、冻结强制措施后，应当及时查清事实，在规定期限内作出处理决定或者解除强制措施。

　　行政强制执行，是指行政机关或者行政机关申请人民法院，对不履行行政决定的公民、法人或者其他组织，依法强制履行义务的行为。《行政强制法》第三十四条规定，行政机关依法作出行政决定后，当事人在行政机关决定的期限内不履行义务的，具有行政强制执行权的行政机关依照本章规定强制执行。可见，行政强制执行的前提是存在生效的行政决定，目的在于保障行政决定的实施，其对当事人有关权利的剥夺是终局性的。

　　税收保全措施属于行政强制措施，税收强制执行措施属于行政强制执行（见图 6-2）。

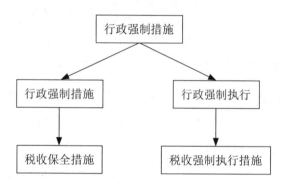

图 6-2　税收保全措施与税收强制执行措施的属性

### 6.5.3.3　税收强制执行措施的适用对象

　　与税收保全措施只适用于纳税人不同，税收强制执行措施的适用对象既包括纳税人，又包括扣缴义务人、纳税担保人及其他当事人。具体包括：第一，从事生产、经营的纳税人、扣缴义务人。其又分为两种情况：一是根据《税收征收管理法》第四十条的规定，未按规定期限缴纳税款或缴纳所担保税款；二是根据《税收征收管理法》第五十五条的规定，在税务机关依法进行检查时，有逃避纳税义务行为，并有明显的转移、隐匿其应纳税的商品、货物以及其他财产或者应纳税收入的迹象的。第二，根据《税收征收管理法》第八十八条的规定，对税务机关的处罚决定逾期不申请行政复议也不向人民法院起诉，又不履行的当事人。

　　可见，《税收征收管理法》既有针对纳税人、扣缴义务人的处罚规定，也有针对其他单位和个人违反税收法律、行政法规的处罚规定。

### 6.5.3.4 税收强制执行措施的实施范围

税收强制执行措施的实施范围包括应纳税款、滞纳金和罚款。

《税收征收管理法》明确了税务机关对应纳税款、滞纳金、罚款都可以实施强制执行措施，但执行的程序和时限有所不同。

与税收保全措施不同的是，税收强制执行措施无论在征收管理阶段还是在检查阶段实施，都是对已超过纳税期的税款进行追缴，因此，都是税款与滞纳金一同执行。而对罚款的强制追缴，必须等复议申请期和起诉期满届后才能执行。

### 6.5.3.5 采取税收强制执行措施的环节

在征收、管理、检查三个环节，税务机关均可采取税收强制执行措施。

在征收、管理环节，可按照《税收征收管理法》第四十条、第六十八条、第八十八条第三款的规定采取强制执行措施。

在检查环节，可按照第五十五条的规定采取强制执行措施。

### 6.5.3.6 罚款强制执行的特殊规定

《税收征收管理法》第八十八条第三款规定，当事人对税务机关的处罚决定逾期不申请行政复议也不向人民法院起诉、又不履行的，作出处罚决定的税务机关可以采取本法第四十条规定的强制执行措施，或者申请人民法院强制执行。

这里需注意以下三点：

第一，该措施可采用简易程序，而不需具备前提条件和程序。《税收征收管理法》第五十五条规定，税务机关对从事生产、经营的纳税人以前纳税期的纳税情况依法进行税务检查时，发现纳税人有逃避纳税义务行为，并有明显的转移、隐匿其应纳税的商品、货物以及其他财产或者应纳税的收入的迹象的，可以按照本法规定的批准权限采取税收保全或者强制执行措施。在此条规定的情况下，只要经过县以上税务局（分局）局长批准，即可采取强制执行措施，而不必先责令其限期缴纳。

第二，作出处罚决定的税务机关在规定的条件下可以采取强制执行措施而不必经县以上税务局（分局）局长批准。根据《税收征收管理法》的规定，税务行政处罚决定一般由县以上税务机关作出，而2000元以下的罚款，税务所即可决定。可见，作出处罚决定的机关既有县以上税务机关，也有县以下的税务机关。

第三，采取强制执行措施的范围限于相当于处罚的数额，不得扩大执行。

## 6.5.4 明确的界定

### 6.5.4.1 税收保全中的扣押、查封与强制执行中的扣押、查封

扣押、查封，是行政强制的重要手段，既存在于税收保全程序，也存在于税收强制执行程序。

税收保全中的扣押、查封，目的在于控制标的物，消除未来当事人应纳税款难以实现的危险；而税收强制执行的扣押、查封，目的在于将有关财物进行拍卖或变卖，用拍卖或变卖所得抵缴欠缴税款。

冻结纳税人存款，仅适用于税收保全程序。如需强制执行，则应通过纳税人开户银行或者其他金融机构，直接从纳税人存款中扣缴，无须先行冻结。对此，《税收征收管理法》第四十条第一项有明确规定，《行政强制法》第十二条也有相应体现。《行政强制法》有关法条列明的强制执行方式为"划拨存款、汇款"，这说明，查封、扣押为变卖处理的先行程序，但划拨存款、汇款无须先有冻结程序。

需要注意的是，税务机关实施扣押、查封时，必须有两人以上在场，并通知被执行人或者他的成年家属到场，否则不能直接采取扣押和查封措施。但被执行人或者其成年家属接到通知后拒不到场的，不影响执行。同时，税务机关应当通知有关单位和基层组织。他们是扣押、查封财产的见证人，也是税务机关执行工作的协助人。

另外，扣押、查封、拍卖被执行人的商品、货物或者其他财产，应当以应纳税额为限。对于被执行人的必要的生产工具，被执行人本人及其所供养家属的生活必需品应当予以保留，不得对其进行扣押、查封和拍卖。

### 6.5.4.2 对迟延入库的滞纳金加收滞纳金

《国家税务总局关于贯彻〈中华人民共和国税收征收管理法〉及其实施细则若干具体问题的通知》（国税发〔2003〕47号）规定，对纳税人已缴纳税款但拒不缴纳滞纳金的，税务机关可以单独对纳税人应缴而未缴的税收滞纳金采取强制执行措施。但是，《税收征收管理法》没有明确对延迟缴纳或被强制执行的滞纳金是否应当加收滞纳金，这样在对滞纳金单独强制执行时出现了法律上的空白地带。

对迟延入库的滞纳金加收滞纳金于法无据，不加收滞纳金又使得被执行人有利可图，这就使得执行机关陷入了进退两难的境地。其实，从《税收征收管理法》第四十条对滞纳金一并执行的规定来看，体现了对滞纳金执行的原则性要求，强调的是税款与滞纳金的同步执行。

### 6.5.4.3　必须区分税款和罚款的不同执行条件

从《税收征收管理法》的规定来看，对税款、滞纳金的执行必须具备限期不缴纳和县以上税务局（分局）长批准两个条件，对罚款的执行则必须具备逾期不申请行政复议也不向人民法院起诉、又不履行行政处罚决定这样三个条件，但不需再次限期缴纳，也无须经县以上税务局（分局）长批准。从执行的时间看，一般情况下对税款、滞纳金的执行要先于对罚款的执行。《税收征收管理法》第四十条规定的扣押、查封、拍卖针对的执行内容是限期未缴的税款、滞纳金。

在采取措施之前应当明确扣押、查封、拍卖针对的具体执行内容，而不能按照实际执行到的金额反过来确定执行的内容。即使整体财产价值扣除税款、滞纳金或其他执行费用后大于罚款金额，也不得据以作为提前执行的理由。在有其他可执行财产的情况下，并不意味一定不能实施整体扣押、查封、拍卖。尽管无其他可执行财产在《税收征收管理法》及《税收征收管理法实施细则》中没有明确的解释，但它应当是一个动态的相对概念，不应作机械理解。

其实，税务机关可以先对纳税人的其他财产进行执行，对其他财产执行之后实施整体扣押、查封、拍卖的条件也就成立了。此时，纳税人如果主动提供隐匿的其他财产以供执行，税务机关又可如法炮制对其予以执行，这样也就逐渐达到了执行的目的。由于税法并没有赋予税务机关代管或交有关机构提存的权利，因此只能在三日内将扣除税款、滞纳金及执行费用之后的剩余金额返还给纳税人。至于对罚款部分的执行，只能等待法定起诉期过后才能重新启动执行程序，但税务机关要随时加强纳税人经营活动的跟踪和监控，一旦法定起诉期届满，应当及时依法予以追缴。

### 6.5.4.4　行政复议后罚款只能申请人民法院执行

如果当事人在复议期限内向作出罚款决定的税务机关的上一级税务机关提出行政复议申请，看似可以适用《行政复议法》第三十三条的规定，对维持罚款行为的行政复议决定，由作出罚款的税务机关依法强制执行，或者申请人民法院强制执行；对变更罚款行为的行政复议决定，由税务复议机关依法强制执行，或者申请人民法院强制执行。

其实不然，《行政复议法》第三十三条中的"依法"是指除依照《行政复议法》以外的其他法律，《行政复议法》本身属于程序法，它并不具有赋予行政复议机关实体执行权的功能，同时纵观《行政复议法》的所有条文，也没有任何一个条文规定行政复议机关享有强制执行权。因此，税务复议机关不享有强制执行的权力。《行政复议法》也没有从实体上赋予作出处罚决定税务机关的执行权。《税收征收管理法》对罚款的强制执行规定仅限于该法第八十八条第三款的规定，只要当事人提起了税务行政复议，作出罚款决定的税务机关就不享有对该罚款进行强制执行的权力。这样，作出罚款决定的税务机关及税务复议机关均无权自行强制执行，而只能申请人民法院强制执行。税务复议机关作出维持罚款决定的，由作出罚款决定的税务机关申请人民法院强制执行。税务复议机关作出变更罚款决定的，由税务复议机关申请人民法院强制执行。

《税收征收管理法》第六十八条规定，纳税人、扣缴义务人在规定期限内不缴或者少缴应纳或者应解缴的税款，经税务机关责令限期缴纳逾期仍未缴纳的，税务机关除依照本法第四十条的规定采取强制执行措施追缴其不缴或少缴的税款外，可以处不缴或少缴的税款百分之五十以上五倍以下的罚款。因为纳税人包含非从事生产经营纳税人，因此税务机关对纳税人采取税收强制措施的权力，只能按《税收征收管理法》第四十条的规定来实施。《税收征收管理法》第四十条不仅规定了税务机关采取税收强制执行措施时的原则、内容和程序，而且首先规定了税务机关采取税收强制执行措施的对象只能是"从事生产、经营的纳税人、扣缴义务人"和"纳税担保人"，而非从事生产经营纳税人未列举在其中，因此税务机关对非从事生产经营纳税人没有采取税款强制执行权的权力。

那么在非从事生产经营纳税人拒不履行纳税义务的情况下，谁有权对其采取强制执行措施呢？

《最高人民法院关于执行〈中华人民共和国行政诉讼法〉若干问题的解释》（法释〔2000〕8号）第八十七条规定，法律、法规没有赋予行政机关强制执行权,行政机关申请人民法院强制执行的,人民法院应当依法受理。法律、法规规定既可以由行政机关依法强制执行,也可以申请人民法院强制执行,行政机关申请人民法院强制执行的,人民法院可以依法受理。因此,在非从事生产经营纳税人拒不履行纳税义务的情况下,税务机关只能申请人民法院强制执行。

税务机关对非从事生产经营的纳税人无税款强制执行权,这是否与《税收征收管理法》第四十一条规定的税务机关采取税收强制执行措施的权力,不得由法定税务机关以外的单位和个人行使的规定相矛盾呢?答案是否定的。《税收征收管理法》第四十一条是第四十条的补充和说明,前者的适用范围是以后者为条件的,离开后者前者就不复存在。所以税务机关采取税收强制措施的范围,必须是《税收征收管理法》第四十条规定的从事生产经营的纳税人、扣缴义务人和纳税担保人,而不包括非从事生产经营的纳税人。

### 6.5.4.5 税务机关采取的罚款强制执行措施

税务机关采取的罚款强制执行措施适用所有纳税人,这是《税收征收管理法》明确赋予税务机关的一项执法权力。《税收征收管理法》第八十八条第三款规定,当事人对税务机关的处罚决定逾期不申请行政复议也不向人民法院起诉、又不履行的,作出处罚决定的税务机关可以采取本法第四十条规定的强制执行措施,或者申请人民法院强制执行。这里的"当事人"按照该条第一款的规定是指"纳税人、扣缴义务人、纳税担保人",纳税人包含非从事生产经营的纳税人;这里的"可以采取本法第四十条规定的强制执行措施"是指税务机关可以按照《税收征收管理法》第四十条第二、三款的规定,对当事人采取查封、扣押、抵缴等强制执行措施。

税务机关对纳税人采取罚款强制措施时的权限,依照的是《税收征收管理法》第四十条规定的"强制执行措施",而不受该条的其他规定所限制。

第一,不受《税收征收管理法》第四十条规定的适用范围限制,即税务机关所采取的罚款强制措施,既适用于从事生产经营纳税人,也适用于非从事生产经营纳税人,因为两者都是"纳税人",符合《税收征收管理法》第八十八条第一款规定的适用范围。

第二,税务机关采取罚款强制措施时,不需要"告诫在先",当事人只要对税务机关的处罚决定逾期不申请行政复议也不向人民法院起诉、又不履行的，同时满足这三个条件时，税务机关即可对当事人的罚款，依法采取强制执行措施。

第三，税务机关采取罚款强制执行的时间，必须在当事人收到"税务行政处罚决定书"三个月后，这与税法规定的税务机关可以采取税收强制执行措施的时间是有区别的。《税收征收管理法实施细则》第七十三条规定，从事生产、经营的纳税人、扣缴义务人未按照规定的期限缴纳或者解缴税款的，纳税担保人未按照规定的期限缴纳所担保的税款的，由税务机关发出限期缴纳税款通知书，责令缴纳或者解缴税款的最长期限不得超过 15 日。这就是说，超过 15 日即视为"逾期"，税务机关即可依法采取强制执行措施。而税务机关采取罚款强制执行措施时，必须满足《税收征收管理法》第八十八条第三款的规定，也就是说，当事人对税务行政处罚决定不履行（15 日）、不复议（60 日）、不诉讼（三个月），只有当事人在三个月后还不履行税务行政处罚决定时，才能满足采取强制执行措施的适用条件，税务机关才可以对当事人的罚款，采取强制执行措施。

第四，不受《税收征收管理法》第四十条规定的审批程序的限制。税务机关采取税收强制措施时，须经县以上税务局（分局）局长批准，而税务机关采取罚款强制措施时不受上述审批程序的限制。罚款额在 2000 元以下的，作出处罚决定的基层税务所，有权决定采取罚款强制执行措施。

第五，税务机关采取罚款强制执行措施时，不适用保全和担保措施。

同样是按照《税收征收管理法》第四十条的规定处理，为什么会有不同的结果？《税收征收管理法》第六十八条中依照"第四十条的规定采取强制执行措施"与第八十八条第三款中的"可以采取本法第四十条规定的强制执行措施"，区别在哪里？

应当看到前者强调的是第四十条"的规定"，即必须满足第四十条规定的所有内容，包括税务机关采取强制执行措施的对象，必须是从事生产经营的纳税人、扣缴义务人和纳税担保人；而后者强调的是第四十条"规定的"，即只要满足第四十条规定中的"强制执行措施"这一内容即可，不需要满足第四十条的其他规定，因此它适用所有的纳税人。

　　在这里"的规定"和"规定的"三个相同的汉字，由于它的顺序不同，导致相同的强制执行措施，赋予了不同的适用范围。理解这一点是正确理解《税收征收管理法》有关强制执行措施适用条件的关键之所在。

# 税收治理：从模糊性到明确性的着力点

尽管税收治理中的明确性只是一种相对的"应然"状态，但仍应将它视为必须追求的目标和恪守的原则，而不应形成"模糊性既然无可避免，何必追求明确性"的错误理念。承认税收法律规范无法避免模糊性，并不意味着不要追求明确性。明确性一直为立法者所追求、为社会各界所期待。

## 7.1 税收立法层面的完善

### 7.1.1 完善税收立法机制

我国税收授权立法有两次。第一次是 1984 年 9 月 18 日，第六届全国人民代表大会常务委员会第七次会议作出决定："授权国务院在实施国营企业利改税和改革工商税制的过程中，拟定有关税收条例，以草案形式发布试行，再根据试行的经验加以修订，提请全国人民代表大会常务委员会审议。"第二次是1985 年 4 月 10 日，第六届全国人民代表大会第三次会议作出决定："授权国务院对于有关经济体制改革和对外开放方面的问题，必要时可以根据宪法，在同有关法律和全国人民代表大会及其常务委员会的有关决定的基本原则不相抵触的前提下，制定暂行的规定或者条例，颁布实施，并报全国人民代表大会常务委员会备案。经过实践检验，条件成熟时由全国人民代表大会或者全国人民代表大会常务委员会制定法律。"依据这两次授权，国务院制定了大量的税收条例、规定。在 2009 年全国人民代表大会常务委员会启动的大规模法律清理中，废止了 1984 年对国务院的授权决定，但 1985 年的授权决定并未在清理之列。

2015 年 3 月 15 日发布的修正后的《立法法》第八条规定，"税种的设立、税率的确定和税收征收管理等税收基本制度"只能由法律规定。这就是说，税收基本制度只能由全国人民代表大会及其常务委员会制定的法律予以规定，行政法规、地方性法规、部门规章、地方政府规章均不得对此作出规定。《立法法》虽然没有禁止授权立法，但第十条规定，授权决定应当明确授权的目的、事项、范围、期限以及被授权机关实施授权决定应当遵循的原则等。第十二条规定，被授权机关应当严格按照授权决定行使被授予的权力。被授权机关不得将被授予的权力转授给其他机关。

2015 年 5 月 7 日，《财政部 国家税务总局发布关于调整卷烟消费税的通知》（财税〔2015〕60 号），自 5 月 10 日起将卷烟批发环节从价税税率由 5% 提高至 11%，并按 0.005 元 / 支加征从量税。同年 5 月 25 日，财政部发布通知，经国务院关税税则委员会研究提出并报国务院批准，自 2015 年 6 月 1 日起，我国将降低部分服装、鞋靴、护肤品、纸尿裤等日用消费品的进口关税税率，平均降幅超过 50%。①

上述两次税率变动，都由国家行政机关作出决定。或许因为现行的消费税暂行条例和进出口关税条例都是国务院制定的，税率变动的权限依然归国家行政机关。

我国现行 18 个税种中，至今尚有 6 个税种属于国务院制定的"暂行条例"或"条例"，需要由全国人民代表大会制定单行税法（见表 7-1）。

随着《民法典》的生效，编纂一部"税法典"的呼声日益强烈。与民法一样，税法也是每个自然人、法人和非法人组织都必须经常面对的。通过"税法典"，进一步明确税收法律关系中的基本原则、一般规定、构成要件等基础问题，形成以税法总则为龙头、税种单行法为主体、税收程序法为支撑的现代税法体系。

"税法典"的编纂不是简单的税收法律汇编，也不是对既有税法的完全摒弃另起炉灶，而是对现行分别规定的税收法律规范进行科学整理，将繁杂的法律规范和制度整合为体系化的法律规则，对已经不适应新形势的有关规定进行必要的修改完善，对出现的新情况、新问题作出新的规定。

---

① 财政部：6 月 1 日起降护肤品等进口关税 [EB/OL].（2015-05-25）[2021-12-09]. http://m.news.cntv.cn/2015/05/25/ARJI1432525782762356.html.

表 7-1　尚需由暂行条例或条例上升到法的税种

| 暂行条例名称 | 制定颁布主体 | 税种开征时间 |
|---|---|---|
| 中华人民共和国进出口关税条例 | 国务院 | 1951-05-01 |
| 中华人民共和国房产税暂行条例 | 国务院 | 1986-10-01 |
| 中华人民共和国城镇土地使用税暂行条例 | 国务院 | 1988-11-01 |
| 中华人民共和国增值税暂行条例 | 国务院 | 1994-01-01 |
| 中华人民共和国消费税暂行条例 | 国务院 | 1994-01-01 |
| 中华人民共和国土地增值税暂行条例 | 国务院 | 1994-01-01 |

注：1949 年中华人民共和国成立不久，政务院制定颁布了"暂行海关法"，对关税制度作了专门规定，自 1951 年 5 月 1 日起实施。接着又公布了《中华人民共和国海关进出口税则》及其实施条例，自 1951 年 5 月 16 日起实施。这个税则及其实施条例是中华人民共和国第一部独立的专门的海关税法，它统一了全国的关税制度。1985 年 3 月国务院颁发了《中华人民共和国进出口关税条例》及新的《中华人民共和国海关进出口税则》。

我国现存的税收法律、法规、规章及规范化文件，有些是在改革开放初期甚至改革开放之前制定的；有些税收法律法规的出发点是为了保障国家税收收入的取得，体现"税收国库主义"。"税法典"的编纂有必要予以改进并在体系上进行整合，如在国家税务总局发布的税务规范性文件中，将具有创制规则性质的条文上升为法规或法律，更好地维护纳税人的权益。

以往在制定税种暂行条例（或单行法）时，采取先实施再"打补丁"的立法策略，这种方法适应性较强，但是，模糊性也明显，有时候"补丁"加"补丁"，形成立法的碎片化、枝节化。编纂"税法典"有助于解决这一问题。

立法机关在进行税收立法时，要先审查所拟税法与其他各税收法律规范之间是否存在冲突，再将其放到我国法律体系的大环境中去，按照法律体系的基本要求，检查其与宪法及其他部门法在内容和形式上是否一致，以保证立法质量。

税收立法要与时俱进。虽然法律具有固有的滞后性，但是强调税法适当的前瞻性很有必要，尤其是处于转型期的今天，对于新型涉税犯罪的规定，必须增强明确性与稳定性。如当下电商、微商的迅速发展，企业重组、跨境并购等现象层出不穷，需要税法及时跟进。

举例来说，餐饮企业既有堂食又有外卖，属于混合销售还是兼营？"营改增"后，餐饮企业一般纳税人销售非现场消费的食品属于销售货物，适用 13%

的税率；销售现场消费的食品属于销售服务，适用 6% 的税率。那如何理解"销售非现场消费的食品"？既有堂食又有通过窗口外卖，窗口外卖食品属于销售货物，适用 13% 税率。但是，餐饮企业没有外卖窗口，通过电话或网络配送，这样的行为，是否属于销售货物？似乎又涉及配送是否免费、是餐饮企业自己派骑手送还是委托送餐企业送等具体情况了。而现有的税法条文并没有界定得那么细致和明确。

## 7.1.2  提高立法过程的开放性

提高立法的透明度。各级税务机关应常年受理纳税人有关涉税情况的反映，包括对税收立法的建议、立法目的的确定等。然后由各级税务机关定期汇总至立法机关，作为制定立法规划的依据之一。立法机关以特定的方式和渠道，广泛公布有关税收立法信息，使立法过程直面社会。英国法学家哈特（2006）认为，任何词和概念都具有核心意思，同时又都具有边缘意思。一个词主要的意思应当是明确的，但是在边缘地带，该词的意思则会产生模糊的灰色地带。如果每个词都有或多或少的模糊边缘或灰色地带，那么由词组成的条文也就会相应地产生模糊意思。在这个意义上，法律规则也就会产生模糊意思。正是由于需要对于这些法律条文内在的模糊意思进行解释，法律文本就形成了所谓的开放文本。

值得肯定的是，最近几年我国在单行税法的制定过程中，都广泛征求社会各界的意见。例如，2018 年 12 月 29 日第十三届全国人民代表大会常务委员会第七次会议通过《中华人民共和国耕地占用税法》。在该法颁行之前，财政部、国家税务总局曾于 2017 年 1 月 16 日发布《中华人民共和国耕地占用税法（征求意见稿）》，向社会公开征求意见。公众可以在 2017 年 2 月 14 日前，通过以下途径和方式提出意见：一是通过财政部网站首页"财政法规意见征集信息管理系统"提出意见；二是通过信函方式将意见寄至财政部条法司。再如，目前尚未成为单行税法的税种，财政部、国家税务总局也已发布征求意见稿。如 2019 年 7 月 16 日发布了《中华人民共和国土地增值税法（征求意见稿）》，2019 年 11 月 27 日发布了《中华人民共和国增值税法（征求意见稿）》，2019 年 12 月 3 日发布了《中华人民共和国消费税法（征求意见稿）》。

当下更迫切需要跟进的是，那些对税收实务工作具有指导意义、对纳税人权益影响直接的税务规范性文件，在出台之前需要向社会公众广泛征求意见。另外，税收法律规范直接触及公民的私有财产权益，其调整的范围广、影响大。为了使税收执法工作得以顺利进行，在立法过程中应采取立法听证方式。这样，可以使各种利益冲突和矛盾消弭于充分的对话和意见交流之中，从而增强立法的科学性和可行性。

### 7.1.3 增强税法文本的规范性

税收立法技术的提高，从宏观上说，涉及税收立法原则、立法时机、评估技术等方面的问题；从微观上说，涉及税法的名称选择、结构安排、税法形式与层级、税法文体结构与用语等技巧性问题。

法律的明确性意味着，只有当人民代表的法意志被清楚地规定于条文中，使得法官不可能作出主观擅断的判决，法律保留才能发挥充分的效果。法律保留原则强调行政行为只能在法律规定的情况下作出，法律未规定的就不能作出。

税法用语具有多义性，解释者要根据上下条文的关系，选择其确定的含义。明确性决定了税法必须尽可能使用普通用语，因为普通用语源于生活，比规范用语更为直观、更为具体，因而容易被人理解。而且普通用语被人们长期使用，在特定的语境下较少出现含糊不清的现象。当普通用语不可能准确表达其规范意义时，就应当使用规范用语。

对于税法文本结构、法规条文表述等，要特别注意用语的严谨、规范。对税收实践中使用比较混乱、意思相近且容易引起歧义的一些词语的表达方式加以明确，不能出现漏洞和歧义。[①] 以下几对词语是经常被混淆的：

"缴纳"与"交纳"。"交纳"较"缴纳"的含义更广，涵盖面更宽。法律中规定当事人自己向法定机关交付款项时，一般使用"交纳"。但是在规定包含有强制性意思时，可以用"缴纳"。涉及税收、滞纳金及罚款的，一般用"缴纳"。

---

① 2009 年和 2011 年，全国人民代表大会常务委员会法制工作委员会分别颁布了《立法技术规范（试行）（一）》（法工委发〔2009〕62 号）和《立法技术规范（试行）（二）》（法工委发〔2011〕5 号）。对实践中使用比较混乱，意思相近的，且容易引起歧义的一些法律常用词语的使用，以及对立法实践中一些存在混用或者使用不一致的法律常用词语进行了规范。

"根据"与"依据"。在引用宪法、法律作为立法依据时，用"根据"。如，根据宪法制定本法。适用其他法律或者本法的其他条文时，用"依据"。如，对行政复议决定不服的，可以依据《行政诉讼法》提起行政诉讼。

"不得"与"禁止"。两者都用于禁止性规范的情形。但是，"不得"一般用于有主语或者有明确的被规范对象的句子中，"禁止"一般用于无主语的祈使句中。不再使用"不准""不应""不能""严禁"等与"不得"和"禁止"相近的词语。

"税务机关"与"税务部门"。两者不能随意互相替换。"税务机关"是指各级税务局、税务分局、税务所以及省以下税务局的稽查局；"税务部门"是指税务机关的内设机构，是行使具体行政职能的职能处室，如货物与劳务税处、所得税处、纳税服务处、税源管理处、进出口税收管理处、办税服务厅等。税务部门的范围比税务机关更宽泛，税务部门下属的事业单位如税务学校、培训中心、出版社、报社等，属于税务部门，但不属于税务机关。

这类词语的使用，直接关系到税收法律规范的模糊性和明确性问题，必须讲究。

税法是跨越公法与私法的桥梁。《民法典》所确立的民法基本原则，既为民事活动划定了边界，也为公权力的行使和税收治理体系划定了活动边界。随着《民法典》的生效，税法修订最需要做的事情是努力实现税法概念与民法概念的趋同。除非必要，不创设新的概念，尽量在《民法典》的已有"概念池"中选用既有的概念。对于内涵一样、外延等同的概念，绝对避免民法使用一个用语，税法选用另外一个用语。

例如，《民法典》将民事主体确定为"自然人、法人、非法人组织"；现行税法中纳税主体规定多为"个人、单位"等。"个人"或"单位"的概念内涵、外延模糊。各税种单行法使用不同的术语，不仅会导致税收要素不明确，也会出现法律适用的冲突。

即便是已经颁行的税种单行法中，仍然采用了"个人""单位"这样的概念，亟须与《民法典》中"自然人、法人、非法人组织"的概念相一致。如《中华人民共和国资源税法》第一条，在中华人民共和国领域和中华人民共和国管辖的其他海域开发应税资源的单位和个人，为资源税的纳税人，应当依照本法规定缴纳资源税。《中华人民共和国耕地占用税法》第二条，在中华人民共和国境内占用耕地建设建筑物、构筑物或者从事非农业建设的单位和个人，为耕地占用税的纳税人，应当依照本法规定缴纳耕地占用税。《中华人民共和国车辆购置税法》第一条，在中华人民共和国境内购置汽车、有轨电车、汽车挂车、排气量超过一百五十毫升的摩托车（以下统称应税车辆）的单位和个人，为车辆购置税的纳税人，应当依照本法规定缴纳车辆购置税。《中华人民共和国城市维护建设税法》第一条，在中华人民共和国境内缴纳增值税、消费税的单位和个人，为城市维护建设税的纳税人，应当依照本法规定缴纳城市维护建设税。

### 7.1.4　注意兜底性条文的逻辑性

现行税收法律规范中某些兜底性条文的表述过于笼统。兜底性条文在税法立法中是常见的，因为经济事务纷繁复杂，要一一列举是不可能的，所以就采用概括性规定的办法。概括性规定应遵循其整体的内在逻辑结构，即要从概括性规定和其他列举项目中寻找彼此之间的共性，以确认这些被规范的对象的总体类型和特质，然后再以这些特质来分析哪些经济事务属于概括性规定所指向的对象。

比如《企业所得税法》第六条规定，企业以货币形式和非货币形式从各种来源取得的收入，为收入总额。包括：①销售货物收入；②提供劳务收入；③转让财产收入；④股息、红利等权益性投资收益；⑤利息收入；⑥租金收入；⑦特许权使用费收入；⑧接受捐赠收入；⑨其他收入。其中，第九项"其他收入"就属于兜底性条文。前八项的共同特征是，都会导致纳税人的财产增加，因此，被征税的"其他收入"也必须是能增加纳税人财产的收入。《企业所得税法实施条例》规定，"其他收入""包括企业资产溢余收入、逾期未退包装物押金收入、确实无法偿付的应付款项、已作坏账损失处理后又收回的应收款项、债务重组收入、补贴收入、违约金收入、汇兑收益"。可见，列举的这些"其他收入"无一例外都能使纳税人财产增加。

与此相关，《国家税务总局关于企业政策性搬迁或处置收入有关企业所得税处理问题的通知》（国税函〔2009〕118号）规定，企业根据搬迁规划，异地重建后恢复原有或转换新的生产经营业务，用企业搬迁或处置收入购置或建造与搬迁前相同或类似性质、用途或者新的固定资产和土地使用权，或对其他固定资产进行改良，或进行技术改造，或安置职工的，准予其搬迁或处置收入扣除固定资产重置或改良支出、技术改造支出和职工安置支出后的余额，计入企业应纳税所得额。为什么允许用搬迁收入扣除重置资产支出后的余额纳税？因为搬迁收入用于重置资产支出部分没有增加纳税人的财产，因此，这部分收入不属于其他收入，不需要缴纳企业所得税。

## 7.2 税收执法环节的改进

### 7.2.1 优化税收执法方式

税收执法就是税务机关贯彻执行税收法律的行政执法行为，无论是税款征收、税务检查还是税务处罚、税务行政复议，都有一个不断优化的过程。

以当前社会各界关注较多的几起网红主播偷逃税案为例，根本原因是当事人税收意识不强、法治观念淡薄。但是，从行为本身来看，税收执法体制的缺陷，恰好被他们钻了"空子"。

2021年下半年，被国家税务总局杭州市税务局查处的两大税案，涉案数额巨大，令人触目惊心。税案之一是，2021年11月22日，网络主播朱宸慧（网名"雪梨"）、林珊珊于2019—2020年间，虚构业务，把从有关企业取得的工资薪金和劳务报酬所得，转换为个人独资企业的经营所得，偷逃个人所得税，被税务机关依法追缴税款、加收滞纳金并处罚款，分别计6555.31万元和2767.25万元。税案之二是，2021年12月20日，网络主播黄薇（网名"薇娅"）于2019—2020年间，通过隐匿个人收入、虚构业务转换收入性质、虚假申报等方式偷逃税款6.43亿元，其他少缴税款0.6亿元，被税务部门依法追缴税款、加收滞纳金并处罚款共计13.41亿元。

这两起"网红"主播偷逃税案的一个共同特点是，在一些"税收洼地"，通过设立多家个人独资企业、合伙企业，将其个人从事直播带货取得的坑位费、佣金等原本属于劳务报酬性质的收入，转化为经营所得，以此少缴税款。优化税收执法方式，要从两方面入手。

第一，个人所得税的征收方式应尽快由核定征收改为查账征收。

在我国，所得税的征收有核定征收和查账征收两种方式。其中，核定征收是指由于纳税人的会计账簿不健全、资料残缺等难以查账的原因，税务机关难以准确确定纳税人应纳税额时，采用一定的方法核定纳税人的应纳税款。《个人所得税法实施条例》第十五条第三款规定，纳税人从事生产、经营活动，未提供完整、准确的纳税资料，不能正确计算应纳税所得额的，由主管税务机关核定应纳税所得额或者应纳税额。

核定征收具体分为定额征收和核定应税所得率征收。定额征收是指税务机关按照一定的标准、程序和办法，直接核定纳税人年度应纳税额，由纳税人按规定进行申报缴纳的办法。核定应税所得率征收是指税务机关按照一定的标准、程序和方法，预先核定纳税人的应税所得率，由纳税人根据纳税年度内的收入总额或成本费用等项目的实际发生额，按预先核定的应税所得率计算缴纳所得税的办法。

对于个人独资企业、有限合伙企业等纳税人，税务机关一般采用核定征收方式征收个人所得税。《财政部 国家税务总局关于印发〈关于个人独资企业和合伙企业投资者征收个人所得税的法规〉的通知》（财税〔2000〕91号）第七条规定，有下列情形之一的，主管税务机关应采取核定征收方式征收个人所得税：①企业依照国家有关法规应当设置但未设置账簿的；②企业虽设置账簿，但账目混乱或者成本资料、收入凭证、费用凭证残缺不全，难以查账的；③纳税人发生纳税义务，未按照法规的期限办理纳税申报，经税务机关责令限期申报，逾期仍不申报的。

如果实行核定应税所得率征收方式，应纳所得税额的计算公式为：应纳所得税额＝收入总额 × 应税所得率 × 适用税率。如服务业，先按10%的比例核定应税所得率，再按5% ～ 35%的五级超额累进税率计算个人所得税。"财税〔2000〕91号"规定了应税所得率标准（见表7-2）。

"网红"主播有多种类型，取得收入的形式也有所不同。带货主播的收入主要包括坑位费和佣金。坑位费是指商家请主播带货时，为了占据直播中的一个时段而支付的上架服务费；而佣金则是销售提成，提成比例一般在20% ～ 30%。与带货主播不同，以展示才艺为主的秀场主播，主要依靠打赏收入；内容型主播则是依靠软性广告的植入而获得收入。游戏主播除了打赏收入

表 7-2　个人所得税应税所得率标准

| 行业 | 应税所得率 /% |
|---|---|
| 工业、交通运输业、商业 | 5～20 |
| 建筑业、房地产开发业 | 7～20 |
| 饮食服务业 | 7～25 |
| 娱乐业 | 20～40 |
| 其他行业 | 10～30 |

之外，还有游戏平台点播费、游戏推广费、游戏代言费和销售提成等多种收入形式。

"网红"主播须缴纳增值税和个人所得税。如果主播与平台签订了劳动合同或者以个人名义与平台合作，则需按工资薪金所得或劳务报酬所得缴纳个人所得税，适用 3%～45% 的七级超额累进税率；如果主播以工作室名义与平台合作，则需按经营所得缴纳个人所得税，适用 5%～35% 的五级超额累进税率，并就月收入超过 15 万元的销售提成等缴纳增值税，适用 6% 的税率或者 3% 的征收率。

由于按工资薪金所得或劳务报酬所得缴纳个人所得税，实际税负比按经营所得缴纳个人所得税要高，所以，"网红"主播通常会设立具有个人独资企业、合伙企业性质的"工作室"，对外承接业务，这样就名正言顺地按经营所得缴纳个人所得税。《个人所得税法实施条例》第六条对"经营所得"范围的界定是：①个体工商户从事生产、经营活动取得的所得，个人独资企业投资人、合伙企业的个人合伙人来源于境内注册的个人独资企业、合伙企业生产、经营的所得；②个人依法从事办学、医疗、咨询以及其他有偿服务活动取得的所得；③个人对企业、事业单位承包经营、承租经营以及转包、转租取得的所得；④个人从事其他生产、经营活动取得的所得。

如朱宸慧于 2019—2020 年间，通过设立北海宸汐营销策划中心、北海瑞宸营销策划中心、上海豆梓麻营销策划中心、上海皇桑营销策划中心、宜春市宜阳新区豆梓麻营销服务中心、宜春市宜阳新区黄桑营销服务中心等个人独资企业，虚构业务，把从有关企业取得的个人工资薪金和劳务报酬所得 8445.61

万元，转换为个人独资企业的经营所得，偷逃个人所得税 3036.95 万元。再如黄薇于 2019—2020 年间，通过设立上海蔚贺企业管理咨询中心、上海独苏企业管理咨询合伙企业等多家个人独资企业、合伙企业，虚构业务，将其个人从事直播带货取得的坑位费、佣金等劳务报酬所得，转换为企业经营所得，进行虚假申报，偷逃税款。

在实践中，税务机关对于"网红"主播大多按经营所得采用核定征收方式征收个人所得税。这是因为：一方面，对"网红"主播收入的确定有难度。带货主播的坑位费和佣金收入由第三方即品牌方支付，核定收入要核查主播与品牌方之间的交易流水和销售提成合同；秀场主播的打赏收入、游戏主播的点播费等收入具有随机性和不确定性。另一方面，对"网红"主播取得收入所对应的成本费用难以准确核算。"网红"主播往往未按照法律法规设置账簿，成本费用支出也不能正确记录与核算，无法向主管税务机关提供真实、准确、完整的纳税资料。不过，国家税务总局等三部门已于 2022 年 3 月联合发文，要求网络直播发布者开办的企业和个人工作室，应按照国家有关规定设置账簿，对其原则上采用查账征收方式计征所得税。

第二，进一步规范税收优惠政策，减少"税收洼地"。

所谓"税收洼地"，是指在特定的行政区域，当地政府通过返还地方留存税收、从低核定应税所得率等方式，鼓励和吸引外来投资者入驻，从而促进本地经济的发展。

地方留存税收返还包括增值税返还和所得税返还。如按照分税制体制，中央政府分享 50% 的增值税收入和 60% 的所得税收入，地方政府再将分成获得的 50% 部分增值税收入和 40% 部分所得税收入，在不同层级的地方政府之间进行分配。如个人所得税地方分成的 40% 中，15% 属于省级，25% 属于市、县'（市）级。不同层级的地方政府可能将自己留存的税收部分或全部返还给入驻园区的企业。

各地存在着不少"税收洼地"，其中最典型的是"园区税收洼地"。出于拉动经济发展的需求，这些园区往往对于入驻的新办企业、小微企业，允许他们注册为个人独资企业；对于个人，允许他们注册为个体工商户。这样，就可以按生产经营所得核定征收。

有些地区，税务机关对"网红"主播设立的个人独资企业，核定的应税所得率为 10%，再根据 5% ~ 35% 的五级超额累进税率计算个人所得税，实际税率仅为 0.5% ~ 2.19%，即便加上增值税及城市维护建设税、教育费附加等，综合税率仍明显低于在其他地区设立的个人独资企业的税负。按照《个人所得税法》规定的 3% ~ 45% 的七级超额累进税率，月薪 3000 ~ 12000 元的普通工薪阶层，适用的税率是 10%。这就意味着，在"税收洼地"设立个人独资企业且适用核定征收方式的"网红"主播，其实际税负低于"工作室"里普通服务员的税负。

根据前几年上海"崇明开发区网站"发布的信息，在该开发区注册个人独资企业可申请核定征收，同时也享受税收返还政策。以娱乐业的个人独资企业为例，核定后的个人所得税综合税率仅为 3.5%。于是，大量文娱行业的从业者以"工作室"名义在园区设立个人独资企业。

网络直播是国家鼓励发展的平台经济形态之一。截至 2020 年，我国主播从业人数已经超过 120 万人，直播电商用户规模达 3.88 亿人。直播下单用户占观看直播用户的比例达到 66.2%，即近 2/3 的用户在观看直播时实施购买行为。但是，随着行业规模的扩大，税收执法方式需要进一步优化。

令人欣喜的是，"税收洼地"政策和核定征收方式正在逐步走向规范化。2021 年 3 月 24 日，中共中央办公厅、国务院办公厅印发《关于进一步深化税收征管改革的意见》），强调"对隐瞒收入、虚列成本、转移利润以及利用'税收洼地''阴阳合同'和关联交易等逃避税行为，加强预防性制度建设，加大依法防控和监督检查力度"。

自 2021 年 1 月起，上海等地已经陆续取消核定征收方式，改为查账征收。杭州、宁波等地的税务机关明确，对超定额的纳税人由核定征收改为查账征收。如国家税务总局宁波市税务局规定，属于增值税一般纳税人或者当年收入总额超过 500 万元的个人独资企业或合伙企业，不得采用核定征收方式征收经营所得的个人所得税。2021 年 12 月 30 日，财政部、国家税务总局发布《关于权益性投资经营所得个人所得税征收管理的公告》（财政部 税务总局公告 2021 年第 41 号），自 2022 年 1 月 1 日起，持有股权、股票、合伙企业财产份额等权益性投资的个人独资企业、合伙企业，一律适用查账征收方式计征个人所得税。

## 7.2.2　完善税法行政解释机制

在成文法体系下，税法所强调的明确性要求会与适应性形成矛盾。若全面排斥模糊性，会使法律变成僵死的教条；若全面引入概括性条文，则会对税法的明确性构成直接的冲击。

以税法关于数额的规定为例，如果将犯罪数额的要件规定得非常具体、细致，则会因为社会的流变很快脱离制定时的社会氛围，无条件地加以适用可能在遵循了法定原则的同时有失个案的正义。倘若频繁地修订，又会使人们对税法的确定性产生怀疑。如果不加选择地、大量使用"数额较大"等词语描述此类犯罪，又因"数额较大"本身的模糊性造成较强的不确定性，从而产生较大的自由裁量权。

为了整合税法的模糊性与明确性，既兼顾税法的构成要件与个案的正义性，又确保税法的相对稳定性与适应性，应引入税法诠释学的解释机制。

税收法律规范的解释有多种类型，如立法解释、司法解释、行政解释等。最大的风险来自于行政解释，因为在国家权力系统中，行政权有其特殊性：一方面，行政权是主动性权力，主动行使权力是行政机关的天职；另一方面，行政权又是最为活跃的权力，社会事务的纷繁复杂为其提供了宽阔的活动余地。所以，行政权是最不可萎缩却也最不可膨胀，最需要自由而又最自由无度，最需要控制而又最难以控制的权力（傅思明，2000）。

目前，税法行政解释文件的主要类型有通知、办法、说明、解释、答复、复函、规定、函、标准、批复、意见、通告等12种形式。财政部和国家税务总局都有税法行政解释权。许多具有税法行政解释性质的规章和规范性文件都是由财政部和国家税务总局共同发布的；涉及发票管理、征收管理程序的事项，通常由国家税务总局单独解释并发文。

从实际情况看，绝大多数税法行政解释都是对税法的进一步明确，增强可操作性，但是也存在一些问题。如在实体法的解释中，对纳税人有利的如免予征税的规定，有意无意地被限制附加条件；对纳税人义务性的规定，有时被放大。在程序法的解释中，有时往往有利于税务机关，不利于纳税人。

财政部、国家税务总局是税收法律规范的执行机关，属国家行政机关序列。如果税务机关拥有过大的税法行政解释权，事实上就集立法权和执法权于一体。因而，限制财政部、国家税务总局对有关实体性税收法律的解释权显得尤为必要。另外，在制定行政解释文件时，事先要与政策相关部门建立"联席、联合、联动"的"三联"部门协作机制。

### 7.2.3 实现税务司法专门化

2015 年 12 月 24 日，中共中央办公厅、国务院办公厅印发的《深化国税、地税征管体制改革方案》中，关于"加强涉税案件审判队伍专业化建设，由相对固定的审判人员、合议庭审理涉税案件"的表述，引起人们对我国税务司法专门化问题的关注。

在现行司法体制下，涉税案件的审理主要由各级人民法院的行政审判庭负责。近年来，大量涉税案件出现，税务案件专业性很强，使得法院在审理涉税案件时感到力不从心。部分基层人民法院的法官表示，自己对税务知识的掌握较为有限，从未审理过涉税案件，因此，审理税务案件时倾向于听取税务机关的意见。这样一来，事实上就将税务案件的审判权交给了税务机关，使得纳税人无法与税务机关形成涉税案件的对抗性，淡化了司法的公正、独立和客观。

随着税收治理进程的推进，纳税人的法律意识日渐增强，纳税人与税务机关之间的涉税争议案件会越来越多。涉税案件的专业性决定了其审理的复杂性，客观上会给各级人民法院带来较大的压力。因此，有必要设立税务法庭，并扩大税务法律顾问和税务公职律师的队伍，为纳税人提供更专业的、更具有针对性的司法救济途径和保障，使纳税人体会到税法的公平正义和税收领域的良法善治。

为减轻税务法庭的诉讼量，应做好税务行政复议与税务行政诉讼的衔接。现行《税收征收管理法》第八十八条中关于复议前的纳税前置程序的规定，增设了一道资格准入的门槛，限制了纳税人的救济权。建议取消纳税前置的规定，吸引相对人选择税务行政复议手段，使涉税争议最大限度地通过税务机关内部的救济程序予以解决。

## 7.3  相关治理主体的协同

### 7.3.1  完善税收案例指导制度

明确性原则要求立法者对涉税行为的规定清晰、确定，而非含糊其词、模棱两可，使一般人都能理解税收法律规范的要义，并依据该规范预测某一行为的性质及后果。但是，实践中涉税案件纷繁复杂，专业性特别强。因此，一个涉税案例的判例，对于其他相同或类似案件具有借鉴作用。

一个完整的税收案例包含所涉案件的基本案情、适用的法律依据、裁判理由、裁判结果等。其中，适用的法律依据和裁判理由部分有详细的表述。案件处理的基本要求是"事实清楚，证据确凿、充分，程序合法，适用法律正确，定性准确，处罚适当"。

事实清楚，是指当事人违法行为发生的时间、地点、动机、目的、手段、后果以及其他有关情况必须清楚，可用"五何"要素来概括，即何人、何时、何地、何事、何情节。当然，事实是否清楚，是通过证据来证明的。

证据确凿，是指据以定案的各项证据均是真实可靠的，无伪造、诱导之嫌疑，亦无彼此矛盾的现象；据以定案的各项证据均与案件事实具有关联性，据以定案的各项证据相互协调一致，共同指向同一个证明结论。证据充分，是指案件所涉及的事实均有必要的证据予以佐证；用来证实案件事实的所有证据构成完整的证明体系，能形成"证据链"；足够的证据量所证明的案件事实轮廓实在、环节清晰，主要方面不存在模棱两可的因素。证据确凿是从证据的证明效力方面来讲的，侧重于质量。而证据充分主要侧重于证据的数量。

程序合法，是指调查处理案件的整个过程必须符合法律、法规、规章规定的程序。

适用法律正确，即案件的法律适用依据准确。遵循上位法优于下位法、新法优于旧法、特别法优于一般法的适法原则。法律依据要具体到"条、款、项、目"，不存在应该用该条文（项目）而用了他条文（项目）。

定性准确，是指在事实清楚、证据确凿的基础上，对违法行为人的违法行为的性质认定准确。准确地判定案件的性质，是正确处理案件的前提，直接关系到行政处罚案件能否得以正确执行。要做到定性准确，必须要有正确认定案件性质的依据。

处罚适当，是指处罚一定要有明确的法律依据；"过罚相当"，对于事实、情节、规模相同或相似的案件，处罚结果应大致相当，切忌畸轻畸重、显失公平。

税收案例指导制度是指通过涉税案件的法律依据和裁判理由，对待决的相同或类似案件发挥指导和参照作用。涉税案件的法律依据和裁判理由实际上是法官对相关税收法律规范所作的一种适用解释。从本质上而言，税收案例指导制度是一种法律适用制度，也即法律解释机制，它以服从现行税收法律规范为前提，以具体应用的解释为主要内容。

完善税收案例指导制度，具有重要的意义。一方面，有可能成为指导性案例的涉税案件通常都有法律解释的内容。这是因为倘若法律条文是清晰的，则无须进行法律解释。而没有法律解释的案件基本上没有指导性，所解释的内容永远是涉税案例最有价值之处。换言之，某一涉税案件能够成为指导性案例，首要条件是其裁判具有法律解释的内容。另一方面，指导性案例大多是在法律规范模糊不清的情况下，法官依据法律的基本精神、立法目的等所作的一种能动解释，以便为缺乏明确性法律指引的疑难案件提供解决方案。

德国法学家卡尔·拉伦茨（Karl Larenz）指出：大部分的法律都是经过不断的司法裁判过程才具体化，才获得最后清晰的形象，然后才能适用于个案，许多法条事实上是借裁判才成为现行法的一部分（卡尔·拉伦茨，2003）。

指导性案例所包含的法律依据和裁判理由，是法官对成文法的一种解释形式。这种解释与司法解释有所不同。虽说通过司法解释，在一定程度上可以实现税收法律规范的明确性，但是，司法解释通常不是结合具体的案件事实去阐释某一法律规范的含义，其内容具有抽象性、规范性以及滞后性等缺陷。而指导性案例能够为司法人员提供一个可具体遵循的司法尺度和裁判标准，不仅具有更强的针对性，而且对法条中所蕴含的法律精神和原则的解释更为具体、明确，可以保证相同或类似案件得到相同或类似的处理，减少和消除同案不同判、同法不同解的现象。

就案例选择而言，税务机关和检察、司法机关应当遴选涉及以下问题的案例：一是涉及广泛关注问题或具有较大社会影响的典型案件，如情节特别严重的税收违法案件；二是现有较为原则性的典型案件，如涉及上文所述的规范不够明确的税法条文的适用案件；三是疑难复杂或涉及最新实践情况的典型案件。

2014年，国家税务总局将重大税收违法失信案件（俗称税收"黑名单"）的有关信息对社会公布，并联合30多个部门对税收"黑名单"当事人实施惩戒，惩戒措施有近30条之多。2018年11月7日，《重大税收违法失信案件信息公布办法》（国家税务总局公告2018年第54号）公布，自2019年1月1日起施行。这个制度对于违法失信行为的当事人起到了惩戒的作用，但是，如何通过这些重大税收违法失信案件，去反思和完善税收法律规范，尚需作进一步的努力。

### 7.3.2 引入税务事先裁定制度

税务事先裁定，是对纳税人未来拟交易且现行税法规则无法涵盖的交易请求预先作出税法评价，以便纳税人自行衡量其未来交易架构的税法处理、风险和后果。实际上就是税企之间达成税法共识的过程。从这个角度来看，税务事先裁定是围绕税法解释展开的纳税服务。当然，税务事先裁定必须针对未来交易和现行税法规则无法涵盖的模糊地带，对交易事项进行税法评价以预判税收处理结果。

从纳税人角度看，引入税务事先裁定制度有助于改善征纳双方信息不对称的情况，为纳税人提供确定性的税收后果。一方面，能够减轻纳税人在自行申报体系下所承担的税收风险，将纳税服务从事中控制和事后管理提前至事前规划，增加了征纳双方事前交流、沟通的机会，降低税收遵从成本；另一方面，为企业创造透明的税收政策环境，帮助企业提高成本收益分析的准确性和财务环境的稳定性。

从税务机关角度看，企业在提出税务事先裁定申请时，会更主动、详细地向税务机关披露信息，报告重大涉税事项，有助于税务机关对企业状况的了解和跟踪管理，并及时发现常规税务稽查中不易发现的模糊地带。同时，如果纳税人频繁地、大量地就某一交易或事项提出事先裁定申请，则说明该交易或事项可能存在税收漏洞，需要税务机关及时发布解释以堵塞漏洞。

鉴于税务事先裁定具有填补税收法律规范漏洞之作用，具有普遍适用的参照性，因而行使这一权力的机关应该具有足够的权利能力和责任能力。广州市南沙区早在 2017 年就开始试行税务事先裁定制度，已经形成了一套比较规范的制度和"税务事先裁定申请表""税务事先裁定知情书""税务事先裁定集体审议意见""税务事先裁定意见书"等正式文书，以文件的形式对复杂涉税事项税务事先裁定的定义、范围、机构、申请与受理、审议与裁定、生效与执行等内容加以明确。从而走上了制度化、规范化、标准化的轨道。

### 7.3.3 阻断地方政府对税收执法的干预

《税收征收管理法》第五条第二款规定，地方各级人民政府应当依法加强对本行政区域内税收征收管理工作的领导或者协调，支持税务机关依法执行职务，依照法定税率计算税额，依法征收税款。

实际上，地方政府对税收执法的影响和干预仍不能完全避免。虽然我国现行税务机构实行以国家税务总局为主与省（自治区、直辖市）人民政府双重领导的行政管理体制，初衷是要求税务机关严格执行税收法律规范，最大限度地减少当地政府的行政干预。毕竟，税务机关坐落在地方各级人民政府行政区域内，房产土地、子女就学、车辆管理等一系列现实生活问题都需地方政府解决，有些税务机关的部分经费及执法环境都由地方政府保障。

一方面，各地为了招商引资、争先打造政策洼地，无论有权限还是无权限都竞相出台税收优惠政策、变相实施税收减免和税收返还，造成了国家税收的流失，扰乱了税收秩序。除依据税政管理权限外，各地区一律不得自行制定税收优惠政策，未经国务院批准，各部门起草其他法律、法规、规章、发展规划和区域政策都不得规定具体税收优惠政策。另外，地方政府出于培植地方税源，促进经济发展的目的，暗示税务机关放松对欠税的追缴和处理。如此等等，都可能造成税务稽查人员涉嫌行政"不作为"而产生执法风险。

另一方面，地方政府向税务机关下达税收收入的任务。从 2015 年修订的《中华人民共和国预算法》看，向税务机关下达税收收入任务是违法的。该法第五十五条第二款规定，各级政府不得向预算收入征收部门和单位下达收入指标。在组织税收收入上，各级政府都不得给税务机关下达硬性收入任务和增长比例，要坚持应收尽收、依法征收的原则，既杜绝有税不征的违法行为，又避免拉税、引税等违法行为。

# 参考文献

[ 1 ]  Alm J. Does an uncertain tax system encourage "aggressive tax planning"?[J]. Economic Analysis and Policy, 2014(44): 30-38.

[ 2 ]  Brown J, et al. Tax policy uncertainty and stock return volatility[J]. Social Science Electronic Publishing, 2013(11), DOI: 10.2139/ssrn.2348414.

[ 3 ]  Devereux M. Measuring corporation tax uncertainty across countries: Evidence from a cross-section survey[R]. Oxford University Center for Business Taxation, 2016.

[ 4 ]  IMF-OECD.Tax uncertainty[R]. IMF-OECD Report for the G20 Finance Ministers, 2017.

[ 5 ]  Knight F H. Risk, Uncertainty and Profit[M]. Boston MA: Hart, Schaffner & Marx, 1921.

[ 6 ]  Lee J, Xu J. Tax uncertainty and business activity[J]. Journal of Economic Dynamics and Control, 2019, 103(C): 158-184.

[ 7 ]  Niemann R. The impact of tax uncertainty on irreversible investment[J]. Review of Managerial Science, 2011, 5(1):1-17.

[ 8 ]  Zangari E, et al. Tax uncertainty: Economic evidence and policy responses[J]. European Commission's Directorate-General for Taxation and Customs Union,Working Paper, 2017(67), DOI: 10.2778/232752.

[ 9 ]  巴泽尔. 产权的经济分析 [M]. 上海：上海三联书店，1997.

[10]  博登海默. 法理学、法律哲学与法律方法 [M]. 邓正来，译. 北京：中国政法大学出版社，1999.

[11] 伯尔曼.法律与宗教 [M].梁治平，译.上海：生活·读书·新知三联书店，
1991.

[12] 财政部税收制度国际比较课题组.德国税制 [M].北京：中国财政经济出
版社，2000.

[13] 财政部税收制度国际比较课题组.日本税制 [M].北京：中国财政经济出
版社，2000.

[14] 陈洪兵.简评"刑法修正案（八）"有关发票犯罪的规定 [J].华东政法大学
学报，2011（5）：134-136.

[15] 陈云良.法的模糊性之探析 [J].法学评论，2002（1）：19-25.

[16] 陈子龙，陆宇坤.税收滞纳金性质与制度修订研究 [J].税收经济研究，
2014（5）：43-50.

[17] 达维德.当代主要法律体系 [M].漆竹生，译.上海：上海译文出版社，
1984.

[18] 丁建峰.立法语言的模糊性问题——来自语言经济分析的视角 [J].政法论
坛，2016（2）：19-28.

[19] 丁少柏.从税收法定主义看我国税收立法之不足 [J].安徽法学，2005（1）：
18-19.

[20] 丁少柏.论税务稽查执法风险成因及对策 [EB/OL]. (2020-01-13)[2022-01-
28]. https://wenku.baidu.com/view/628cd55265ec102de2bd960590c69ec3d4b
bdb69.html.

[21] 董瑛，徐惠冬，徐善明."漏税"立法势在必行 [J].财政科学，2020（9）：
80-89.

[22] 段磊.论党内法规的明确性原则 [J].法学评论，2019（5）：26-33.

[23] 恩迪科特.法律中的模糊性 [M].程朝阳，译.北京：北京大学出版社，
2010.

[24] 福建省漳州市地方税务局课题组.税收治理存在的问题与路径选择 [J].税
务研究，2016（9）：96-98.

[25] 付立.思维也需要模糊 [J].学习时报，2007（9）：1.

[26] 付玉明，陈树斌.刑法规范的明确性与模糊性——诠释学视野下的税法

解释应用 [J]. 法律科学，2013（6）：141-148.

[27] 傅思明. 中国司法审查制度 [M]. 北京：中国民主法制出版社，2002.

[28] 甘行琼，靳毓. 税收不确定性研究进展 [J]. 经济学动态，2020（6）：123-135.

[29] 高憬宏. 刑法修正案（八）对发票犯罪的修改和补充 [EB/OL]. (2011-05-27)[2022-01-28]. http://blog.sina.cn/dpool/blog/s/blog_67e0919b0100rryh.html.

[30] 高尔森. 国际税法 [M]. 北京：法律出版社，1992.

[31] 郭明磊. 税收个案批复内容推广适用太随意 [N]. 中国税务报，2015-11-24.

[32] 郭自力，李业顺. 虚开增值税专用发票中"有货虚开"如何定性？ [N]. 中国报业，2019-10-31.

[33] 哈特. 法律的概念 [M]. 2 版. 许家馨，李冠宜，译. 北京：法律出版社，2006.

[34] 郝喜. 对赌协议对股权转让所得税的影响解析 [N]. 中国税务报，2017-10-17.

[35] 何观舒. "三流不一致"并不必然构成虚开增值税专用发票罪 [EB/OL]. (2018-05-10)[2022-01-28]. https://www.sohu.com/a/231138610_785140.

[36] 何小王. 税收过失行为的法律责任——对漏税非枉即纵现象的纠正 [J]. 湖南科技学院学报，2013（3）：142-144.

[37] 和万传，姜彩虹. 论立法语言的模糊性 [J]. 云南警官学院学报，2019（1）：10-13.

[38] 胡波. 从管理人执业风险的角度浅析破产企业税务债权的认定 [EB/OL]. (2020-04-08)[2022-01-28]. http://www.360doc.com/content/20/0428/00/39265797_908811030.shtml.

[39] 华税律师事务所. 记住这五点，彻底弄清税收法律文件性质和效力层级关系 [EB/OL]. (2016-02-18)[2022-01-28]. https://www.shui5.cn/article/eb/85478.html.

[40] 华税律师事务所. "三流不一致"就是虚开增值税专用发票么？ [EB/OL]. (2016-05-23)[2022-01-28]. https://www.shui5.cn/article/b6/103025.html.

[41]　黄容国. 当前税法行政解释问题探析 [J]. 经济研究参考，2017（53）：
　　　16-19.

[42]　贾蕴菁. 法律语言精确性与模糊性相应相异析 [J]. 北京市政法管理干部学
　　　院学报，2002（3）：45-48.

[43]　贾先川，朱甜甜. 增强税收政策确定性的路径探析 [J]. 税务研究，2019
　　　（5）：110-113.

[44]　江必新.《中华人民共和国行政强制法》条文理解与适用 [M]. 北京：人民
　　　法院出版社，2011.

[45]　江苏神阙律师事务所."税收债权"与"担保债权"谁优先？[EB/OL].
　　　(2019-05-29)[2022-01-28]. https://www.sohu.com/a/317412079_100015913.

[46]　江苏通税. 房地产企业土地增值税的争议问题——股权转让视同转让房
　　　地产？[EB/OL]. (2019-06-11)[2022-01-28]. http://tonshui.findlaw.cn/zjsbdetail/
　　　717082.html.

[47]　姜廷惠. 立法语言的模糊性研究——兼及对《中华人民共和国刑法》语言
　　　表述的解读 [M]. 北京：中国政法大学出版社，2013.

[48]　焦悦勤. 略论立法语言的模糊与消除——以刑法为视角 [J]. 理论导刊，
　　　2005（7）：39-41.

[49]　科斯. 企业、市场与法律 [M]. 盛洪，陈郁，译校. 上海：上海三联书店，
　　　1990.

[50]　库恩. 康德传 [M]. 黄添盛，译. 上海：上海人民出版社，2008.

[51]　拉伦茨. 法学方法论 [M]. 陈爱娥，译. 北京：商务印书馆，2003.

[52]　李刚，周俊琪. 从法解释的角度看我国《宪法》第五十六条与税收法定主
　　　义——与刘剑文、熊伟二学者商榷 [J]. 税务研究，2006（9）：48-50.

[53]　李晓明. 模糊性：人类认识之谜 [M]. 北京：人民出版社，1985.

[54]　李中颖. 开票方走逃，如何甄别有关支出的真实性？[N]. 中国税务报 .
　　　2019-07-23.

[55]　廖仕梅. 刍议漏税行为的法律规制与制度完善 [J]. 国际税收，2016（6）：
　　　68-72.

[56]　刘放桐等. 现代西方哲学（下册）[M]. 北京：人民出版社，1981.

[57] 刘红霞.税收保全＆强制执行 如何避免张冠李戴 [N].中国税务报，2019-02-27.

[58] 刘金强.取得"虚开"增值税专用发票案件的第三种处理方案 [EB/OL].(2016-03-10)[2022-01-28]. http://www.360doc.com/content/17/0924/07/2244419_689595259.shtml.

[59] 刘天永.善意取得虚开专票，成本能否税前扣除？ [EB/OL]. (2017-09-24)[2022-01-28]. http://blog.sina.com.cn/s/blog_73b428330102ymkp.html.

[60] 刘天永.设立税务法庭是推动税收法治化建设的必然要求 [EB/OL].(2019-03-27)[2022-01-28]. https://www.sohu.com/a/304132483_665862.

[61] 刘天永."纳税前置"程序阻碍纳税人权利救济案 [EB/OL]. (2019-11-25)[2022-01-28]. http://blog.sina.com.cn/s/blog_73b428330102z4ir.html.

[62] 陆宏哲.试论法律语言的表现力和特点 [J].中南政法学院学报,1989（3）：91-96.

[63] 卢秋帆.法律语言的模糊性分析 [J].法学评论，2010（2）：20-26.

[64] 吕铖钢，张景华.实质课税原则的路径重塑 [J].税务与经济，2018（1）：81-86.

[65] 罗士俐.法律语言本质特征的批判性分析——准确性、模糊性抑或严谨性 [J].北方法学，2011（4）：111-120.

[66] 马昌尧.从"对赌协议"看企业"股权转让"涉税风险 [EB/OL]. (2018-07-03)[2022-01-28]. http://www.shui5.cn/article/51/122002.html.

[67] 苗东升.模糊学导引 [M].北京：中国人民大学出版社，1987.

[68] 饶凌乔.偷税漏税概念的产生及入法源流考 [J].税务研究，2015（6）：121-125.

[69] 施正文.税法总则立法的基本问题探讨——兼论《税法典》编纂 [J].税务研究，2021（2）：94-103.

[70] 史玉峰.对于税款和滞纳金，人民法院不可强制执行？ [N].中国税务报，2017-08-08.

[71] 宋丽颖，张安钦.税收治理体系现代化的挑战与路径选择 [N].中国财经报，2018-02-06.

[72] 孙翠林，武广彪."虚开行为"需正确理解界定 [N]. 检察日报，2016-01-18.

[73] 谭绍木，黄慧. 论法律语言的精确与模糊 [J]. 江西社会科学，2004（3）：123-125.

[74] 陶维俊."虚开增值税专用发票行为"认定标准探析 [J]. 中国检察官，2015（11）：27-30.

[75] 滕祥志. 税法的交易定性理论 [J]. 法学家，2012（1）：94-107，178.

[76] 田力男. 模糊性法律语言的多样性及其法治意义 [J]. 人民法治，2016（5）：62-65.

[77] 汪成红，荆白茹. 企业破产：税务局可申报哪些税收债权 [N]. 中国税务报，2019-07-03.

[78] 吴振国. 汉语模糊语义研究 [M]. 武汉：华中师范大学出版社，2003.

[79] 伍劲松. 我国税法行政解释制度之反思 [J]. 税务研究，2010（3）：69-72.

[80] 伍铁平. 模糊语言初探 [J]. 外国语，1979（4）：41-46.

[81] 伍铁平. 模糊语言学 [M]. 上海：上海外语教育出版社，1999.

[82] 王晨光. 法律规则的明确性与模糊性 [N]. 法制日报，2003-02-20.

[83] 王德胜，李建会，荃春雨. 自然辩证法原理 [M]. 北京：北京师范大学出版社，1997.

[84] 王东山. 应把税收滞纳金界定为纳税人占用国家税款的利息 [N]. 中国税务报，2011-11-16.

[85] 王鸿貌. 论实质课税原则适用之限制 [J]. 西北大学学报（哲学社会科学版）. 2016（3）：76-81.

[86] 王鸿宇. 刺破税法上最神秘的概念：一般反避税规则 [EB/OL]. (2018-10-07)[2022-01-28]. https://www.jianshu.com/p/7a2aaf1c27c2.

[87] 王佩芬. 论虚开发票犯罪的刑事立法误区——建议取消我国刑法 205 条与第 205 条之一 [J]. 政治与法律，2014（12）：35-44.

[88] 王天天，孔红. 破产中的税收债权问题 [J]. 财会学习，2019（17）：183.

[89] 王晓雪."对赌协议"不是股权交易的"挡税牌"[N]. 中国税务报，2017-09-08.

[ 90 ] 王永亮.税收滞纳金征缴决定实证研究 [EB/OL]. (2018-03-29)[2022-01-28]. http://www.shui5.cn/article/16/119836.html.

[ 91 ] 王子凝.论税收核定中的"无正当理由" [J].管理观察，2017（18）：148-149.

[ 92 ] 王中新.关于小额贷款公司性质界定和发展定位问题的浅探 [J].内蒙古金融研究，2010（3）：38-39.

[ 93 ] 韦国庆.漏税的漏洞——串接偷税、处罚及信用惩戒的法律分析 [EB/OL]. (2017-08-20)[2022-01-28]. http://www.sohu.com/a/166018448_611065.

[ 94 ] 徐凤.法律语言的模糊性及其克制 [J].首都师范大学学报（社会科学版），2013（1）：59-63.

[ 95 ] 徐松年.遏制虚开发票行为需精准施策 [N].中国税务报，2018-11-06.

[ 96 ] 徐阳光.破产程序中的税法问题反思 [EB/OL]. (2018-11-08)[2022-01-28]. http://blog.sina.com.cn/s/blog_9f88c7890102y8d4.html.

[ 97 ] 徐云翔，赵军，宋雁.最大单笔间接转让股权非居民税款入库 [N].中国税务报，2010-05-18.

[ 98 ] 徐战成.不要抬高实质重于形式原则 [EB/OL]. (2016-01-13)[2022-01-28]. http://shuo.news.esnai.com/article/201601/126164.shtml.

[ 99 ] 徐战成.企业破产：税务机关是否需要申报税收债权？ [EB/OL]. (2016-12-14)[2022-01-28]. http://www.360doc.com/content/16/1214/09/34392834_614544718.shtml.

[100] 肖云枢，倪千淼.论法律语言的模糊性 [J].社科纵横，2012（7）：50.

[101] 延峰，曾立新，王晓琨."不具有合理商业目的"的判定及应对 [J].中国税务，2014（3）：53-54.

[102] 杨德祥.法律语言模糊性对法律制度的影响 [J].云南大学学报（法学版），2006（4）：69-72.

[103] 杨洪.税收的不确定性及其法律应对 [J].法商研究，2019（2）：78-88.

[104] 杨薇."税务处理决定书"和"税务行政处罚决定书"能不能同时出具？ [EB/OL]. (2019-11-29)[2022-01-28]. http://www.cpalawyer.cn/cn/info/16eb5 f404e0bc73e4b3456c97c080251.

[105] 杨小强. 土地增值税何去何从？[N]. 东方早报，2014-01-28.

[106] 叶金育. 国税总局解释权的证成与运行保障 [J]. 法学家，2016（4）：112-125，179.

[107] 叶全华. 如何正确看待善意取得虚开的增值税专用发票的 "两税" 处理问题 [EB/OL]. (2016-11-25)[2022-01-28]. http://jxjy.dongao.com/c/2016-11-25/599565.shtml?f=hj&s=hj_swtd.

[108] 张峰振. 税款滞纳金的性质与法律适用——从一起税款滞纳金纠纷案谈起 [J]. 河北法学，2015（1）：98-106.

[109] 张建军. 明确性：现代税法的品格 [N]. 光明日报，2013-08-12.

[110] 张建军. 案例指导制度对实现刑法明确性的作用 [J]. 法学杂志，2013（9）：117-124.

[111] 张丽梅. 对 "三流一致" 的理解 [J]. 绿色财会，2018（10）：27-30.

[112] 张守文. 税法原理 [M]. 北京：北京大学出版社，2009.

[113] 张婷. 破产企业涉税问题浅析——以管理人视角从国税总局 2019 年 48 号公告说起 [EB/OL]. (2020-01-27)[2022-01-28]. http://www.zichanjie.com/article/411938.html.

[114] 张新军. 税收保全措施和税收强制执行措施，税务机关搞混了 [EB/OL]. (2018-01-04)[2022-01-28]. http://blog.sina.cn/dpool/blog/s/blog_5dc2e4200102yehz.html?cre=blogpagew&mod=f&loc=9&r=0&doct=0&rfunc=50&tj=none.

[115] 张星. 非关联方企业间借款利息税前扣除政策改进思考 [J]. 财会月刊，2012（29）：60-61.

[116] 张学干. 几个裁判冲突带来的思考：行政复议缴税前置如何合理把握？[N]. 中国税务报，2019-04-23.

[117] 张玉洁. 论模糊语词之于立法的意义——兼及对法律不确定性命题的修正 [J]. 法律方法，2014（2）：444-453.

[118] 赵清海等. 增值税专用发票虚开的判定与预防 [M]. 2 版. 北京：中国经济出版社，2019.

[119] 郑国勇，里泽龙.征纳双方应共担举证责任 [N].中国税务报，2015-05-28.

[120] 朱柏铭.公共经济学若干概念辨析 [M].北京：中国财政经济出版社，2016.

[121] 朱柏铭.税法案例教程 [M].杭州：浙江大学出版社，2020.

[122] 朱柏铭.提升税务硕士专业学位研究生的法律素养 [J].研究生教育研究，2021（5）：58-64.

[123] 朱大旗，姜姿含.税收事先裁定制度的理论基础与本土构建 [J].法学家，2016（6）：120-132，179.